연구보고서 2024-31

지역사회 변화와 지역사회보장정책의 연관성 진단

김가희
함영진·박성준·이영글·김보영·김지민

┃연구진

연구책임자   **김가희**   한국보건사회연구원 부연구위원

공동연구진   **함영진**   한국보건사회연구원 선임연구위원
            박성준   한국보건사회연구원 부연구위원
            이영글   서울시립대학교 연구교수
            김보영   영남대학교 교수
            김지민   한국보건사회연구원 전문연구원

연구보고서 2024-31

지역사회 변화와 지역사회보장정책의 연관성 진단

발 행 일   2024년 12월
발 행 인   강 혜 규
발 행 처   한국보건사회연구원
주   소   [30147]세종특별자치시 시청대로 370
           세종국책연구단지 사회정책동(1~5층)
전   화   대표전화: 044)287-8000
홈페이지   http://www.kihasa.re.kr
등   록   1999년 4월 27일(제2015-000007호)
인 쇄 처   ㈜정인애드   20,000원

ⓒ 한국보건사회연구원 2024
ISBN 979-11-7252-048-9 [93330]
https://doi.org/10.23060/kihasa.a.2024.31

발|간|사

지난 수십 년간 지방정부의 역할은 단순한 행정 서비스 제공자에서 지역사회의 전반적인 웰빙을 책임지는 중요한 주체로 변화해 왔다. 지방정부는 이제 단순히 중앙정부의 지시를 이행하는 기능을 넘어, 지역사회의 경제적, 문화적, 물리적 복지와 관련된 다양한 문제들을 해결하는 리더로서 기능하고 있다. 이러한 변화는 지방정부가 지역사회 리더십과 거버넌스의 중심축으로 자리 잡는 데 큰 영향을 미쳤다.

중앙정부와 지방정부 간의 관계도 전통적인 상하 관계에서 상호의존적이고 협력적인 방식으로 변화해 왔다. 그러나 우리나라의 경우 중앙정부의 중앙집권적 경향이 여전히 강하게 남아 있어 지방정부의 자율성을 제한하고 있다. 이로 인해 지방정부가 지역 특성에 맞는 정책을 자율적으로 수립하는 데 어려움이 발생하고 있으며, 이러한 구조적인 문제는 지역사회보장정책의 효과적인 수립을 저해하고 있다.

본 연구는 지역사회 변화에 따른 다양한 사회적 이슈와 지역 주민의 욕구를 반영하여 지역사회보장정책을 수립하는 것은 지방정부의 중요한 책무로 대두되고 있으나, 많은 지자체의 복지정책은 지역사회 변화와 지역 주민의 구체적인 욕구를 충분히 반영하지 못하는 한계가 있어 이에 대한 개선이 필요하다는 문제의식에서 출발하였다. 그리고 이런 문제의식하에, 지역사회 변화와 지역사회보장정책 간의 연관성을 진단하여, 향후 지역사회보장정책 수립의 지향점을 제시하고자 하였다.

이 보고서는 김가희 부연구위원의 책임하에 본원의 함영진 선임연구위원, 박성준 부연구위원, 김지민 전문연구원이 연구진으로 참여하였으며, 이영글 서울시립대학교 연구교수, 김보영 영남대학교 교수가 외부 필진으로 집필에 참여하였다. 모든 연구진의 노고에 감사드린다. 또한 자문위원을 맡아 여러 차례 고견을 나눠주신 원내 최혜진 부연구위원과 채현탁 대구사이버대학교 교수님께 감사의 마음을 전한다. 마지막으로, 본 보고서의 내용은 본 원의 공식적인 의견이 아님을 밝힌다.

2024년 12월
한국보건사회연구원장 직무대행
강 혜 규

목 차

요 약 ·· 1

제1장 서론 ··· 19
제1절 연구의 필요성 및 목적 ·· 21
제2절 연구 방법 및 내용 ··· 26

제2장 이론적 배경 ·· 29
제1절 지방정부와 지역사회보장정책 ·· 31
제2절 환경진단 및 사회적 이슈 변화와 지역사회보장정책 ················ 36
제3절 중앙정부 정책과 지역사회보장정책 ··· 41

제3장 지역사회 변화와 지역사회보장정책 연관성 진단 ···················· 49
제1절 지역사회보장계획 내 환경진단과 사업 간 연관성 진단 ··········· 51
제2절 사회적 이슈의 변화와 지역사회보장계획 간의 연관성 진단 ············ 181
제3절 중앙부처의 정책과 지역사회보장계획 간의 연관성 진단 ················ 225

제4장 지역사회 변화와 지역사회보장정책 수립 과정 진단 ············ 247
제1절 전문가 FGI 개요 ·· 249
제2절 전문가 FGI 분석 결과 ··· 252
제3절 소결 ·· 269

제5장 정책 제언 ·· 273
제1절 우리나라 지역사회보장정책의 지역 연관성 과제 ··················· 275

제2절 지역사회 변화와 지역사회보장계획의 연관성 진단을 통한 정책 제언 ·· 277
제3절 지역사회 변화와 지역사회보장정책 수립 과정 진단을 통한 정책 제언 · 279

참고문헌 ··· 283

부록 ·· 287
  부록 1. 제3장 1절 : 영역별 주요 키워드 출현 빈도 분석 결과 ················ 287
  부록 2. 제3장 1절 : 주요 키워드의 상관관계 분석 결과 ························ 304
  부록 3. 제3장 3절 : 사회보장 기본계획과 지역사회보장계획 간
          연관성 분석 결과 ·· 321

Abstract ··· 343

표 목차

〈표 1-1〉 연구의 내용 및 방법	28
〈표 3-1〉 분석 절차	54
〈표 3-2〉 분석 대상	55
〈표 3-3〉 분석 방향	56
〈표 3-4〉 시도별 분석 결과 요약-1	175
〈표 3-5〉 시도별 분석 결과 요약-2	176
〈표 3-6〉 시도별 분석 결과 요약-3	177
〈표 3-7〉 시·도별 합계출산율	190
〈표 3-8〉 시·도별 합계출산율 지역 진단	195
〈표 3-9〉 시·도별 합계출산율 관련 세부사업 분류	199
〈표 3-10〉 합계출산율 이슈-진단-대응	203
〈표 3-11〉 시·도별 자살률	205
〈표 3-12〉 시·도별 자살률 지역 진단	208
〈표 3-13〉 시·도별 자살률 관련 세부사업 분류	211
〈표 3-14〉 자살률 이슈-진단-대응	214
〈표 3-15〉 시도별 1인 가구 비중	216
〈표 3-16〉 시·도별 1인 가구 비중 지역 진단	218
〈표 3-17〉 시·도별 1인 가구 관련 세부사업 분류	220
〈표 3-18〉 1인 가구 이슈-진단-대응	222
〈표 3-19〉 사회보장기본계획의 키워드 중심 지역사회보장계획	229
〈표 3-20〉 사회보장기본계획의 키워드 중심 지역사회보장계획	230
〈표 4-1〉 전문가 FGI 문항	251
〈표 4-2〉 환경 및 여건 분석에 대한 의견	253
〈표 4-3〉 환경 및 여건 분석의 활용성 및 문제점	254
〈표 4-4〉 지역사회보장조사 및 분석 결과 반영 과정에서의 애로사항	256
〈표 4-5〉 지역사회보장계획 주요 내용 반영 과정에 대한 의견	258
〈표 4-6〉 지역사회보장계획 환경진단, 계획수립, 수행, 환류 반영 과정에 대한 의견	259

〈표 4-7〉 시도의 관할 시군구 지역사회보장계획 포함 과정에 대한 의견 ·················· 260
〈표 4-8〉 시도의 시군구 계획 포괄을 위한 개선 방안 ·· 261
〈표 4-9〉 지역계획과 기본계획 간의 연관성에 대한 의견 ·· 263
〈표 4-10〉 지역계획과 기본계획 간의 연관성 강화를 위한 방안 ······························ 264
〈표 4-11〉 제6기 지역사회보장조사 개선 의견 ·· 265
〈표 4-12〉 제6기 지역사회보장계획 개선 의견 ·· 266
〈표 4-13〉 사회보장기본계획과 지역사회보장계획 수립의 시기적 불일치 문제에 대한 개선 의견 · 268
〈부록 표 1〉 영역별 주요 키워드 출현 빈도(서울) ·· 287
〈부록 표 2〉 영역별 주요 키워드 출현 빈도(부산) ·· 288
〈부록 표 3〉 영역별 주요 키워드 출현 빈도(대구) ·· 289
〈부록 표 4〉 영역별 주요 키워드 출현 빈도(인천) ·· 290
〈부록 표 5〉 영역별 주요 키워드 출현 빈도(광주) ·· 291
〈부록 표 6〉 영역별 주요 키워드 출현 빈도(대전) ·· 292
〈부록 표 7〉 영역별 주요 키워드 출현 빈도(울산) ·· 293
〈부록 표 8〉 영역별 주요 키워드 출현 빈도(세종) ·· 294
〈부록 표 9〉 영역별 주요 키워드 출현 빈도(경기) ·· 295
〈부록 표 10〉 영역별 주요 키워드 출현 빈도(강원) ·· 296
〈부록 표 11〉 영역별 주요 키워드 출현 빈도(충북) ·· 297
〈부록 표 12〉 영역별 주요 키워드 출현 빈도(충남) ·· 298
〈부록 표 13〉 영역별 주요 키워드 출현 빈도(전북) ·· 299
〈부록 표 14〉 영역별 주요 키워드 출현 빈도(전남) ·· 300
〈부록 표 15〉 영역별 주요 키워드 출현 빈도(경북) ·· 301
〈부록 표 16〉 영역별 주요 키워드 출현 빈도(경남) ·· 302
〈부록 표 17〉 영역별 주요 키워드 출현 빈도(제주) ·· 303
〈부록 표 18〉 주요 키워드의 상관관계 분석 결과(서울) ·· 304
〈부록 표 19〉 주요 키워드의 상관관계 분석 결과(부산) ·· 305
〈부록 표 20〉 주요 키워드의 상관관계 분석 결과(대구) ·· 306

〈부록 표 21〉 주요 키워드의 상관관계 분석 결과(인천) ··· 307
〈부록 표 22〉 주요 키워드의 상관관계 분석 결과(광주) ··· 308
〈부록 표 23〉 주요 키워드의 상관관계 분석 결과(대전) ··· 309
〈부록 표 24〉 주요 키워드의 상관관계 분석 결과(울산) ··· 310
〈부록 표 25〉 주요 키워드의 상관관계 분석 결과(세종) ··· 311
〈부록 표 26〉 주요 키워드의 상관관계 분석 결과(경기) ··· 312
〈부록 표 27〉 주요 키워드의 상관관계 분석 결과(강원) ··· 313
〈부록 표 28〉 주요 키워드의 상관관계 분석 결과(충북) ··· 314
〈부록 표 29〉 주요 키워드의 상관관계 분석 결과(충남) ··· 315
〈부록 표 30〉 주요 키워드의 상관관계 분석 결과(전북) ··· 316
〈부록 표 31〉 주요 키워드의 상관관계 분석 결과(전남) ··· 317
〈부록 표 32〉 주요 키워드의 상관관계 분석 결과(경북) ··· 318
〈부록 표 33〉 주요 키워드의 상관관계 분석 결과(경남) ··· 319
〈부록 표 34〉 주요 키워드의 상관관계 분석 결과(제주) ··· 320
〈부록 표 35〉 사회보장기본계획과 지역사회보장계획 간 연관성: 영유아 정책 관련 ······· 321
〈부록 표 36〉 사회보장기본계획과 지역사회보장계획 간 연관성: 아동청소년 정책 관련 · 322
〈부록 표 37〉 사회보장기본계획과 지역사회보장계획 간 연관성: 청년 정책 관련 ·········· 327
〈부록 표 38〉 사회보장기본계획과 지역사회보장계획 간 연관성: 중장년 정책 관련 ······· 329
〈부록 표 39〉 사회보장기본계획과 지역사회보장계획 간 연관성: 노인 정책 관련 ·········· 330
〈부록 표 40〉 사회보장기본계획과 지역사회보장계획 간 연관성: 장애인 정책 관련 ······· 331
〈부록 표 41〉 사회보장기본계획과 지역사회보장계획 간 연관성: 취약계층 정책 관련 ··· 335
〈부록 표 42〉 사회보장기본계획과 지역사회보장계획 간 연관성: 부조(기초생활, 기초연금,
장애인연금) 관련 ··· 336
〈부록 표 43〉 사회보장기본계획과 지역사회보장계획 간 연관성: 사회서비스 관련 ········· 337
〈부록 표 44〉 사회보장기본계획과 지역사회보장계획 간 연관성: 생계 관련 ···················· 340
〈부록 표 45〉 사회보장기본계획과 지역사회보장계획 간 연관성: 돌봄 관련 ···················· 340
〈부록 표 46〉 사회보장기본계획과 지역사회보장계획 간 연관성: 다문화 정책 관련 ······· 341

그림 목차

[그림 3-1] 영역별 주요 키워드의 상대적 중요도(제4기, 서울) ·········· 58
[그림 3-2] 영역별 주요 키워드의 상대적 중요도(제5기, 서울) ·········· 58
[그림 3-3] "환경진단" 주요 키워드의 상관관계(제4기, 서울) ·········· 60
[그림 3-4] "계획수립" 주요 키워드의 상관관계(제4기, 서울) ·········· 60
[그림 3-5] "환경진단" 주요 키워드의 상관관계(제5기, 서울) ·········· 61
[그림 3-6] "계획수립" 주요 키워드의 상관관계(제5기, 서울) ·········· 61
[그림 3-7] 영역별 주요 키워드의 상대적 중요도(제4기, 부산) ·········· 65
[그림 3-8] 영역별 주요 키워드의 상대적 중요도(제5기, 부산) ·········· 65
[그림 3-9] "환경진단" 주요 키워드의 상관관계(제4기, 부산) ·········· 67
[그림 3-10] "계획수립" 주요 키워드의 상관관계(제4기, 부산) ·········· 67
[그림 3-11] "환경진단" 주요 키워드의 상관관계(제5기, 부산) ·········· 68
[그림 3-12] "계획수립" 주요 키워드의 상관관계(제5기, 부산) ·········· 68
[그림 3-13] 영역별 주요 키워드의 상대적 중요도(제4기, 대구) ·········· 72
[그림 3-14] 영역별 주요 키워드의 상대적 중요도(제5기, 대구) ·········· 72
[그림 3-15] "환경진단" 주요 키워드의 상관관계(제4기, 대구) ·········· 74
[그림 3-16] "계획수립" 주요 키워드의 상관관계(제4기, 대구) ·········· 74
[그림 3-17] "환경진단" 주요 키워드의 상관관계(제5기, 대구) ·········· 75
[그림 3-18] "계획수립" 주요 키워드의 상관관계(제5기, 대구) ·········· 75
[그림 3-19] 영역별 주요 키워드의 상대적 중요도(제4기, 인천) ·········· 79
[그림 3-20] 영역별 주요 키워드의 상대적 중요도(제5기, 인천) ·········· 79
[그림 3-21] "환경진단" 주요 키워드의 상관관계(제4기, 인천) ·········· 81
[그림 3-22] "계획수립" 주요 키워드의 상관관계(제4기, 인천) ·········· 81
[그림 3-23] "환경진단" 주요 키워드의 상관관계(제5기, 인천) ·········· 82
[그림 3-24] "계획수립" 주요 키워드의 상관관계(제5기, 인천) ·········· 82
[그림 3-25] 영역별 주요 키워드의 상대적 중요도(제4기, 광주) ·········· 86
[그림 3-26] 영역별 주요 키워드의 상대적 중요도(제5기, 광주) ·········· 86
[그림 3-27] "환경진단" 주요 키워드의 상관관계(제4기, 광주) ·········· 88

[그림 3-28] "계획수립" 주요 키워드의 상관관계(제4기, 광주) ·········· 88
[그림 3-29] "환경진단" 주요 키워드의 상관관계(제5기, 광주) ·········· 89
[그림 3-30] "계획수립" 주요 키워드의 상관관계(제5기, 광주) ·········· 89
[그림 3-31] 영역별 주요 키워드의 상대적 중요도(제4기, 대전) ·········· 93
[그림 3-32] 영역별 주요 키워드의 상대적 중요도(제5기, 대전) ·········· 93
[그림 3-33] "환경진단" 주요 키워드의 상관관계(제4기, 대전) ·········· 95
[그림 3-34] "계획수립" 주요 키워드의 상관관계(제4기, 대전) ·········· 95
[그림 3-35] "환경진단" 주요 키워드의 상관관계(제5기, 대전) ·········· 96
[그림 3-36] "계획수립" 주요 키워드의 상관관계(제5기, 대전) ·········· 96
[그림 3-37] 영역별 주요 키워드의 상대적 중요도(제4기, 울산) ·········· 100
[그림 3-38] 영역별 주요 키워드의 상대적 중요도(제5기, 울산) ·········· 100
[그림 3-39] "환경진단" 주요 키워드의 상관관계(제4기, 울산) ·········· 102
[그림 3-40] "계획수립" 주요 키워드의 상관관계(제4기, 울산) ·········· 102
[그림 3-41] "환경진단" 주요 키워드의 상관관계(제5기, 울산) ·········· 103
[그림 3-42] "계획수립" 주요 키워드의 상관관계(제5기, 울산) ·········· 103
[그림 3-43] 영역별 주요 키워드의 상대적 중요도(제4기, 세종) ·········· 107
[그림 3-44] 영역별 주요 키워드의 상대적 중요도(제5기, 세종) ·········· 107
[그림 3-45] "환경진단" 주요 키워드의 상관관계(제4기, 세종) ·········· 109
[그림 3-46] "계획수립" 주요 키워드의 상관관계(제4기, 세종) ·········· 109
[그림 3-47] "환경진단" 주요 키워드의 상관관계(제5기, 세종) ·········· 110
[그림 3-48] "계획수립" 주요 키워드의 상관관계(제5기, 세종) ·········· 110
[그림 3-49] 영역별 주요 키워드의 상대적 중요도(제4기, 경기) ·········· 114
[그림 3-50] 영역별 주요 키워드의 상대적 중요도(제5기, 경기) ·········· 114
[그림 3-51] "환경진단" 주요 키워드의 상관관계(제4기, 경기) ·········· 116
[그림 3-52] "계획수립" 주요 키워드의 상관관계(제4기, 경기) ·········· 116
[그림 3-53] "환경진단" 주요 키워드의 상관관계(제5기, 경기) ·········· 117
[그림 3-54] "계획수립" 주요 키워드의 상관관계(제5기, 경기) ·········· 117

[그림 3-55] 영역별 주요 키워드의 상대적 중요도(제4기, 강원) ··············· 121
[그림 3-56] 영역별 주요 키워드의 상대적 중요도(제5기, 강원) ··············· 121
[그림 3-57] "환경진단" 주요 키워드의 상관관계(제4기, 강원) ··············· 123
[그림 3-58] "계획수립" 주요 키워드의 상관관계(제4기, 강원) ··············· 123
[그림 3-59] "환경진단" 주요 키워드의 상관관계(제5기, 강원) ··············· 124
[그림 3-60] "계획수립" 주요 키워드의 상관관계(제5기, 강원) ··············· 124
[그림 3-61] 영역별 주요 키워드의 상대적 중요도(제4기, 충북) ··············· 128
[그림 3-62] 영역별 주요 키워드의 상대적 중요도(제5기, 충북) ··············· 128
[그림 3-63] "환경진단" 주요 키워드의 상관관계(제4기, 충북) ··············· 130
[그림 3-64] "계획수립" 주요 키워드의 상관관계(제4기, 충북) ··············· 130
[그림 3-65] "환경진단" 주요 키워드의 상관관계(제5기, 충북) ··············· 131
[그림 3-66] "계획수립" 주요 키워드의 상관관계(제5기, 충북) ··············· 131
[그림 3-67] 영역별 주요 키워드의 상대적 중요도(제4기, 충남) ··············· 135
[그림 3-68] 영역별 주요 키워드의 상대적 중요도(제5기, 충남) ··············· 135
[그림 3-69] "환경진단" 주요 키워드의 상관관계(제4기, 충남) ··············· 137
[그림 3-70] "계획수립" 주요 키워드의 상관관계(제4기, 충남) ··············· 137
[그림 3-71] "환경진단" 주요 키워드의 상관관계(제5기, 충남) ··············· 138
[그림 3-72] "계획수립" 주요 키워드의 상관관계(제5기, 충남) ··············· 138
[그림 3-73] 영역별 주요 키워드의 상대적 중요도(제4기, 전북) ··············· 142
[그림 3-74] 영역별 주요 키워드의 상대적 중요도(제5기, 전북) ··············· 142
[그림 3-75] "환경진단" 주요 키워드의 상관관계(제4기, 전북) ··············· 144
[그림 3-76] "계획수립" 주요 키워드의 상관관계(제4기, 전북) ··············· 144
[그림 3-77] "환경진단" 주요 키워드의 상관관계(제5기, 전북) ··············· 145
[그림 3-78] "계획수립" 주요 키워드의 상관관계(제5기, 전북) ··············· 145
[그림 3-79] 영역별 주요 키워드의 상대적 중요도(제4기, 전남) ··············· 149
[그림 3-80] 영역별 주요 키워드의 상대적 중요도(제5기, 전남) ··············· 149
[그림 3-81] "환경진단" 주요 키워드의 상관관계(제4기, 전남) ··············· 151

[그림 3-82] "계획수립" 주요 키워드의 상관관계(제4기, 전남) ················ 151
[그림 3-83] "환경진단" 주요 키워드의 상관관계(제5기, 전남) ················ 152
[그림 3-84] "계획수립" 주요 키워드의 상관관계(제5기, 전남) ················ 152
[그림 3-85] 영역별 주요 키워드의 상대적 중요도(제4기, 경북) ················ 156
[그림 3-86] 영역별 주요 키워드의 상대적 중요도(제5기, 경북) ················ 156
[그림 3-87] "환경진단" 주요 키워드의 상관관계(제4기, 경북) ················ 158
[그림 3-88] "계획수립" 주요 키워드의 상관관계(제4기, 경북) ················ 158
[그림 3-89] "환경진단" 주요 키워드의 상관관계(제5기, 경북) ················ 159
[그림 3-90] "계획수립" 주요 키워드의 상관관계(제5기, 경북) ················ 159
[그림 3-91] 영역별 주요 키워드의 상대적 중요도(제4기, 경남) ················ 163
[그림 3-92] 영역별 주요 키워드의 상대적 중요도(제5기, 경남) ················ 163
[그림 3-93] "환경진단" 주요 키워드의 상관관계(제4기, 경남) ················ 165
[그림 3-94] "계획수립" 주요 키워드의 상관관계(제4기, 경남) ················ 165
[그림 3-95] "환경진단" 주요 키워드의 상관관계(제5기, 경남) ················ 166
[그림 3-96] "계획수립" 주요 키워드의 상관관계(제5기, 경남) ················ 166
[그림 3-97] 영역별 주요 키워드의 상대적 중요도(제4기, 제주) ················ 170
[그림 3-98] 영역별 주요 키워드의 상대적 중요도(제5기, 제주) ················ 170
[그림 3-99] "환경진단" 주요 키워드의 상관관계(제4기, 제주) ················ 172
[그림 3-100] "계획수립" 주요 키워드의 상관관계(제4기, 제주) ················ 172
[그림 3-101] "환경진단" 주요 키워드의 상관관계(제5기, 제주) ················ 173
[그림 3-102] "계획수립" 주요 키워드의 상관관계(제5기, 제주) ················ 173
[그림 3-103] 연구 모형 ·· 188
[그림 3-104] 연구 체계 ·· 226
[그림 3-105] 사회보장기본계획과 지역사회보장계획 간 연관성: 영유아 정책 관련 ······ 231
[그림 3-106] 사회보장기본계획과 지역사회보장계획 간 연관성: 아동청소년 정책 관련 233
[그림 3-107] 사회보장기본계획과 지역사회보장계획 간 연관성: 청년 정책 관련 ········ 234
[그림 3-108] 사회보장기본계획과 지역사회보장계획 간 연관성: 중장년 정책 관련 ······ 235

[그림 3-109] 사회보장기본계획과 지역사회보장계획 간 연관성: 노인 정책 관련 ········ 236
[그림 3-110] 사회보장기본계획과 지역사회보장계획 간 연관성: 장애인 정책 관련 ······ 238
[그림 3-111] 사회보장기본계획과 지역사회보장계획 간 연관성: 취약계층 정책 관련 ·· 239
[그림 3-112] 사회보장기본계획과 지역사회보장계획 간 연관성: 다문화 정책 관련 ······ 240
[그림 3-113] 영유아, 아동청소년, 청년, 중장년 대상별 주제 ································ 241
[그림 3-114] 노인, 장애인, 취약계층, 다문화 관련 대상별 주제 ······························· 243

요약

1. 연구의 배경 및 목적

한국의 지역사회보장정책은 1995년 지방자치제 부활 이후 여러 변화를 겪었다. 1952년 지방의회 구성으로 시작된 지방자치는 군사정부 시기에 중단되었다가 1988년에 법을 개정하고 1995년에 지방자치단체장 선거를 통해 본격적으로 부활했다. 이후 2003년 사회복지사업법이 개정되면서 지역사회복지협의체와 지역사회복지계획이 명문화되었고, 2006년 첫 지역사회복지계획이 수립되었다. 2015년에 사회보장급여법이 제정되어 이 계획은 지역사회보장계획으로 확대되며 교육, 고용, 주거 등 복지를 넘어서는 포괄적 영역을 다루게 되었고, 현재 5기 계획이 시행 중이다.

한국의 지역사회보장정책은 제도적으로 발전했으나 다음의 한계가 지적된다. 첫째, 중앙정부 주도의 하향식 정책 구조가 여전히 강하게 유지되어 지방자치단체의 독자적 역할이 제한적으로 작동된다. 둘째, 지자체의 정책적 역량과 자율성이 부족하며, 외부 용역에 의존하는 경향이 크다. 셋째, 주민 참여가 형식적 수준에 머물러 있으며, 실질적 정책 결정에 영향을 미치기 어렵다. 마지막으로, 지자체의 지역 특성을 충분히 반영하지 못한 획일적인 계획이 수립되고 있으며, 특히 도시와 농촌 간의 다른 복지 욕구가 반영되지 못하고 있다.

이러한 배경하에 본 연구는 지역사회 변화와 지역사회보장정책 간의 연관성을 진단하여, 향후 지역사회보장정책 수립의 지향점을 제시하고, 이를 통해 제6기 지역사회보장계획(2027~2030)의 수립에 필요한 기초 정보를 제공하고자 한다.

본 연구에서는 지역사회 변화, 지역사회보장정책 그리고 연관성을 다음과 같이 정의한다. 첫째, 지역사회 변화란 지역사회보장계획 내의 환경 및 여건 분석을 통해 진단된 변화, 통계청 한국의 사회지표를 통해 드러난 사회적 이슈, 중앙정부 정책 변화를 의미한다. 둘째, 지역사회보장정책은 2003년 사회복지사업법 개정으로 도입되어 지역 단위에서 구체적인 정책 목표를 설정하고 실행 전략을 수립하는 법정계획인 지역사회보장계획을 의미한다. 셋째, 연관성이란 지역사회 변화와 지역사회보장정책 간의 상호적 관련성과 일관성 있는 연계를 의미한다. 이는 지역사회보장계획의 수립 및 실행이 지역사회 변화에 맞추어 진행되며, 계획과 정책이 동일한 목표를 공유함으로써 지역사회의 실제 문제를 효과적으로 해결하는 과정을 포함한다.

2. 주요 연구 결과

가. 이론적 배경

현대 지방정부의 역할은 중앙정부의 하위 집행기관을 넘어 지역사회 전반의 복지와 웰빙을 책임지는 중요한 주체로 확대되고 있다. 특히 북유럽 복지국가들은 높은 수준의 지방자치와 재정 자율성을 통해 지방정부가 지역사회 발전을 주도하는 체계를 구축하고 있다. 이들은 지방정부가 단순히 서비스를 제공하는 역할을 넘어서 지역사회 특성에 맞는 전략적 계획을 수립하고, 자원을 효과적으로 배분해 시민 삶의 질 향상을 도모해야 한다고 본다. 이는 지방정부가 복잡하고 빠르게 변화하는 환경에 대응할 수 있도록 기존의 계획 수립 방식에서 벗어나 체계적이고 전략적인 접근을 강화해야 할 필요성을 의미한다.

지역사회보장정책의 전략계획은 지방정부가 직면한 자원 배분과 성과 관리의 문제를 해결하는 중요한 도구로 자리 잡고 있다. 전략계획은 지자체가 외부 의존성에 대처하고, 이해관계자 간 협력을 강화하며, 자원을 효율적으로 활용할 수 있도록 돕는 역할을 한다. 특히 미국, 노르웨이 등 여러 국가에서는 전략계획을 통해 지역사회의 다양한 요구에 대응하고, 주민 참여를 확대해 정책의 실효성을 높이고 있다. 즉, 전략계획의 성공적 실행을 위해서는 명확한 비전과 목표 설정, 성과관리 시스템 구축, 이해관계자의 참여 확대, 충분한 자원 확보가 필수적이다.

전략계획을 도입한 것은 지역사회보장정책의 효과성을 크게 높이는 수단으로 평가받고 있다. 성공적인 복지정책 수립과 시행을 위해서는 주민들의 실제 욕구에 맞는 맞춤형 서비스를 제공할 수 있는 전략적 접근이 요구된다. 이를 통해 지방정부는 지역사회 욕구를 진단하고, 가용 자원을 효율적으로 배분하며, 협력 네트워크를 활성화해 복지 전달체계의 효과성을 높일 수 있다. 즉, 전략계획은 단순한 도구를 넘어 지자체 전체의 운영체계를 변화시키고 복지서비스를 효율적으로 제공하는 기반이 될 수 있다.

나. 지역사회 변화와 지역사회보장계획 연관성 진단

지역사회 변화와 지역사회보장정책 연관성 진단을 위한 양적 분석 방법으로 TF-IDF(Term Frequency-Inverse Document Frequency)와 콘텐츠 분석(content analysis) 방법을 사용하였다.

TF-IDF는 자료 내 특정 단어가 얼마나 중요하게 작용하는지를 측정하기 위한 통계 방법이다. TF(Term Frequency)는 특정 자료 내에 특정 단어가 얼마나 빈번하게 나타나는지를, IDF(Inverse Document Frequency)는 전체 자료에서 특정 단어가 얼마나 빈번하게 등장하는지를 의미한다. 두 의미를 합한 TF-IDF는 TF와 IDF의 곱으로 계산된다. 이는 특정 문서에서 해당 단어의 중요성을 의미하며, 특정 문서에서 얼마나 자주 등장하는지와 전체 문서에서 빈도를 계산한 값이다.

콘텐츠 분석(content analysis)은 텍스트 자료에 나타난 특정 주제나 현상의 빈도, 발생률 등을 수치화하여 그 패턴을 분석하는 데 적합한 방법으로 탐색적 분석에 활용된다.

1) 지역사회보장계획 내 환경진단과 사업 간 연관성 진단 결과

TF-IDF 분석 방법을 적용하여 17개 시도의 제4기, 제5기 지역사회보장계획 내 지역 여건 분석 결과와 지역사회보장계획 전략 및 사업 간 연관성을 분석하고 도출한 논의 사항은 아래와 같다.

첫째, 지역사회보장계획 수립의 환경진단과 계획수립 간의 연관성 강화를 위해서는 지역사회보장조사의 구조에 대한 검토가 선행되어야 한다. 다수의 지역에 대한 분석 결과, 지역사회보장계획 수립을 위한 환경진단의 결과는 지역사회보장조사의 구조와 내용에 상당한 영향을 받는다는 사실을 알 수 있다. 각 지역에서는 지역 내 특성 분석을 위하여 다양한 자료를 활용하고 있으나 제4기와 제5기 공통적으로 지역사회보장조사의 결과에 대한 활용도가 매우 높음을 알 수 있다. 지역의 변화나 주요 사회경제적 특성 비교를 위해서는 지역사회보장지표를 포함한 각종 통계자료들이 활용될 수 있으나 대부분 각 사업에 대한 필요성 또는 중요도는 해당 조사 결과의 내용을 따르는 경우가 다수였다.

이로 인하여 지역사회 환경진단은 지역사회보장조사에서 제시하고 있는 조사 문항의 내용과 그 결과에 영향을 받게 된다. 특히 해당 조사의 특성상 지역사회보장 전 영역에 대하여 포괄적인 문항을 통해 관련 사항을 질의하게 된다. 각 지역에서는 해당 조사 결과에 대한 세부적인 내용을 분석하여 그에 대한 결과를 환경진단에 반영한 사례가 많지 않은 것으로

볼 수 있다. 그뿐만 아니라 지역사회보장조사의 영역별 내용은 지역의 특성에 따라 그 우선순위가 다르게 배정될 수 있으나 단순한 조사 결과의 기술로 인하여 주요 쟁점에 대한 선별적 접근이나 지역 특성을 반영한 대안 제시 등에 적절한 근거를 가지기 어렵다는 한계를 보인다.

둘째, 지역사회보장계획 수립의 환경진단에 기반을 둔 전략 수립과 주요 사업의 우선순위 설정이 요구된다. 분석 결과, 지역사회보장 전략 설정과 주요 사업의 내용 선정에 대한 우선순위가 불명확하다. 다수의 지역에서 지역사회보장 전략 설정의 배경과 주요 사업 선정의 이유로 환경진단 결과의 요약 내용을 활용하고 있다. 그러나 계획 내에서 제시한 환경진단 영역에서 쟁점의 우선순위가 명확하게 도출되지 못하였기 때문에 계획 내에서 다루게 되는 정책 수요가 어떠한 중요도를 가지는지 확인하기에 어려움이 따를 수밖에 없다. 예를 들어 다수의 지역에서 일자리, 주거와 관련된 지원의 필요성이 대두되었다고 설명하고 있으나 그에 상응하는 사업 또는 전략 수립이 이루어진 지역은 많지 않은 것이 사실이다.

계획수립 과정에서 지역사회보장 영역 전반에 대해 검토하는 것이 중요하나 계획 작성의 결과는 이와 달리 특정 쟁점에 대한 대응일 수밖에 없다. 그렇다면 환경진단을 통하여 확인된 지역의 문제 가운데 계획 내에서 대응 가능한 문제가 어떠한 것이며, 이것이 어떠한 근거에 의하여 계획에 포함될 수 있는지에 대한 설명이 요구될 것이다. 환경진단을 통하여 도출된 지역 내 쟁점의 우선순위와 계획을 통하여 대응할 정책적 우선순위가 다른 경우, 이에 대한 설명이 계획 내에서 검토될 필요가 있다.

셋째, 환경진단과 계획수립 간의 연관성을 강화를 위해서 계획수립 지침 또는 계획 구성에 대한 전반적인 검토가 필요하다. 지역사회보장계획의 구성 변화가 환경진단 및 계획 내용 간의 연관성에 영향을 미칠 수 있다. 제4기 지역사회보장계획과 달리 제5기 지역사회보장계획에서는 지역사회보장사업에 대한 전략체계와 균형발전 전략체계가 구분된다는 특성이 있다. 이에 따라 물적 인프라의 확충이나 민관협력 활성화 등의 내용이 별도로 작성된다. 제4기 계획에서는 계획 내용에 위 사항을 모두 반영해야 하기 때문에 환경진단의 결과와 마찬가지로 다양한 영역에 대한 사업 제안이 요구되었다. 그러나 제5기에 이르러 계획 내용은 주요 정책 대상에 대한 지원이나 주민을 대상으로 한 보편적 사업 등에 초점이 맞추어지게 되었다. 그 결과 지역사회보장사업체계 내에서는 주민 대상의 조사 결과를 주로 반영하게 되었다. 따라서 전략체계의 구분은 지역사회보장조사의 내용 구성과 활용의 가치에 보다 많은 영향을 미친다고 볼 수 있다.

넷째, 환경 변화에 적절하게 대응할 수 있도록 계획 내용의 유연성, 변화 가능성 등이 지속적으로 강조될 필요가 있다. 계획을 수립하는 시점에 필요한 주요 정책 이슈에 맞게 사업의 내용이 변화되고 있다. 17개 시도 기준, 제5기 계획에서 중요하게 논의되고 있는 정책 대상은 고독사 위험군을 포함한 1인 가구, 청년 등이며, 또한 인구소멸 문제와 관련하여 정주여건 개선을 위한 노력 등이 강조되고 있다. 이는 계획수립 시점의 정책 이슈를 반영하기 위한 각 지역의 노력이라 볼 수 있다.

한편, 계획수립 당시에 주로 논의되는 지역사회보장 관련 쟁점과 정책 대상의 선정 사유는 충분한 근거에 기반을 두어 제시되지 못한 한계를 보인다. 이는 지역 환경진단의 틀이 가지는 한계와 관련이 있다. 그러므로 계획 및 전략의 내용은 해당 지역의 정책적 변화에 대응하고 있는 반면에, 그에 맞는 환경진단이 이루어지고 있지 못하다고 평가할 수 있다.

즉, 주요 인구집단의 변화나 정책 대상의 변화, 욕구조사 결과에 대한 기술이 기수별 계획의 변화만큼 충분한 유연성을 가지지 못한다고 볼 수 있다. 이러한 상황은 해당 계획 내에서 환경진단 결과와 계획수립 내용 간의 일관성 확보에 부정적으로 작용할 수 있다.

2) 사회적 이슈의 변화와 지역사회보장계획 간의 연관성 진단

콘텐츠 분석(content analysis) 방법을 사용하여 한국 사회의 주요 사회적 이슈와 그에 따른 지방자치단체의 대응을 탐색적으로 분석하였다. 콘텐츠 분석은 텍스트 자료에 나타난 특정 주제나 현상의 빈도, 발생률 등을 수치화하여 그 패턴을 분석하는 데 적합한 방법으로, 본 연구에서는 이를 활용하여 한국 사회지표에서 나타난 사회의 변화와 지역사회보장계획에서 나타난 대응을 체계적으로 비교하고 분석하였다.

본 연구의 목적은 2018년부터 2022년까지의 사회적 이슈의 변화와 제4기, 제5기 지역사회보장계획 사이의 연관성을 분석하고, 그 결과를 바탕으로 향후 지역사회보장정책의 방향성을 점검하는 데 있다. 한국 사회의 중요한 사회적 이슈로는 사회지표의 변화 분석 결과를 바탕으로 출산율 감소, 자살률 증가, 1인 가구 증가에 주목하였으며, 이러한 이슈들이 지역사회보장계획에서 어떻게 다루어졌는가를 점검하였다.

결론적으로, 한국 사회의 사회적 이슈들은 편차는 있지만 지역사회보장계획에 충실히 반영되는 것으로 관찰되며, 이에 따른 지표의 개선도 관찰되었다. 따라서 지역별 맞춤형 정책의 수립과 장기적인 시각에서 사회적 이슈에 대응하도록 촉진할 수 있는 중앙 차원의 정책적 지원이 요구되며, 이로써 지역사회보장계획이 지역사회보장을 위해서 보다 실효성 있고 효과적으로 역할을 할 수 있을 것으로 기대된다.

3) 중앙부처 정책과 지역사회보장계획 간의 연관성 진단

사회보장기본법 제19조(2021)에 따라 지역사회보장계획은 사회보장기본계획과 연관성을 갖고 있어야 하는데, 실제로 사회보장기본계획과 지역사회보장계획 사이의 관계성을 살펴보는 데 이 연구의 의의가 있다.

이 연구에서는 TF-IDF 분석 방법을 적용하여 사회보장기본계획과 지역사회보장계획의 사회보장 사업 내역을 중심으로 연관성을 분석하였다.

사회보장기본계획에서 핵심 영역으로 도출된 영유아, 아동청소년, 청년, 중장년, 노인, 장애인, 빈곤, 부조, 사회서비스, 생계, 돌봄, 다문화 등을 중심으로 지역사회보장계획에 수록된 사업의 빈도를 살펴보았다. 이를 중심으로 주요 연구 결과를 살펴보면 다음과 같다.

첫째, 이 연구에서 수집한 문서는 사회보장기본계획에 수록되어 있는 3대 전략, 7개 중점과제, 21개 추진과제 및 111개 세부 과업과 함께 17개 지역사회보장계획에 수록된 세부 과업의 목적, 사업 내용 등이며, 이들 모두가 분석자료이다. 해당 자료 분석 과정에서 동시적으로 등장하는 키워드 간의 관계를 포착하고, 이들의 노드를 확인하여 두 계획 간의 관계를 살펴보았다. 사회보장계획 중 영유아, 아동청소년, 청년, 중장년, 노인, 장애인, 빈곤, 부조, 사회서비스, 생계, 돌봄, 다문화에 관련된 12개 핵심 키워드를 도출하였다. 이를 중심으로 지역사회보장계획에 수록된 사업의 빈도를 살펴보면, 아동청소년 98개, 청년 41개, 장애인 34개, 노인 20개 순으로 나타났다. 이는 사회보장계획과 지역사회보장계획 간의 유사성을 살펴볼 때 아동청소년 관련 내용과 청년 관련 사회보장사업 간의 관계성이 높음을 의미한다.

둘째, TF-IDF 분석을 통해 키워드를 도출한 다음, 12개 영역을 기준으로 사회보장계획과 지역사회보장계획 사이에 관계성이 높은 상위 10개 사업을 살펴보았다. 이를 통해 각 영역의 사회보장기본계획과 시도 지역사회보장계획이 서로 관계성이 있고, 주요 핵심 키워드를 중심으로 상호 연관되어 있음을 알 수 있다. 사회보장기본계획 전략 1에 해당하는 '약자로부터 두터운 복지'의 경우 청년, 중장년을 위한 일자리 관련 사업과 아동 청소년 정책, 특히 학대예방, 생활안정 지원 등과 연관성이 높게 나타났다. 그리고 전략 2에 해당하는 '사회보장기본계획의 사회서비스 고도화'는 영유아 관련 사업과 연관성이 높게 나타났고, 이는 지역의 저출생 정책과 관련성이 높게 나타났다. 전략 1과 전략 2와 관계성이 높은 영역은 노인과 장애인 관련 지역사업인데, 이는 빈곤 해소를 위한 소득지원과 일상생활 지원을 위한 지역돌봄 정책과 연관성이 높다고 나타났다.

셋째, TF-IDF 분석 결과를 바탕으로 도출한 토픽모델 시각화 결과를 살펴보면, 다양한 측면에서 사회보장기본계획과 지역사회보장계획 간의 연관성을 알 수 있다. 영유아의 경우 어린이집, 보육, 아이돌봄 정책간 연관성이 높게 나타났고, 아동청소년의 경우는 소득지원 학대예방, 아동보호, 양육비, 출생 등과 연관되어 두 계획의 연관성이 높게 나타났다. 청년의 경우는 취업, 일자리, 고용, 자립 등을 중심으로 연관성이 높았다. 중장년도 청년과 비슷한 모습을 보였는데, 사회서비스, 취업, 경력, 고용 등을 중심으로 관계성이 높게 나타났다. 노인은 보호, 사회서비스, 생활, 건강, 일자리 등을 중심으로 연관성이 높았으며, 장애인의 경우도 노인과 비슷하게 건강, 자립, 소득, 돌봄, 활동지원 등을 중심으로 연관성이 높게 나타났다. 다문화는 가정, 학습, 성장, 언어 등을 중심으로 두 사업의 연관성이 높았다.

사회보장기본법(2021)에 근거하여 지역사회보장계획은 사회보장기본계획과의 연관성을 유지해야 함을 강조하고 있지만, 어떠한 부분에 연관성이 있는지를 살펴보는 연구는 그간 부족하였다. 이 연구는 TF-IDF 연구방법을 적용하여 두 계획 간의 연관성을 실증적으로 살펴본 데 의미가 있다. 특히, 사회보장기본계획과 지역사회보장계획에서 높은 빈도를 차지하고 있는 영유아, 아동청소년 등 12개 키워드를 도출하고, 이를 중심으로 두 계획이 사회보장사업 설계에서 연관성이 있음을 살펴본 데 의의가 있다.

다. 지역사회 변화와 지역사회보장정책 수립 과정 진단

지역사회 변화와 지역사회보장정책의 수립 과정을 체계적으로 진단하기 위해 전문가 FGI를 수행하고, 그 결과를 바탕으로 지역사회보장계획의 수립 및 평가 과정의 주요 문제점과 개선 방안을 도출하였다. 총 17개 시도에서 지역사회보장계획의 수립 및 평가 과정에 참여한 연구자 11명이 인터뷰에 참여하였고, 지역사회 변화와 계획 수립 과정의 문제를 심도 있게 논의하였다.

첫째, 지역사회보장정책을 수립하는 과정에서 환경 및 여건 분석의 의미는 지역사회보장계획 수립의 필수적 절차로 작동되기는 하나, 실질적 효과는 미미하다는 평가이다. 참여자들은 지역사회보장계획에서 환경 진단은 중요한 요소로 간주되지만, 실제로는 단순히 형식적 의무로 끝나는 경우가 많다고 지적했다. 즉, 정책 수립 시 환경진단이 충분히 반영되지 않으며, 주로 법적 요건을 충족시키기 위한 의례적인 절차에 불과하다고 평가했다.

특히 지역사회보장계획 수립 과정에서 세부사업이 결정된 후 역으로 환경분석을 맞추는 방식으로 진행되고 있어, 연차별 계획에 환경 변화를 충분히 반영하지 못하는 문제가 발생하고 있었다. 예를 들어, 실질적인 지역사회 요구보다 지자체장의 공약이나 관심사가 우선 과제로 선정되면서 특정 사업들이 우선적으로 계획에 반영되는 경향이 나타났다. 이러한 관행은 실질적인 지역사회보장계획의 역할을 축소시키고, 공무원들이 환경진단을 부담스러운 절차로 인식하게 만드는 기제였다.

그러나 환경 및 여건 분석의 긍정적인 측면도 나타났다. 예를 들어, 지역사회보장계획에 대한 주민들의 인식 제고 및 참여 촉진의 역할, 특정 사건이 발생했을 때 대응책을 마련하고 신규 사업을 발굴해 반영한 사례 등 환경진단이 적극적으로 반영되었다. 이는 환경분석이 지역사회의 문제를 발굴하고 대응하는 데 기여할 수 있는 가능성을 보여준다.

또한, 인터뷰 참여자들은 환경분석을 위한 방법으로 다양한 이해관계자의 의견을 신속하게 수렴할 수 있는 초점그룹인터뷰(FGI)가 매우 유용하다고 평가했다. 반면, 4년 주기로 진행되는 지역사회보장조사는 시간이 지남에 따라 변화된 환경을 반영하기 어려운 한계가 있음을 지적하였다.

둘째, 지역사회보장정책 수립 과정 분석 결과 중앙정부의 지침에 대한 의존성이 높아 지역 특성을 충분히 반영하지 못하는 한계가 나타났다. 일부 선도적인 지자체에서는 환경분석 결과를 기반으로 실질적인 계획을 수립하고 있지만, 대다수 지자체는 중앙정부의 틀을 따르는 과정에서 지역 고유의 창의적 접근이 어려워지고 있었다. 이로 인해 지역사회보장계획이 주민의 실제 요구를 반영하기보다는 형식적인 요건 충족에 그치는 경우가 많았다.

또한, 계획수립 과정에서 타 부서와의 협조 부족이 주요 장애물로 작용했다. 일부 지자체는 다른 부서와 협조가 잘 이루어지지 않아 계획의 통합성과 실행력이 저하되는 문제를 경험했다. 이는 복지 분야를 넘어선 다부서적 협력의 중요성을 강조하며, 계획 수립 및 실행 단계에서 다각적인 협력 체계가 필요하다는 점을 시사한다.

특히, 중앙정부의 사회보장기본계획과 지역사회보장계획 간의 연관성을 제시하는 상위 계획과의 연계성 작성에 대해서도 많은 비판이 제기되었다. 일부 인터뷰 응답자들은 중앙의 지침을 준수하는 데 치중하다 보니 상위 계획과의 연계성 작성이 형식적인 절차로 끝나는 경우가 많다고 평가했다. 이는 중앙과 지역 간의 정책 일관성을 확보하는 데 한계를 가져오므로, 상위 계획과의 연관성을 효과적으로 제시할 수 있는 방안의 마련이 필요함을 보여준다.

셋째, 제6기 지역사회보장계획 수립에 대한 의견 분석 결과, 매뉴얼의 지나친 세분화를 문제로 지적했다. 현재의 매뉴얼은 지자체가 이를 따르기 어려울 정도로 촘촘하게 고도화되어 있어, 지역의 자율적이고 창의적인 계획 수립을 제한하고 있다는 의견이다. 따라서 매뉴얼을 간소화하고 가이드라인 수준으로 제시하여 지자체가 자율적으로 해석하고 반영할 수 있는 여지를 확대하는 것이 필요하다는 의견이다.

또한, 현재의 계획수립 과정이 전문가 중심으로 운영되면서 주민과 민간의 참여가 미흡하다는 점도 문제로 지적되었다. 주민과 민간의 참여를 촉진하기 위해서는 보고서 작성에 치중하기보다는, 주민 참여 과정의 활성화에 초점을 맞추어야 한다는 의견이 있었다. 이는 지역사회보장계획이 실질적으로 주민의 의견을 반영하고 지역사회의 요구를 충족하기 위해 반드시 필요한 변화로 보인다.

넷째, 중앙의 사회보장기본계획과 지역사회보장계획 간의 연관성 강화를 위한 개선 의견 분석 결과, 두 계획의 수립 시기 불일치 문제가 가장 큰 한계로 지적되었다. 이를 해결하기 위해서는 법을 개정하여 두 계획의 수립 시기를 맞추거나, 사회보장기본계획 수립 시점에 지역사회보장계획 수립의 조정 기간을 도입하여 두 계획의 수립 시기를 맞춰 연계성을 강화해야 한다는 의견이 제시되었다. 또한, 형식적인 사업별 연계를 넘어서 전략적 목표와 방향성을 공유하는 방식으로 계획의 연관성을 높여야 한다는 의견이 제시되었다.

3. 결론 및 시사점

가. 지역사회보장정책의 효과성 제고를 위한 주요 과제

우리나라 지역사회보장정책의 효과성 제고를 위한 주요 과제를 제시하면 다음과 같다.

첫째, 지자체의 복지 전담부서의 전략적 기획 및 집행 역량 강화가 요구된다. 지자체에서 지역사회보장정책을 효과적으로 실행하기 위해서는 지역사회의 욕구를 체계적으로 진단하고, 이를 바탕으로 자원을 전략적으로 배분하며, 효율적인 서비스 전달체계를 구축할 필요가 있다. 이를 위해서는 지자체 복지 전담부서의 위상 강화와 전문 인력 확보가 선행되어야 할 필요성이 있다.

둘째, 중앙정부와의 지자체 사이의 협력적 관계 구축이 요구된다. 중앙정부와 지자체는 상호의존적인 협력 관계에서 정책을 조정하고 실행할 필요가 있다. 이를 위해 지방정부의 자율성과 민주성, 효율성을 보장하는 제도적 기반을 마련해야 하며, 중앙정부는 법치주의와 비용 효율성, 거시경제 조정 등의 요소를 균형 있게 고려할 수 있어야 한다. 이러한 협력적 관계는 국가 전체의 균형발전과 지역 특성을 반영한 정책 수립에 필수적 요소이다.

셋째, 주민 참여와 민관협력 체계 강화를 위한 노력이 요구된다. 정책의 정당성과 실효성을 높이기 위해서는 지역 주민과 다양한 이해관계자가 적극적으로 참여할 수 있는 체계가 구축되어야 한다. 주민의 요구와 만족도를 반영하는 새로운 성과 측정 방식과 더불어, 정책 수립과 실행 과정에서 주민 참여를 필수 요소로 삼아야 한다. 최근 광범위한 주민 참여가 정책 효과성을 높이는 중요한 수단으로 강조되고 있는 만큼, 이를 의무적으로 규정하는 방향이 필요하다.

넷째, 지역 특성을 반영한 맞춤형 정책이 수립될 수 있는 여건 마련이 요구된다. 이들 과제는 중앙정부의 지원, 지방정부의 자율성 보장, 그리고 지역사회와의 협력 관계를 기반으로 추진되어야 하며, 이를 통해 지방정부가 지역사회의 문제 해결과 발전을 포괄적으로 주도할 수 있는 여건을 마련해야 한다.

나. 지역사회 변화와 지역사회보장정책 연관성 진단을 통한 정책 제언

환경진단과 지역사회보장계획 간의 연관성, 사회적 이슈와 지역사회보장정책의 연관성, 중앙부처의 사회보장기본계획과 지역사회보장계획 간의 연관성을 분석한 결과를 바탕으로 지역사회보장계획이 변화하는 사회적 요구에 능동적으로 대응할 수 있는 방안을 제안하면 다음과 같다.

첫째, 지역사회보장계획 수립을 위한 환경진단의 다각적 접근이 필요하다. 현재 환경진단은 대부분 지역에서 지역사회보장조사 결과에 의존하고 있어, 지역 특성에 맞는 세부적인 분석이 부족한 상황이다. 이를 개선하기 위해 지역별 사회·경제적 특성을 반영한 다양한 자료와 통계를 활용해야 하며, 지역 특수성을 반영한 자체 조사 문항을 구성하여 지역사회보장계획 수립의 근거를 더욱 견고히 해야 할 것이다. 이는 환경진단과 계획 간의 연관성을 강화하는 데 중요한 기반이 될 것이다.

둘째, 정책의 우선순위를 명확히 설정하고, 그에 따른 전략을 구체적으로 수립해야 한다. 지역사회에서 도출된 주요 문제에 대해 어떤 것이 더 중요한지 명확히 구분하고, 이를 바탕으로 정책의 우선순위를 결정할 필요가 있다. 이러한 우선순위 설정은 환경진단 결과에 기반한 체계적 기준을 마련함으로써 가능하며, 이로써 각 사업과 전략의 필요성과 중요성을 명확히 제시하여 정책의 일관성과 실효성을 높일 수 있다.

셋째, 지역사회보장계획은 유연성을 갖추어야 하며, 변화하는 사회적 이슈에 맞춰 지속적으로 수정되고 보완될 필요가 있다. 사회적 이슈는 시점에 따라 급변할 수 있기 때문에, 계획을 수립한 이후에도 주기적인 평가와 수정을 통해 주요 정책 이슈와 지역 상황의 변화를 반영하는 체계가 구축되어야 한다. 이를 위해 각 지역은 주민들의 의견을 적극적으로 수렴하고 반영하는 체계를 마련하여, 계획의 실효성을 높이고 변화하는 사회적 요구에 유연하게 대응해야 할 것이다.

넷째, 중앙부처의 정책과 연관성을 강화하기 위한 체계적 노력이 필요하다. 중앙의 사회보장기본계획과 지역사회보장계획 간의 연관성을 강화하기 위해, 두 계획 간의 연계 포인트를 명확히 하고 이를 지역사회보장계획에 구체적으로 반영할 수 있는 가이드라인을 마련해야 한다. 예를 들어, 아동청소년, 청년 등 주요 정책 대상에 대해 중앙부처와 협력하여 정책을 추진하고, 이를 지역 특성에 맞춰 적용할 수 있도록 구체적인 방안을 마련해야 한다. 이를 통해 중앙과 지역 간의 정책적 연관성이 실질적으로 강화될 수 있을 것이다.

다섯째, 지역 특성에 맞춘 맞춤형 지원 체계를 구축하는 것이 필요하다. 저출산, 자살률, 1인 가구 증가 같은 사회적 이슈는 지역별로 다르게 나타나기 때문에, 각 지역의 특수한 상황에 맞는 맞춤형 정책을 수립하고 실행할 필요가 있다. 예를 들어, 자살률이 높은 지역에서는 심리적 지원과 상담 서비스를 확대하고, 저출산 지역에서는 출산과 육아에 대한 지원을 강화하는 방안을 통해 문제를 해결해야 할 것이다. 또한, 인구 소멸 문제에 대응하기 위해서는 정주 여건 개선, 청년층의 귀향 장려를 위한 인센티브 제공 등 지역의 매력을 높이는 방안도 포함되어야 할 것이다.

다. 지역사회 변화와 지역사회보장정책 수립 과정 진단을 통한 정책 제언

 전문가 FGI 결과를 바탕으로 지역사회보장계획이 지역사회 변화에 효과적으로 대응하고, 주민의 요구를 반영한 실질적인 사회보장정책으로 자리 잡는 데 기여하기 위한 방안을 제안하면 다음과 같다.
 첫째, 지역사회보장계획 수립의 자율성 확대이다. 현재 지역사회보장계획 수립은 중앙정부의 지침과 매뉴얼에 크게 의존하여 지역 특성이 반영되지 못하는 한계가 있다. 이를 개선하기 위해 매뉴얼을 간소화하고 가이드라인 수준으로 제시하여 각 지자체의 자율성을 보장하는 것이 필요하다. 구체적으로는 지나치게 세분화된 매뉴얼 대신 각 지역의 특성에 맞는 계획을 자율적으로 수립할 수 있도록 유연한 접근을 지원해야 한다. 이로써 각 지자체는 중앙의 기본계획을 참조하되, 지역 주민의 실제 요구와 환경 변화를 반영한 맞춤형 계획을 수립할 수 있을 것이다.
 둘째, 중앙과 지역 간 연관성 강화를 위한 조정 체계 도입이다. 중앙의 사회보장기본계획과 지역사회보장계획 간의 시기적 불일치 문제는 연관성을 저해하는 주요 원인으로 작용하고 있다. 이를 해결하기 위해 중앙의 기본계획 수립 시점과 지역의 계획 수립 시기를 조정하는 방안을 고려해 볼 필요가 있다. 예를 들어, 중간 조정 기간을 도입하여 시기적 불일치로 인한 계획 간의 불일치 문제를 해소하고, 상호 연계된 계획을 수립할 수 있도록 하는 방안이 있을 것이다. 이는 기본계획의 비전과 방향성을 공유하고, 이를 기반으로 지역의 특성에 맞는 실행 방안을 마련하게 해 두 계획 간의 연관성을 높이는 데 중요한 기제로 작용할 것이다.
 셋째, 지역사회보장조사의 시의성 및 유연성 강화이다. 현재 지역사회보장조사는 4년 주기로 시행되며, 시간이 지남에 따라 변화된 환경을 반영하기 어려운 한계가 있다. 따라서 지역사회보장조사의 주기를 단축하거나, 조사 데이터를 지속적으로 갱신하여 변화하는 지역사회 환경을 적시에 반영할 수 있는 체계를 마련할 것을 고민해볼 필요가 있다. 또한, 중앙에서 제공되는 표준 문항 외에 각 지역의 특성을 반영한 맞춤형 설문을 추가적으로 반영하여, 더 구체적이고 실효성 있는 데이터 수집이 이루어질 수 있도록 해야 할 것이다. 이렇게 수집된 데이터를 바탕으로 지역사회보장계획에 실질적인 변화를 반영할 수 있을 것이다.

넷째, 다부서적 협력체계 구축 및 민관협력 강화이다. 지역사회보장계획의 수립과 실행 과정에서 타 부서와의 협조 부족이 주요한 한계로 지적되었다. 이를 해결하기 위해서는 다부서적 협력 체계를 강화하여 계획의 통합성과 실행력을 높일 필요성이 있다. 구체적으로는 현재 계획수립 TF에 관련 부서들이 적극적으로 참여할 수 있는 유인책을 마련하여 계획수립 단계부터 협력할 수 있도록 해야 할 것이다.

다섯째, 평가 기준 및 환류 체계 개선이다. 현재 지역사회보장계획의 평가는 형식적이고 보고서의 완성도에 치중하는 경향이 있어, 실질적인 효과를 평가하기 어려운 구조라는 의견이 제시되었다. 따라서 평가 기준을 개선하여 형식적인 절차 대신 계획의 실제 효과를 중심으로 평가할 수 있는 체계를 고민할 필요가 있다. 또한, 지역사회보장계획이 변화하는 환경에 맞추어 지속적으로 필요한 수정과 개선이 이루어질 수 있도록 환류 과정을 강화하여 계획수립 후 환경분석과의 연관성을 지속적으로 점검할 필요성이 있다.

주요 용어 : 지역사회보장계획, 지역사회보장정책, 지역사회 변화, 지역 연관성, 전달체계

제1장

서론

제1절 연구의 필요성 및 목적
제2절 연구 방법 및 내용

제1장 서론

제1절 연구의 필요성 및 목적

우리나라의 지역사회보장정책은 1995년 지방자치제의 본격적인 부활을 시작으로 큰 변화를 겪어왔다. 우리나라 지방자치의 역사를 보면, 1952년에 최초로 지방의회가 구성되었고 4·19혁명 이후 장면 정부 시기에 지방자치법을 개정하여 지방자치제가 실시되었다. 그러나 1961년 5·16 정변으로 군사정부가 지방의회를 해산하고 지방자치법의 효력을 정지시켰다가, 1987년 6월 항쟁 이후인 1988년 지방자치법이 전면 개정되면서 1991년에 지방의회가 먼저 구성되었고, 1994년 3월 '공직선거 및 선거부정방지법'의 제정으로 지방자치단체장 선거를 1995년 6월 27일 치르면서 본격적인 지방자치 시대가 시작되었다(김승용, 2015, p.3).

이어서 2003년에는 사회복지사업법이 개정되면서 지역 차원에서 지역사회복지협의체 구성, 지역사회복지계획 수립 등이 명문화되었다. 이러한 제도적 기반은 2001~2002년에 '지역사회복지협의체 시범사업'을 통해 15개 시·군·구에서 계획을 수립하도록 한 것이 시초가 되었다(정홍원, 2014). 2006년에는 제1기 지역사회복지계획(2007~2010)이 수립되었는데, 이는 계획수립 그 자체를 목적으로 했다고 평가된다. 이어진 제2기 지역사회복지계획(2011~2014)은 질적인 발전을 이루었는데, 특히 민간 영역의 역할이 중요한 비중을 차지했다는 점이 주목할 만하다. 이는 지역사회복지협의체가 지역사회복지계획의 작성에 중심적 역할을 수행하고 계획의 심의를 담당했기 때문이라고 분석된다(채현탁, 2023).

2015년에는 「사회보장급여의 이용·제공 및 수급권자 발굴에 관한 법률」

이하 사회보장급여법) 제정으로 기존의 지역사회복지계획이 지역사회보장계획으로 개편되는 중요한 전환점을 맞이하였다. 이는 단순한 명칭 변경이 아닌 복지를 넘어 교육, 고용, 주거, 문화, 환경 등 사회보장 영역으로의 포괄적 확대를 의미한다. 이러한 변화는 제4기 지역사회보장계획(2019~2022)에 전면적으로 반영되어, 세부사업을 국고보조금을 제외한 지자체사업만으로 구성하도록 하고 목표와 전략체계를 간소화하는 등의 변화를 가져왔다. 현재 시행 중인 제5기 계획(2023~2026)에서는 전략체계를 지자체 사회보장사업 전략체계와 지역사회보장발전(균형발전) 전략체계로 분리하는 투트랙 체계를 도입하는 등의 변화가 이루어지고 있다.

이렇게 우리나라 지역사회보장정책은 1995년 지방자치제도의 본격적 시행 이후 지역사회복지협의체의 도입, 지역사회복지계획의 법제화, 그리고 사회보장급여법(2024) 제정에 따른 지역사회보장계획으로의 개편 등 제도적 발전을 이루어왔다. 특히 제1기 지역사회복지계획이 계획수립 자체에 의미를 두었다면, 제2기에서는 민간영역의 참여가 강화되었고, 제4기에서는 지자체 자체 사업 중심의 계획수립이 이루어졌으며, 현재 제5기에서는 전략체계의 이원화를 통해 좀 더 체계적인 접근이 시도되고 있다. 그러나 이러한 제도적 발전과 성과에도 불구하고 여전히 중앙정부 주도의 하향식 정책 수립, 지자체의 정책역량 및 자율성 부족, 형식적인 주민 참여, 지역 특성을 반영한 맞춤형 정책 수립의 미흡이라는 한계가 지적되고 있다.

첫째, 중앙정부 주도의 하향식 정책 수립 관행이 여전히 지속되고 있다. 복지정책에 대한 지자체의 역할 요구가 늘어나고 있음에도 불구하고 많은 지자체들이 여전히 중앙정부 사업을 집행하는 데 치중하고 있는 것으로 나타났다(김보영, 2021). 이는 단순히 지자체의 소극성만의 문제가 아니라 우리나라 복지 행정의 구조적 한계를 보여주는 것이다.

이러한 구조적 한계는 지방자치제 시행 이후에도 여전히 중앙집권적 복지체계가 강하게 유지되고 있다는 점에서 비롯된다. 복지에서 지방자치단체의 역할이 중심이 되어야 함에도 불구하고 지자체의 복지 사무는 세출 기준으로 전체의 30%를 넘기고 있지만, 여전히 기초연금 등 중앙정부 사업의 매칭이 큰 비중을 차지하고 있다. 지자체 자체 예산의 비중은 10%도 되지 않아 지역에서 이루어지는 대부분의 복지는 사실상 중앙정부가 좌지우지하고 있는 실정이다.

둘째, 지자체의 정책역량 및 자율성 부족 문제가 심각하다. 많은 지자체가 여전히 외부 용역에 의존하여 지역사회보장계획을 수립하고 있으며, 복지 전문 인력의 부족, 예산 편성의 자율성 결여, 정책 분석 및 평가 능력의 미흡 등의 문제를 보이고 있다(채현탁, 2023).

이러한 역량 부족은 지방자치단체 내부의 구조적 문제와도 연관되어 있다. 복지정책을 총괄해야 하는 복지 주무 부서장의 경우 업무 능력보다는 승진 순서가 우선시되어 관련 업무 경험이 없는 행정직이 6개월 정도 단기간 배치되는 경우가 많다. 또한 복지사업 부서의 경우 자체적인 사업을 추진할 수 있는 여력은커녕 인력이 부족하여 가장 기초적인 시설관리 업무조차도 감당하기 어려운 실정이다.

셋째, 형식적인 주민 참여와 협력적 거버넌스의 한계가 존재한다. 많은 지자체에서 주민 의견 수렴 과정이 설문조사나 형식적인 공청회 정도로 그치고 있으며, 실질적인 정책 결정 과정에 주민들이 참여할 수 있는 기회는 매우 제한적이다(윤철수, 김승용, 2016).

이러한 한계는 단순히 참여 기회의 부족이 아닌 참여 구조의 문제라고 할 수 있다. 복지사업이나 보건의료서비스를 연계하는 과정에서도 민간기관과의 협력이 형식적인 수준에 머물러 있으며, 복지 관련 민간기관, 학계, 시민단체 등 다양한 이해관계자들과의 협력적 거버넌스 구축도 미흡한 실정이다. 이는 지역사회의 다양한 자원과 아이디어를 효과적으로 활용하지 못하는 결과를 낳고 있다.

넷째, 지역 특성을 반영한 맞춤형 정책 수립이 미흡하다. 많은 기초지자체의 복지계획이 지역 특성과 주민 욕구를 제대로 반영하지 못한 채 획일적으로 수립되고 있는 것으로 나타났다. 특히 농촌 지역과 도시 지역의 복지 욕구와 자원이 다름에도 불구하고 비슷한 형태의 복지사업이 계획되고, 진행되는 경우가 많다(주은수, 2017).

이러한 문제는 지역의 인구구조, 산업구조, 문화적 특성 등을 고려한 차별화된 복지정책 수립이 이루어지지 못하고 있음을 의미한다. 이는 각 지역의 고유한 특성과 자원을 고려한 정책 수립의 중요성을 강조하는 지역사회보장정책의 지역 연관성의 관점에서 볼 때 심각한 한계라고 할 수 있다. 결과적으로 지역의 실정에 맞는 효과적인 복지정책 수립이 저해되고 있는 실정이다.

본 연구는 이러한 한계를 개선하기 위해 17개 시도를 중심으로 지역사회 변화와 지역사회보장정책의 연관성을 진단하여 향후 지역사회보장정책 수립의 지향점을 제시하고, 이를 바탕으로 제6기 지역사회보장계획 수립에 필요한 정보를 제공하여 지역 변화와 지역사회보장정책의 정합성 제고에 기여하고자 한다.

본 연구에서는 지역사회 변화, 지역사회보장정책 그리고 연관성을 다음과 같이 정의한다. 첫째, 지역사회 변화는 지역사회보장계획 내 환경 및 여건 분석을 통해 진단된 변화, 통계청의 '한국의 사회지표'를 통해 드러난 사회적 이슈, 중앙정부의 정책 변화를 의미한다. 이러한 변화는 지역사회 내의 주요 문제와 새로운 요구를 반영하는 중요한 지표로 사용되며, 이를 통해 향후 지역사회보장계획의 방향성을 설정하는 데 중요한 역할을 한다. 둘째, 지역사회보장정책은 지역 단위에서 구체적인 정책 목표를 설정하고 실행 전략을 수립하는 법정계획인 지역사회보장계획을 의미한다. 우리나라 지자체의 복지정책은 2003년 사회복지사업법 개정으로 도입된 지역사회복지계획을 중심으로 이루어져 왔으며, 이는 지방정부가 지역사회의 복지 비전과 목표를 수립하고 실질적인 사업계획을 실행하도록 지원하는 법적 기초를 제공한다. 셋째, 연관성은 지역사회 변화와 지역사회보장정책 간의 상호적인 관련성과 일관성 있는 연계를 의미한다. 이는 지역사회보장계획의 수립 및 실행이 지역사회 변화에 맞추어 진행되며, 계획과 정책이 동일한 목표를 공유함으로써 지역사회의 실제 문제를 효과적으로 해결하는 과정을 포함한다. 연관성은 정책의 실효성을 높이고 지역사회에서 발생하는 복지 사각지대를 줄이는 데 중요한 역할을 한다.

제2절 연구 방법 및 내용

1. 연구 방법

가. 문헌 연구

문헌 연구의 목적은 지역사회보장정책의 정의와 중앙 정책과 지역 정책의 연관성을 진단하는 데 있다. 문헌 연구를 통해 지역 정책이 출현한 배경과 법정계획으로서 지역사회보장정책의 한계를 진단하여 지역 정책의 지향점(중앙정책과의 연관성, 지역계획에서 다루어져야 하는 내용 등)을 제안한다.

나. 2차 자료 분석

2차 자료 분석의 목적은 지역사회 변화와 지역사회보장정책의 연관성을 진단하는 데 있다. 시도 제4기 및 제5기 지역사회보장계획, 지역사회보장지표, 지역사회보장조사 데이터, 통계청 한국의 사회지표, 제2차 및 제3차 사회보장기본계획 등을 활용하여 지역사회 변화를 진단하고, 이러한 변화와 지역사회보장정책의 연관성을 진단하여, 지자체의 지역사회 보장정책 수립의 개선 방향을 제안한다.

다. 전문가 FGI 운영

전문가 FGI는 지역사회보장정책의 수립 및 운영 과정을 진단하기 위함이다. 지역사회보장계획 수립에 참여한 경험이 있는 전문가 FGI를 통해 지역사회보장정책이 지역에서 수립되는 과정과 작동되는 현황을 진단하고, 향후 개선 방안을 제안한다.

라. 전문가 포럼 운영

지역사회 변화와 지역사회보장정책의 연관성 진단 결과를 지자체에 공유하고, 지자체 지역사회보장정책 발전을 위한 지역의 의견을 수렴하여 제6기 지역사회보장계획 수립 방향을 제안한다.

2. 연구 내용

본 연구는 총 5장으로 구성된다.

제1장은 서론으로 지역사회 변화와 지역사회보장정책의 연관성 진단의 필요성, 연구의 목적, 연구의 기대효과를 제시한다.

제2장은 이론적 배경으로 지역사회 변화와 지역사회보장정책의 연관성 진단 관련 문헌 연구 결과를 제시한다.

제3장은 지역사회 변화와 지역사회보장정책의 연관성을 지역사회보장계획 내 환경진단과 사업, 사회적 이슈의 변화와 지역사회보장계획, 중앙부처 정책과 지역사회보장계획 총 3가지 측면에서 진단한다.

제4장은 지역사회보장계획 수립에 참여한 전문가 FGI, 포럼 등을 통해 지역사회 변화와 지역사회보장정책 수립 과정과 작동 과정을 진단한다.

제5장은 분석 결과를 종합하여, 제6기 지역사회보장계획(2027~2030) 수립에 있어 지역 변화와 지역사회보장정책의 정합성을 제고하기 위한 방향 제안하고, 제6기 지역사회보장조사 및 매뉴얼 작성 방향을 제안한다.

〈표 1-1〉 연구의 내용 및 방법

구분	목차	내용 및 방법
1장	서론	[내용] - 연구의 필요성 및 목적, 연구의 기대효과
2장	이론적 배경	[내용] - 지역사회 변화와 지역사회보장정책의 연관성 진단 관련 문헌연구 [방법] 문헌조사
3장	지역사회 변화와 지역사회 보장정책 연관성 진단	[내용] 1. 지역사회보장계획 내 환경진단과 사업 간 연관성 진단 - 제4기, 제5기 지역사회보장계획 내 환경 변화 진단과 세부사업 구성 간 연관성 [방법] 제4기, 제5기 지역사회보장계획 및 연차별 시행계획 내용 분석
		[내용] 2. 사회적 이슈와 지역사회보장계획 간의 연관성 진단 - 통계청 한국의 사회지표와 지역사회보장계획 간 연관성 [방법] 사회조사 결과 분석을 통한 이슈 도출, 제4기, 제5기 지역사회보장계획 및 연차별 시행계획 내용 분석
		[내용] 3. 중앙정부 정책 변화와 지역사회보장계획 간 연관성 진단 - 제2차 사회보장기본계획, 제3차 사회보장기본계획, 제1차 사회서비스기본계획, 국정과제, 사각지대(고독사) 정책 등 [방법] 중앙정부 정책 변화 분석, 제4기, 제5기 지역사회보장계획 및 연차별 시행계획 내용 분석
4장	지역사회 변화와 지역사회 보장정책 수립 과정 진단	[내용] 1. 지역사회 변화와 지역사회보장정책의 수립 과정 진단 2. 지역사회보장계획 수립의 법적 절차와 실질적 작동 과정 진단 [방법] 지역사회보장계획 수립 담당 전문가 FGI, 포럼 등
5장	정책 제언	[내용] - 제6기 지역사회보장계획(2027~2030) 수립에 있어 지역 변화와 지역사회보장정책의 정합성을 제고하기 위한 방향 제안 - 제6기 지역사회보장조사 및 매뉴얼 작성 방향 제안

제2장

이론적 배경

제1절 지방정부와 지역사회보장정책
제2절 환경진단 및 사회적 이슈 변화와 지역사회보장정책
제3절 중앙정부 정책과 지역사회보장정책

제2장 이론적 배경

제1절 지방정부와 지역사회보장정책

1. 지방정부의 역할 확대와 전략계획의 도입

현대 지방정부는 중앙정부 정책의 단순한 집행기관이라는 전통적 역할에서 벗어나 지역사회의 전반적인 웰빙을 책임지는 핵심 주체로 그 위상이 변화하고 있다. Jones & Stewart(2012, p.347)는 지방정부가 서비스 제공이라는 협소한 역할을 넘어 지역사회의 전반적인 경제적, 문화적, 물리적 웰빙에 대한 포괄적 책임을 지닌다고 강조한다. 이들은 지방정부가 선거를 통해 구성되는 정치적 기관으로서 광범위한 기능과 과세권을 가진다는 점에서, 중앙정부의 단순한 대리인이 아닌 지역 주민을 대신하여 지역의 선택을 실현하는 핵심 주체라고 주장한다.

특히 주목할 만한 점은 보편적 복지서비스를 특징으로 하는 북유럽 사회민주주의 복지국가들에서 오히려 더 분권화된 지방정부 체계가 발견된다는 것이다. Sellers & Lidström(2007, pp.616-617)의 연구는 북유럽 국가들의 지방정부가 재정 자율성, 행정적 역량, 정책 결정권 등에서 가장 높은 수준의 자율성을 보유하고 있음을 실증적으로 보여준다. 특히 이들은 스웨덴의 사례를 들어 복지국가가 발전하기 이전인 19세기부터 이미 강력한 지방정부의 권한과 역량이 존재했으며, 이것이 오히려 보편적 복지국가 발전의 전제조건이 되었다고 분석한다(Sellers & Lidström, 2007, p.623).

이러한 지방정부의 역할 확대는 지역사회 전반에 걸친 책임성의 증가를 의미한다. Jones & Stewart(2012, pp.348-349)는 지방정부가 단순히 서비스를 제공하는 것을 넘어 지역사회의 문제를 해결하고, 지역발전을 도모하며, 시민들의 삶의 질을 향상시키는 포괄적 역할을 수행해야 한다고 주장한다. 이는 지방정부가 지역사회의 다양한 이해관계자들과 협력하면서 지역의 특수성을 반영한 정책을 수립하고 실행해야 함을 의미한다.

지방정부 역할의 확대는 필연적으로 전략적 접근의 필요성을 대두시켰다. Williams(2002, pp.199-200)는 복잡하고 급변하는 환경에서는 선형적 사고와 과도한 형식화를 특징으로 하는 전통적 계획 방식이 부적절하다고 지적하면서, 지방정부의 계획이 단순한 합리적 모형에서 전략적 모형으로 진화해야 한다고 강조했다. 이는 지방정부가 직면한 다양한 도전 과제들을 효과적으로 해결하기 위해서는 체계적이고 전략적인 접근이 필요하다는 인식에 기반한 것이다.

이러한 전략적 접근의 필요성은 특히 지방정부의 성과관리 측면에서 더욱 두드러진다. Walker & Andrews(2015, p.105)는 전략계획의 도입이 지방정부의 성과를 향상시키는 핵심 요인이 된다고 분석하면서, 특히 계획수립, 자원 배분, 성과 측정이 통합적으로 이루어질 때 그 효과가 극대화된다고 강조한다. 이는 전략계획이 단순한 계획수립의 도구를 넘어 지방정부의 전반적인 관리체계를 혁신하는 수단이 될 수 있음을 시사한다.

2. 지역사회보장정책 전략계획의 의미와 확산

전략계획은 지방정부가 직면한 성과관리의 제약요인을 극복할 수 있는 유용한 수단으로 주목받고 있다. Backoff et al.(1993, pp.141-142)은 외부 의존성 관리가 지방정부의 핵심적 전략과제라고 지적하면서, 전략계획이 이해관계자들과의 전략적 연대 구축, 자원의 효과적 동원과 배분, 정치적 의존성의 전략적 관리, 조직 내외부의 협력체계 구축 등을 통해 이러한 과제를 해결할 수 있다고 주장한다. 특히 이들은 전략계획이 지방정부로 하여금 환경 변화에 보다 능동적으로 대응하고, 제한된 자원을 효율적으로 활용할 수 있게 한다는 점을 강조한다.

이러한 전략계획의 유용성이 인식되면서 복지체제와 관계없이 다양한 국가에서 그 도입이 확산되고 있다. Poister & Streib(2005, pp.45-46)의 연구에 따르면, 미국의 경우 인구 25,000명 이상의 지방정부가 전략계획을 도입했으며, 그 결과 목표 달성에 효과적이었을 뿐 아니라 더 높은 수준의 시민참여와 성과가 나타나고 있다고 한다.

노르웨이의 사례는 전략계획 도입의 또 다른 성공적인 예를 보여준다. Johnsen(2016, p.358)의 연구는 노르웨이 지방정부들이 전략계획을 단순한 계획 도구가 아닌 전반적인 관리 시스템의 일부로 발전시켜왔으며, 특히 이해관계자 참여와 성과관리를 통합적으로 고려하는 특징을 보인다고 분석했다. 이러한 노르웨이의 경험은 전략계획이 복지체제의 성격과 관계없이 지방정부의 효과적인 정책수단으로 활용될 수 있음을 시사한다.

전략계획의 도입은 단순히 계획수립의 차원을 넘어 지방정부의 전반적인 운영방식의 변화를 수반한다. Walker & Andrews(2015, pp.105-06)는 전략계획을 성공적으로 도입하기 위해서는 명확한 비전과 목표의 설정, 체계적인 성과관리 시스템의 구축, 이해관계자들의 적극적 참여, 그리고 충분한 자원의 확보가 필요하다고 강조한다. 이는 전략계획이 단순히 기술적 도구가 아닌 조직의 전반적인 변화를 이끄는 촉매제로 작용할 수 있음을 의미한다.

특히 Williams(2002, pp.201-203)는 전략계획의 도입이 지방정부의 의사결정 방식을 근본적으로 변화시킨다고 지적한다. 전통적인 합리적 계획이 선형적 사고와 과도한 형식화를 특징으로 했다면, 전략계획은 환경 변화에 대한 유연한 대응, 이해관계자들과의 지속적인 소통, 그리고 학습과 혁신을 강조한다는 것이다. 이러한 변화는 지방정부가 좀 더 효과적으로 지역사회의 욕구에 대응하고, 복잡한 사회문제를 해결할 수 있게 하는 기반이 된다.

더불어 Backoff et al.(1993, p.135-136)은 전략계획의 성공적인 도입을 위해서는 조직 내부의 변화관리가 중요하다고 강조한다. 특히 전략계획의 도입은 조직 구성원들의 사고방식과 업무방식의 변화를 수반하므로, 이에 대한 적절한 교육과 훈련, 그리고 변화에 대한 저항을 관리하는 것이 중요하다는 것이다. 이는 전략계획이 단순한 제도의 도입을 넘어 조직문화의 변화를 수반하는 포괄적인 혁신 과정임을 시사한다.

3. 전략계획을 통한 지역사회보장정책 효과성 제고

전략계획의 도입은 지역사회보장정책의 효과성을 제고하는 핵심적 수단으로 평가받고 있다. Walker & Andrews(2015, pp.103-104)가 수행한 메타분석 연구에서는 전략계획, 직원의 질, 인사 안정성 등이 지방정부의 성과에 강한 긍정적 영향을 미친다는 것이 실증적으로 입증되었다. 특히 이들은 전략계획이 단순한 문서작성을 넘어 실질적으로 조직역량과 결합될 때 그 효과성이 극대화된다는 점을 강조한다.

전략계획의 효과성은 특히 복지서비스 전달체계의 개선에서 두드러진다. Sellers & Lidström(2007, p.625)은 북유럽 복지국가들의 성공이 지방정부의 강한 자율성과 역량에 기반하고 있으며, 이는 전략적 접근을 통해 지역 특성에 맞는 복지서비스를 효과적으로 제공할 수 있었기 때문이라고 설명한다. 실제로 이들 국가의 지방정부는 전략계획을 통해 지역사회의 욕구를 체계적으로 진단하고, 가용 자원을 효율적으로 배분하며, 서비스 전달체계를 효과적으로 구축하는 데 성공했다.

Backoff et al.(1993, pp.132-133)은 지역사회보장정책의 효과적 실행을 위한 전략적 접근의 중요성을 강조하면서, 특히 지역사회 욕구에 대한 체계적 진단, 가용 자원의 전략적 배분 계획 수립, 서비스 전달체계의 효율적 구축, 지역사회 네트워크의 활용, 그리고 성과에 대한 지속적 모니터링이 핵심적 요소라고 주장한다. 이러한 요소들은 지역사회보장정책이 지역의 특수성과 주민들의 실제 욕구를 반영하면서도 효율적으로 운영될 수 있게 하는 기반이 된다.

Williams(2002, pp.201-202)는 전략적 계획이 단순한 기술적 도구가 아니라 지역사회의 지속가능한 발전을 위한 핵심적 수단이 되어야 한다고 주장하면서, 이를 위해서는 계획 과정에서 지역사회의 다양한 이해관계자들의 실질적 참여가 보장되어야 한다고 강조한다. 이는 전략계획이 지역사회의 실제 needs와 긴밀하게 연계될 때 그 효과성이 극대화될 수 있음을 시사한다.

Johnsen(2016, pp.362-363)의 연구는 전략계획의 성공이 중앙정부와 지방정부 간의 적절한 역할분담, 충분한 자원의 확보, 그리고 지역사회와의 효과적인 협력 관계 구축에 달려 있다고 강조한다. 특히 그는 전략계획이 실질적인 성과로 이어지기 위해서는 명확한 성과지표와 모니터링 체계의 구축, 충분한 재정적·인적 자원의 확보, 이해관계자들과의 효과적인 의사소통, 조직 구성원들의 역량 강화, 그리고 지속적인 학습과 혁신의 문화 조성이 필수적이라고 지적한다.

결론적으로, 지역사회보장정책의 성공적 실행을 위해서는 지방정부의 전략적 역량 강화가 필수적이며, 이는 단순한 계획수립을 넘어 실질적인 실행력을 담보할 수 있는 제도적 기반과 조직역량의 강화를 수반해야 할 것이다. 특히 Poister & Streib(2005, pp.52-53)가 강조하듯이, 전략계획의 성공적 실행을 위해서는 중앙정부의 적절한 지원, 지방정부의 자율성 보장, 그리고 지역사회와의 효과적인 협력 관계 구축이 핵심적 과제가 될 것이다.

제2절 환경진단 및 사회적 이슈 변화와 지역사회보장정책

1. 전략계획에서의 지역사회 환경진단

지역사회보장정책을 효과적으로 수립하고 실행하기 위해서는 체계적인 환경진단이 선행되어야 한다. Bailey(1989, p.168)는 "환경진단은 지역사회의 욕구와 자원을 정확하게 파악하고, 이를 바탕으로 적절한 정책 방향과 전략을 수립하기 위한 필수적인 과정"이라고 설명한다. 특히 환경진단은 지역사회의 현재 상황을 객관적으로 파악하고, 미래의 변화를 예측함으로써 선제적인 정책 대응을 가능하게 한다. 또한 지역사회의 특수성과 고유한 맥락을 이해함으로써, 획일적인 정책 적용을 방지하고 지역 맞춤형 해결 방안을 도출하는 데 기여한다. 이러한 환경진단은 정책의 타당성과 실효성을 높이는 핵심적인 기반이 된다.

영국의 감사위원회(Audit Commission) 모델은 성과관리의 첫 단계로 욕구 및 자원 실사를 강조하고 있다. Ghobadian과 Ashworth(1993, p.36)에 따르면 "지역사회의 욕구와 자원을 평가하는 것으로 시작하여, 이를 바탕으로 서비스 제안과 자원 배분이 구체적인 계획과 예산으로 전환되는 과정"을 통해 성과관리가 이루어진다. 이들은 특히 "성과관리가 단순한 결과 측정이 아니라, 체계적인 환경진단을 토대로 한 전략적 접근이 필요하다"고 강조한다(Ghobadian & Ashworth 1993, p.37). 이러한 접근은 지역사회의 현실을 정확히 반영한 성과지표의 개발과 적용을 가능하게 한다.

전략계획 과정에서 환경 스캔은 매우 중요한 단계로 인식되고 있다. Bailey(1989, pp.168-169)는 "계획가, 정책분석가, 경제학자, 인구통계학자들이 함께 조직해 중요한 트렌드와 변화를 예측하는 과정으로서, 인구 집단의 변화, 경제 부문의 발전, 수자원과 전력 등 자연자원의 가용성 등 광범위한 영역을 포함한다"고 설명한다. 나아가 "환경 스캔은 단순한 현황 파악을 넘어 미래의 변화를 예측하고 이에 대한 대응 방안을 모색하는 전략적 과정"이라고 강조하면서, 이는 "정책의 방향성을 결정하는 데 핵심적인 역할을 한다"고 주장한다(Bailey, 1989, p. 170). 이러한 환경 스캔은 지역사회의 변화를 포괄적으로 이해하고, 이에 대한 선제적 대응을 가능하게 한다.

또한 지역사회 자원의 파악과 활용은 전략계획의 실행 가능성을 높이는 중요한 요소이다. Warner(2001, pp.187-188)는 "공공부문의 자원만으로는 지역사회의 다양한 욕구를 충족시키기 어렵기 때문에, 민간부문과 시민사회의 자원을 효과적으로 연계하고 활용하는 것이 중요하다"고 강조한다. 특히 "지역사회의 모든 가용 자원을 전략적으로 활용하는 것이 성공적인 정책 실행의 핵심"이라고 주장하면서, "자원의 파악과 활용이 단순한 물적 자원의 확보를 넘어 인적 자원과 사회적 자본의 개발로 확장되어야 한다"고 설명한다(Warner, 2001, p.189). 이는 지역사회의 자생적 발전역량을 강화하는 토대가 된다.

2. 지역사회 이해관계자의 참여와 조정

최근의 전략계획에서는 다양한 이해관계자의 참여와 조정이 더욱 강조되고 있다. 전략계획 과정에서 이해관계자의 참여는 환경진단의 또 다른 측면이라고 할 수 있다. Nalbandian 등(2013, pp.567-568)은 "지역사회의 문제가 점점 더 복잡해지면서, 다양한 이해관계자들의 참여와 조정, 소통이 성공적인 정책 수립과 실행의 핵심 요소가 되고 있으며, 이는 단순한 형식적 참여를 넘어 실질적인 협력과 조정이 이루어져야 함"을 뜻한다고 강조한다. 특히 "이해관계자들의 참여는 정책의 정당성을 확보하고 실행 과정에서의 저항을 줄이는 데 기여한다"고 설명하면서, "이해관계자들의 다양한 관점과 경험이 정책의 질을 높이는 중요한 자원이 된다"고 주장한다(Nalbandian et al. 2013, p.569). 이러한 맥락에서 이해관계자의 참여는 단순한 절차적 요구사항이 아닌 정책의 성공을 위한 핵심적 요소로 인식되고 있다.

지역사회 이해관계자 중 주민 참여의 중요성은 2000년대 이후 더욱 강조되고 있다. ACELG(2013, pp.11-12)에 따르면, "지역사회 전략계획의 수립 과정에서 광범위한 주민 참여가 법적 요건으로 규정되는 경향"이 나타나고 있다. Kloot와 Martin(2000, p.233)은 "지방정부 성과관리에서 주민 참여와 협의가 핵심적인 요소이며, 성과 측정이 단순히 효율성 측면뿐만 아니라 주민들의 요구와 만족도를 반영해야 한다"고 주장한다. 특히 "주민 참여는 정책의 수요자인 주민들의 실질적인 욕구를 파악하고, 이를 정책에 반영함으로써 정책의 효과성을 높이는 데 기여한다"고 설명한다(Kloot & Martin 2000, p.234). 이러한 주민 참여의 강화는 지방정부의 책임성과 투명성을 높이는 동시에, 정책의 민주적 정당성을 확보하는 데 기여한다.

다양한 이해관계자의 참여는 정책의 실효성을 높이는 핵심 요소이다. Warner(2001, p.189)는 "지역사회의 다양한 이해관계자들이 정책 수립과 실행 과정에 참여함으로써, 정책의 정당성과 실효성이 높아질 수 있다"고 설명한다. 특히 "이해관계자들 간의 효과적인 조정과 협력이 성공적인 정책 실행의 전제조건"임을 강조하면서, "이해관계자들의 상호작용을 통해 새로운 해결 방안이 도출될 수 있다"고 주장한다(Warner 2001, p.190). 이는 복잡한 지역사회 문제에 대한 창의적이고 통합적인 접근을 가능하게 한다. 나아가 이해관계자들의 참여는 사회적 자본의 형성과 지역사회의 역량 강화에도 기여한다.

3. 사회적 이슈 등 분석 방법

사회적 이슈 등 환경에 대한 진단을 위해서는 체계적인 분석도구의 활용이 필요하다. 전통적으로 SWOT/C 분석과 PESTEEL 분석이 가장 널리 활용되는 도구로서, 이들은 각각 미시적, 거시적 관점에서 환경 변화를 분석하는 데 유용한 틀을 제공한다(Bryson & George, 2024, p.49). 이러한 분석도구들은 복잡한 환경 변화를 체계적으로 이해하고, 이에 대한 전략적 대응 방안을 수립하는 데 도움을 준다. 특히 이러한 분석도구들은 다양한 환경 요인들 간의 상호작용을 이해하고, 이를 통합적으로 고려한 정책 수립을 가능하게 한다는 점에서 중요하다.

SWOT/C 분석은 조직 내부의 강점(Strengths)과 약점(Weaknesses), 외부 환경의 기회(Opportunities)와 위협/도전요인(Threats/Challenges)을 체계적으로 파악하는 도구이다. SWOT/C 분석은 지역사회의 현재 상황을 진단하고, 미래의 발전 방향을 설정하는 데 매우 유용한 도구로 널리 활용되고 있다. 특히 이 분석이 전략적 우선순위를 설정하고 자원 배분의 방향을 결정하는 데 중요한 기초를 제공하면서 내부 역량과 외부 환경의 균형 있는 고려를 통해 실현 가능한 전략을 수립할 수 있도록 해준다. SWOT/C 분석은 지역사회의 특성과 맥락을 고려한 맞춤형 전략 수립을 가능하게 한다.

　PESTEEL 분석은 정치적(Political), 경제적(Economic), 사회문화적(Sociocultural), 기술적(Technological), 생태적(Ecological), 교육적(Educational), 법적(Legislative) 요인들이 지역사회에 미치는 영향을 종합적으로 파악하는 도구이다. PESTEEL 분석 역시 지역사회를 둘러싼 거시적 환경 변화를 체계적으로 분석하고, 이에 대한 전략적 대응 방안을 수립하는 데 매우 유용한 틀을 제공하는 도구로 널리 활용되고 있다. 특히 다각적인 요인들의 종합적인 분석을 통해 상호 간의 상호작용을 이해할 수 있으며 이러한 포괄적인 분석이 환경 변화에 대한 선제적 대응을 가능하게 할 수 있다. PESTEEL 분석은 지역사회를 둘러싼 거시적 환경 변화를 체계적으로 이해하고, 이에 대한 종합적인 대응 방안을 수립하는 데 기여한다.

　지역사회보장정책의 수립과 실행에 있어 중앙정부와 지방정부 간의 관계는 핵심적인 요소이다. 이는 지방자치의 기본가치와 중앙정부의 통제 필요성이라는 두 가지 측면이 상호작용하면서 형성되는 복잡한 관계를 반영한다. 이러한 관계를 이해하기 위해서는 정부 간 관계(intergovernmental relations)라는 분석틀을 활용하여 체계적으로 접근할 필요가 있다.

제3절 중앙정부 정책과 지역사회보장정책

1. 중앙정부 정책과 지역사회보장정책의 관계(정부 간 관계)

중앙정부 정책과 지역사회보장정책의 관계에 대해서는 다양한 입장이 제기되고 있다. 지역사회보장정책의 전제가 되는 지방자치의 기본가치와 관련하여 Kjellberg(1995, pp.40-41)는 세 가지 핵심 가치로 자율성(autonomy), 민주성(democracy), 효율성(efficiency)을 제시한다. 이러한 가치들은 지방정부가 지역사회의 필요와 욕구에 부응하는 정책을 수립하고 실행하는 데 기본이 되는 원칙이다. Jones와 Stewart(2012, p.356)는 이러한 맥락에서 "중앙정부는 지방정부를 단순히 중앙정부 정책의 전달자로 보는 것이 아니라 지역사회의 민주적 정부로서 인정해야 한다"고 주장한다.

한편 Kjellberg(1995, pp.45-46)는 중앙정부의 통제가 필요한 네 가지 근거로 법치주의 유지, 비용효율성 확보, 재분배 기능, 거시경제적 조정을 들면서, 이러한 요소들이 국가 전체의 균형발전과 사회정의 실현을 위해 불가피한 측면이 있다고 설명한다. Wright(1974, p.2)는 이러한 양면성을 인정하면서, 정부 간 관계를 "정부 단위들 간의 모든 조합과 순열로 이루어진 활동과 상호작용"으로 정의하고, 이러한 상호작용이 정책의 성공적 실행을 위해 필수적이라고 강조한다.

이러한 맥락에서 중앙정부의 정책과 지역사회보장정책 간의 관계를 정부 간 관계라는 분석틀을 통해 살펴보는 것은 매우 유용하다. 특히 Wright(1974, p.3)가 지적하듯이 정부 간 관계는 단순한 제도적 관계를 넘어 "실제 정책이 수립되고 실행되는 과정에서 나타나는 모든 복잡한 패턴의 상호작용"을 포함하기 때문에, 지역사회보장정책의 실질적인 작동

메커니즘을 이해하는 데 도움이 될 수 있다.

정부 간 관계에 대한 이론적 논의는 연방주의를 채택하고 있는 미국에서 주로 발전되었지만, 그 적용 범위는 점차 확대되어 다양한 국가의 중앙-지방 정부 간 관계를 설명하는 데에도 활용되고 있다. Agranoff와 Radin은 정부 간 관계의 이론적 모델이 연방제 국가뿐만 아니라 단일국가 체제에서도 적용 가능한 유용한 분석틀이 될 수 있다고 평가하기도 한다(Agranoff and Radin, 2014, p.140).

2. 정부 간 관계의 개념과 유형

정부 간 관계(Intergovernmental Relations)라는 개념은 1930년대부터 등장하기 시작했다. Wright(1975, pp.1-2)에 따르면, 이 용어는 정부 간의 상호작용을 설명하는 새로운 개념으로서, 기존의 연방주의(federalism)와는 구별되는 특징을 가진다. 특히 정부 간 관계는 중앙-지방정부 간의 공식적인 법적·제도적 관계를 넘어서, 모든 수준의 정부 단위들 간의 다양한 활동과 상호작용을 포괄하는 개념이다. Wright(1975, p.4)는 정부 간 관계가 "연방제도 내에서 모든 유형과 수준의 정부 단위들 간에 발생하는 중요한 활동이나 상호작용을 지칭하는 용어"라고 정의한다.

정부 간 관계의 가장 큰 특징은 그것이 단순한 제도적 관계가 아닌 인간의 행태에 초점을 맞춘다는 점이다. Wright(1974, p.3)는 "정부 간 관계는 공직자들 사이의 관계로서, 이들의 태도, 인식, 행동이 정부 단위들 간의 관계를 결정한다"고 설명한다. 또한 이러한 관계는 일회성이나 공식적인 것이 아닌 지속적이고 일상적인 접촉과 상호작용의 패턴으로 나타난다. Wright(1974, p.4)는 "정부 간 관계는 지속적인 일상적 접촉, 정보

교환, 그리고 정부 관료들의 평가 패턴"이라고 설명하면서, 이는 "연방제의 해부학이라면 정부 간 관계는 생리학"이라고 비유한다.

역사적으로 정부 간 관계는 다섯 단계의 변화를 거쳐왔다. Wright(1974, pp.4-7)는 이를 갈등기(pre-1937), 협력기(1933-1953), 집중기(1945-1960), 창조기(1958-1968), 경쟁기(1965-?)로 구분한다. 각 시기는 당시의 사회경제적 상황과 정책적 요구를 반영하면서, 정부 간 관계의 특징적인 패턴을 형성했다. 이러한 다섯 단계의 역사적 전개는 정부 간 관계의 유형으로도 해석될 수 있다.

갈등형 관계(Conflict Model)는 각 정부 단위가 자신의 관할권을 명확히 구분하고 보호하려는 특징을 보인다. Wright(1974, p.6)는 이 시기를 "layer cake federalism(층위형 연방제)"이라고 표현하면서, 각 정부 수준이 명확히 구분되고 단절된 특징을 보인다고 설명한다. 이 시기의 주요 관심사는 정부 관할권의 "적절한" 영역을 식별하고 관료들의 행동에 대해 명확한 경계를 설정하는 것이었다. 특히 이러한 경향은 중앙-지방정부 관계뿐만 아니라 주정부-지방정부 관계에서도 나타났다. Wright(1974, pp.6-7)는 "이러한 관념과 태도는 경쟁, 기업조직 형태, 이윤과 효율성이라는 더 깊은 사회적 가치들에 뿌리를 두고 있었다"고 설명한다.

협력형 관계(Cooperative Model)는 대공황과 전시체제를 거치면서 발전했다. Wright(1974, pp.7-8)는 이 시기에 "정부 단위들 간의 보완적이고 지원적인 관계가 가장 두드러졌다"고 설명한다. 특히 이 시기의 주요 관심사는 광범위한 경제적 어려움의 해소와 국제적 위협에 대한 대응이었다. 이러한 협력은 국가정책계획, 조세공제, 범주별 보조금 등 다양한 방식으로 이루어졌다. Wright는 이를 "marble cake federalism(대리석 케이크형 연방제)"로 비유하면서, 이 시기에 형성된 재정적 연계가 향후 정부 간 관계의 중요한 유산이 되었다고 평가한다.

집중형 관계(Concentrated Model)는 기능별로 특화된 정부 간 관계가 발전한 시기이다. Wright(1974, pp.8-9)는 이 시기에 "프로그램 전문가들이 각 전문 분야에서 주도적 역할을 했으며, 서비스 기준과 프로그램 측정에 대한 관심이 증가했다"고 설명한다. 공항건설, 병원건설, 도시재개발, 도시계획, 폐수처리시설, 도서관 건설 등 전문 분야별로 보조금 프로그램이 발전했으며, 이는 "water tap federalism(수도꼭지형 연방제)"로 비유된다. 이는 중앙정부가 재원의 저수지가 되고 여기에 다양한 수도꼭지가 연결되는 형태를 의미한다.

창조형 관계(Creative Model)는 연방정부의 보조금 프로그램이 급격히 확대되고 다양화된 시기이다. Wright(1974, pp.10-11)는 이 시기의 특징으로 "프로그램 계획, 프로젝트 보조금, 주민 참여"를 들면서, 이를 "fused-foliated federalism(융합-분화형 연방제)"로 표현한다. 1961년 약 40개였던 주요 보조금 프로그램이 1969년에는 160개의 주요 프로그램, 500개의 개별 법률 인가, 1,315개의 서로 다른 연방지원 활동으로 확대되었다. Wright는 이 시기를 "증식, 참여, 다원주의가 수렴, 합의, 조화 속에서 나타나는 역설"로 설명한다.

경쟁형 관계(Competitive Model)는 다양한 정부 프로그램들 간의 경쟁과 조정이 주요 이슈로 대두된 시기이다. Wright(1974, pp.13-14)는 이 시기를 "picket fence federalism(울타리형 연방제)"로 비유하면서, 두 가지 형태의 경쟁을 설명한다. 첫째는 정책 일반론자(선출직이든 임명직이든)와 프로그램-전문가-전문직 사이의 긴장관계이며, 둘째는 여러 기능적 프로그램 영역들 사이의 경쟁이다. 특히 후자의 경우, 각 수직적 울타리는 정부 수준에 관계없이 유사한 성향의 프로그램 전문가나 전문직들 사이의 연대를 나타낸다.

3. 정부 간 관계가 지역사회보장정책에 미치는 영향

　중앙-지방 정부 간 관계의 변화는 지역사회보장정책에 다양한 영향을 미치고 있다. Wright(1974, pp.4-6)는 정부 간 관계가 갈등기, 협력기, 집중기, 창조기를 거쳐 경쟁기로 발전해왔다고 설명하면서, 현대의 정부 간 관계가 새로운 단계로 진입했다고 말한다. 특히 Conlan(2006, pp. 667-668)은 이러한 변화를 "협력적 연방주의에서 기회주의적 연방주의로의 전환"이라고 설명하면서, 이는 각 정부 단위들이 제도적 혹은 집합적 결과에 대한 고려 없이 자신들의 직접적인 이해관계를 추구하는 시스템이라고 설명한다.

　정책의 자율성과 책임성 측면에서 이러한 변화는 매우 중요한 의미를 갖는다. Wright(1974, pp.8-9)는 중첩권위 모델에서 정부 단위들이 상당 부분 중첩된 권한을 가지며, 상호의존적인 관계 속에서 협상과 조정을 통해 정책이 결정된다고 설명한다. 이는 "상호의존성(interdependence), 협상(bargaining), 협력(cooperation)"을 특징으로 한다. Keating (2012, pp.216-217)은 이러한 맥락에서 지방정부의 정책 결정 권한이 확대되면서 자율성이 증가했지만, 동시에 책임성에 대한 요구도 높아졌다고 설명한다. 특히 복지정책 영역에서 이러한 경향이 두드러지는데, 이는 "협력적 복지연방주의에서 경쟁적 복지연방주의로의 이동"을 반영한다. 이러한 변화는 지방정부가 더 많은 정책적 자율성을 가지게 되었지만, 동시에 그 결과에 대해 더 큰 책임을 져야 하는 상황을 만들어냈다.

　정책의 효과성과 효율성 측면에서 '상호의존성'의 개념이 중요해졌다. Conlan(2006, pp.668-669)은 지역 특성에 맞는 정책 수립이 가능해지면서 효과성이 높아질 수 있지만, 동시에 중복 투자나 비효율의 문제가 발생할 수 있다고 지적한다. 이러한 상황은 집중형 관계에서 나타났던 전문성 강화와 창조형 관계에서 나타났던 다양화가 결합된 형태의 도전 과제를 제시한다. 특히 사회보장정책 영역에서 이러한 상호의존성은 더욱 두드러지는데, 중앙정부의 재정지원과 지방정부의 집행 능력이 긴밀하게 연계되어 있기 때문이다. Wright(1974, p.17)는 이러한 상호의존적 관계가 정책의 효과성을 높일 수 있는 잠재력을 가지고 있지만, 동시에 복잡한 조정의 문제를 야기할 수 있다고 설명한다.

정책의 형평성과 다양성 측면에서 '협상'의 과정이 핵심적 역할을 한다. Keating(2012, p.218)은 지방정부의 자율성 증가가 지역 간 정책의 다양성을 높이지만, 동시에 형평성 문제를 야기할 수 있다고 설명한다. 특히 복지서비스의 제공에 있어서 지역 간 차이가 확대될 수 있는데, 이는 "경쟁적 복지 연방주의"의 특징적인 현상이다. 이러한 상황에서 정부 간 협상은 지역의 다양성을 인정하면서도 기본적인 서비스 수준을 보장하기 위한 중요한 메커니즘으로 작용한다. Conlan(2006, p.670)은 이러한 협상 과정이 때로는 새로운 형태의 정책 혁신을 가져올 수 있다고 주장한다.

이러한 변화된 환경에서 중앙정부와 지방정부 간의 협력적 관계 구축이 더욱 중요해졌다. Conlan(2006, pp.671-672)은 과거의 일방적이거나 대립적인 관계를 넘어서는 새로운 형태의 파트너십이 필요하다고 강조한다. 특히 지역 맞춤형 정책 수립을 위한 제도적 기반 마련이 중요한데, Keating(2012, p.219)은 중앙정부가 전국적인 정책의 일관성을 유지하면서도, 지방정부가 지역 특성에 맞는 정책을 수립하고 실행할 수 있는 유연성을 제공해야 한다고 주장한다.

결론적으로, Wright(1975, pp.23-24)가 지적하듯이 "정부 간 관계의 복잡성을 성공적으로 관리하는 것이 정책의 성공을 좌우하는 핵심 요소"이다. 특히 지역사회보장정책의 경우, 다양한 정부 수준에서의 협력과 조정이 필수적이며, 이는 과거의 어떤 시기보다도 더 정교하고 세밀한 접근을 요구한다. 이를 위해서는 정부 간 관계에 대한 깊은 이해와 함께, 이를 바탕으로 한 정책 설계와 실행이 필요할 것이다. 특히 Conlan (2006, p.673)이 강조하듯이, 정부 간 협력적 관계를 저해하지 않으면서도 효과적인 성과관리를 가능하게 하는 새로운 접근 방식의 개발이 요구된다.

제3장

지역사회 변화와 지역사회보장정책 연관성 진단

제1절 지역사회보장계획 내 환경진단과 사업 간 연관성 진단
제2절 사회적 이슈의 변화와 지역사회보장계획 간의 연관성 진단
제3절 중앙부처의 정책과 지역사회보장계획 간의 연관성 진단

제3장 지역사회 변화와 지역사회보장정책 연관성 진단

제1절 지역사회보장계획 내 환경진단과 사업 간 연관성 진단

1. 분석 개요

지역사회보장계획 내 환경진단과 계획 내용 간 연관성을 진단하기 위하여 17개 시도의 제4기, 제5기 지역사회보장계획의 내용을 분석·비교하였다. 분석의 방법 및 절차는 다음과 같다.

첫째, 지역사회보장계획 내 환경진단 관련 내용과 계획수립 관련 내용에 대한 텍스트 정보를 추출하여, 각 데이터에 대한 형태소 분석을 수행하였다. 여기서 말하는 형태소 분석이란 텍스트 데이터를 구성하는 단어들을 각각의 형태소(morpheme) 단위로 분해하여, 각 형태소들이 어떠한 의미를 가지는지를 분석하는 과정을 의미한다. 본 분석에서는 해당 영역에서 제시된 명사(키워드)를 추출하기 위하여 계획 자료 내 텍스트 자료의 품사를 분석하고, 어근과 접사를 분리하여 개별적인 의미를 가지는 명사를 분석 대상으로 설정하였다. 형태소 분석을 통하여 추출된 명사는 키워드의 빈도나 관계성 등을 분석하는 데 활용하였다.

추출된 키워드 가운데 계획수립과 관련성이 떨어지는 단어는 삭제하였는데, 대표적으로 지역명[1]이나 지역사회보장계획 매뉴얼에서 제시된 관용적 문장,[2] 그 밖에 17개 시도에서 공통적으로 등장하는 계획과 관련

---

[1] 광역시도명(약칭 포함), 기초자치단체명, 해당 지역의 읍면동명 등
[2] 예시: 지역사회보장, 세부계획, 추진전략, 중점사업, 목표, 도출 등

성이 떨어지는 단어3) 등이 이에 해당된다.

둘째, 형태소 분석을 통하여 분석된 주요 키워드의 빈도를 산출하고 환경진단 영역과 계획수립 영역을 비교 분석하였다. 해당 영역에서 빈번하게 등장하는 단어를 비교하여 영역별로 강조된 내용을 파악하였다. 이때 기수별, 영역별 주요 키워드의 빈도를 각각 산출하여 해당 시기 및 영역에서 강조되고 있는 키워드를 확인하였다(상위 20개 단어 기준).

셋째, 영역별 키워드의 상대적 중요도를 확인하였다. 이 결과는 환경진단 영역과 계획수립 영역을 상호 비교하였을 때, 중요하게 제시되는 키워드를 탐색하는 것으로, 두 영역 간의 차이를 확인하는 근거를 제공한다. 이때 TF-IDF(Term Frequency - Inverse Document Frequency) 값4)을 산출하여 그에 따라 키워드를 제시하였다. TF-IDF 분석은 특정 단어가 해당 데이터에서 얼마나 중요하게 다루어지는지를 확인할 수 있는 기법이다. TF-IDF 분석 결과는 아래의 수식을 통하여 산출된다.

$$TF\text{-}IDF(t) = TF(t) \times IDF(t) \quad \text{(수식1)}$$

$$TF(t) = \frac{\text{문서 내 단어 } t\text{의 등장 횟수}}{\text{문서의 전체 단어 수}} \quad \text{(수식2)}$$

$$IDF(t) = \log\frac{\text{전체 문서 수}}{\text{단어 } t\text{를 포함하는 문서 수}} \quad \text{(수식3)}$$

TF-IDF는 단어 빈도(TF)와 단어의 중요도(IDF)를 활용하여 산출(수식1)된다. 여기서 TF(수식2)는 해당 단어가 문서에서 얼마나 자주 등장하는

---

3) 예시: 현황, 상황, 표, 그림, 응답, 대상, 비율, 요인, 배경, 평균 등
4) TF-IDF 값은 분석 대상 텍스트 내에서 자주 사용되는 단어일수록, 해당 단어가 사용된 텍스트가 드물수록 커진다.

지를 확인하는 지표를 의미한다. IDF(수식3)는 해당 단어 전체 문서에서 얼마나 드물게 나타나는지를 통하여 그 중요도를 확인하게 된다. 이 결과는 복수의 문서에서 등장하는 키워드의 중요도를 비교 분석하는 데 활용된다. TF-IDF 분석 결과는 단순 키워드의 빈도 분석과 달리 해당 문서에서 등장하는 키워드의 상대적인 중요도를 확인할 수 있다는 점에서 가치가 있다. 예를 들어 환경진단 영역에서 강조되고 있는 키워드와 계획수립 영역에서 강조되고 있는 키워드의 상대적인 중요도를 파악할 수 있다.

넷째, 계획 내에서 작성된 문장 내에서 각 키워드의 상관관계 수준을 분석하고 이에 대한 연관성을 확인하였다. 이를 위하여 동시 출현 단어 분석(Co-occurrence analysis)을 수행하였으며, 동시 출현 빈도에 따른 상관관계를 도출하였다. 동시 출현 단어 분석에서는 어떠한 문장에서 특정 단어가 동시에 등장하는 정도를 분석하는 과정을 말한다. 이를 통하여 각 키워드들이 어떠한 맥락에서 활용되었는지를 알 수 있다.

동시 출현 단어의 상관관계 분석을 위하여 파이계수(phi coefficient)[5]를 활용하였다. 파이계수는 두 단어가 특정 문서에서 동시에 등장하는 경향을 파악하는 데 활용된다. 계수는 -1에서 1 사이의 값을 가지며, 1에 가까울수록 각 단어가 동시에 출현할 가능성이 높다고 해석된다. 분석 결과에 대한 이해를 돕기 위하여 파이계수 산출 결과에 대한 시각화를 하였으며, 본 분석에서는 단어 간 상관계수가 0.3 이상인 경우에 한하여 제시하였다.

---

5) 파이계수는 두 단어가 함께 사용되는 경우가 각각 사용되는 경우에 비하여 얼마나 많은 지를 보여주는 지표로, 단어 간 상대적 관련성을 설명하는 데 활용된다. 파이계수를 활용한 네트워크 그래프에서 노드의 크기와 연결점의 두께는 빈도와 상관관계의 크기를 보여준다.

〈표 3-1〉 분석 절차

단계	설명	비고
1단계	· 지역사회보장계획 내 환경진단 영역 및 사업 내용에 대한 텍스트 데이터 추출 · 각 데이터에 대한 형태소 분석을 통하여 주요 명사 추출 · 분석 내용과 관련성이 떨어지는 단어 삭제	(삭제 단어) 지역, 계획 매뉴얼 내 관용 문구 등
2단계	· 각 내용별 특정 단어의 빈도를 비교하여 주요 키워드 비교 · TF-IDF(Term Frequency - Inverse Document Frequency) 산출	영역별 주요 키워드의 빈도를 통하여 중요도 확인
3단계	· 각각 작성된 문장 내에서의 단어 간 상관관계 분석 · 파이계수(phi coefficient)를 산출, 주요 키워드 간 관련성을 확인 및 비교	주요 키워드 간 맥락을 비교

출처: 저자 작성

　지역사회보장계획의 환경진단과 계획 내용의 연관성을 확인하기 위하여 〈표 3-2〉와 같이 분석 대상 범위를 설정하였다. 먼저, 제4기 지역사회보장계획에는 "지역사회보장 여건 진단 및 전망"에 해당되는 내용 가운데 복지 수요 분석 및 전망과 지자체에서 4년간 집중하겠다고 밝힌 주요 사회보장 욕구 및 지역 문제 도출 결과를 분석 대상으로 설정하였다. 한편, 사업의 내용은 지역사회보장계획 내 계획의 기본 방향과 중점 추진사업 선정, 세부사업 선정 이유에 해당되는 내용을 분석 대상으로 설정하였다.

　제5기 계획에서는 "복지 수요·공급·지역자원 현황 및 핵심과제" 중에서 복지 수요 분석 및 전망과 주요 사회보장 욕구 및 핵심과제 도출에 해당되는 내용을 분석 대상으로 설정하였다. 한편 사업의 내용은 지역사회보장사업 전략체계 가운데 사회보장사업 전략체계 수립 배경, 사회보장 전략 목표 설정 근거에 해당되는 내용을 분석 대상으로 설정하였다.

　이상의 내용에서 지역의 복지 수요를 기술한 영역을 "환경진단 영역"으로 명명하고 지역사회보장 사업의 내용을 기술한 영역을 "계획수립 영역"으로 명명하였다.

〈표 3-2〉 분석 대상

구분	환경진단	계획수립
4기	지역사회보장의 여건 진단 및 전망 - 복지 수요 분석 및 전망 - 지자체에서 4년간 집중할 주요 사회보장 욕구 및 지역 문제 도출	지역사회보장계획의 기본 방향 중점 추진사업 및 세부사업 선정 이유
5기	복지 수요·공급·지역자원 현황 및 핵심 과제 - 복지 수요 분석 및 전망 - 주요 사회보장 욕구 및 핵심 과제 도출	지역사회보장사업 전략체계 - 사회보장사업 전략체계 수립 배경 - 사회보장전략 목표 설정 근거

출처: 저자 작성

주요 연구 방법별 분석 방향은 다음과 같다. 첫째, 영역별 주요 키워드의 빈도 분석 비교는 계획 내에서 활용된 키워드의 빈도가 가지는 의미가 있음을 가정, 키워드의 빈도수에 따라 해당 영역에서 강조되고 있는 내용을 파악하고자 하였다. 한편 이 분석 결과는 영역별 내용의 절대적 양과 반복적·관용적 어구 사용에 영향을 받을 수 있다.

둘째, 영역별 상대적 중요도는 환경진단 결과와 계획수립 결과 간의 주요 키워드 차이를 확인하는 데 활용할 수 있다. 즉 해당 분석 기법의 특성상 각 영역에서 중복되어 활용되지 않는 키워드를 도출하기 때문에 환경진단과 계획수립 내용 간의 차이를 확인할 수 있다.

셋째, 키워드 간 상관관계를 파악하여 특정 키워드가 활용된 맥락을 확인하였다. 각 키워드의 조합을 통하여 해당 영역에서 강조하고 있는 정책 대상이나 내용 등을 파악할 수 있으며, 이에 대한 유사성을 통하여 환경진단 결과와 계획수립 내용 간의 연관성을 확인할 수 있다.

<표 3-3> 분석 방향

분석 방법	주요 내용	분석 방향
· 영역별 주요 키워드 출현 빈도	· 영역별 문장 및 문단 내에서 특정 키워드의 등장 빈도를 분석 · 키워드의 등장 빈도를 통하여 해당 단어의 중요도를 확인	· 계획 내 영역별 해당 키워드의 중요도를 비교하는 데 활용
· 영역별 주요 키워드의 상대적 중요도	· 분석 내용 전체 중 해당 영역에 특정 단어가 구별되어 나타나는지를 확인	· 환경진단과 계획수립 간 주요 키워드 설정 기준의 차이를 확인
· 영역별 주요 키워드의 상관관계	· 각 영역에 활용된 키워드 간 상관관계 분석 · 두 단어 간 상관관계가 높은 사례를 제시하여 해당 키워드에 대한 관련 또는 유사 개념 등을 확인	· 특정 키워드가 가지는 맥락을 확인 · 대상에 대한 접근, 여건에 대한 대응 등에 대한 접근 방향을 추론
· 키워드 간 상관관계에 대한 연결성 시각화	· 각 키워드의 등장 빈도 및 상관관계에 대한 관계성 파악 · 주요 키워드와 관계성이 높은 핵심 이슈를 확인	· 특정 키워드(대상, 영역, 이슈 등)가 여건 분석 및 계획수립에 반영된 특성 확인

출처: 저자 작성

2. 분석 결과

가. 서울

1) 영역별 주요 키워드의 빈도 분석 결과(〈부록 표 1〉 참고)

제4기 지역사회보장계획 환경진단 영역에서 언급된 주요 키워드로는 "지원", "가구", "서비스", "돌봄", "생활" 등이 있으며, 계획수립 영역에서 언급된 주요 키워드로는 "사업", "지원", "서비스", "일자리", "주민", "건강" 등이 있는 것으로 나타났다. 환경진단 영역에서는 지역사회보장사업과 관련된 주요 이슈들에 따라 각 키워드의 등장 빈도가 높게 나타난 것을 알 수 있으며, 계획수립 영역에서는 추진하고자 하는 사업의 내용을 중심으로 관련 키워드의 등장 빈도가 높게 나타났다. 계획수립 영역에서 우선순위가 높게 나타난 일자리, 소득과 관련된 키워드는 환경진단에서는 우선순위가 다소 낮게 나타났으며, 건강이나 돌봄과 관련된 키워드의 우선순위는 환경진단과 계획수립 간 우선순위 차이가 크지 않은 것으로 확인되었다.

한편, 제5기 환경진단 영역에서는 "노인", "돌봄", "장애인" 등에 대한 키워드의 우선순위가 높게 나타났으며, 계획수립 영역에서는 "돌봄", "교육", "소득", "지원" 등의 키워드 출현 빈도가 높게 나타났다. 제4기 계획의 특성과 유사하게 환경진단 영역에서는 지역사회보장 관련 주요 대상 및 이슈를 중심으로 키워드의 우선순위가 높게 나타났으나 계획수립 영역에서는 추진사업의 내용 중심의 키워드가 주로 등장하였다. 제5기 계획수립에 중요하게 나타나는 "교육", "소득"과 관련된 키워드가 환경진단 영역에서는 상대적으로 그 중요성이 낮은 것으로 나타났다.

2) 영역별 주요 키워드의 상대적 중요도

각 영역에서 주요 키워드의 상대적 중요도를 살펴보면, 제4기 환경진단 영역에서는 설문조사 결과 중심의 환경분석을 수행하여 그와 관련된 키워드의 상대적 중요도가 높게 나타났으며, 그 밖에 대상별 자원 확충에 대한 수요 등이 강조되어 "공간", "활용" 등의 키워드가 주로 등장하였다. 제4기 계획수립 영역에서는 "운영", "센터" 등과 같은 자원 확충 관련 내용들이 포함되었으며, 주거와 관련된 사업 내용들이 강조된 특징을 보였다.

제5기 환경진단 영역에서는 관련 시설 등과 같은 대상별 자원 확충에 대한 수요와 사회적 고립 등과 같은 사회 이슈와 관련된 내용들이 상대적으로 중요하게 다루어졌다. 제5기 계획수립 영역에서는 지역사회보장 관련 정책에 대한 체계 확립이 강조되었으며, "안심", "사각지대" 등 해당 지자체에서 강조하고 있는 정책의 내용이 상대적 중요도가 높은 것으로 나타났다.

58 지역사회 변화와 지역사회보장정책의 연관성 진단

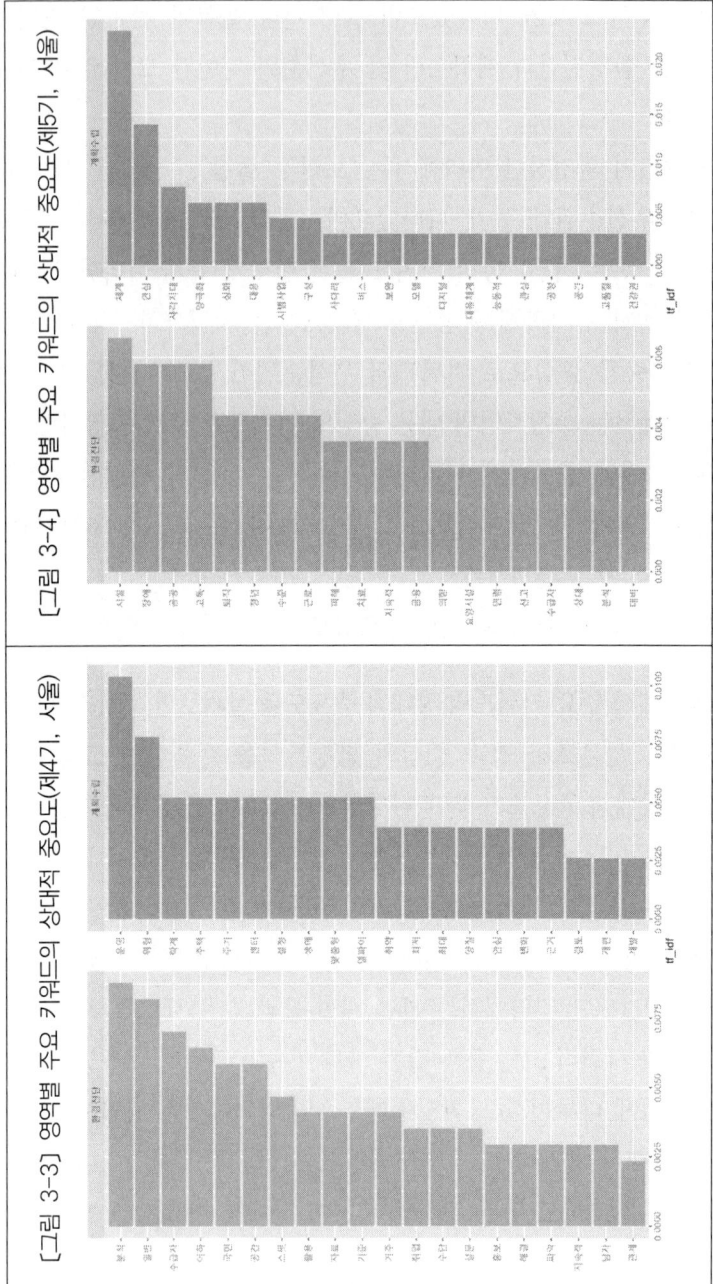

[그림 3-3] 영역별 주요 키워드의 상대적 중요도(제4기, 서울)

[그림 3-4] 영역별 주요 키워드의 상대적 중요도(제5기, 서울)

출처: 저자 작성

3) 주요 키워드의 상관관계(〈부록 표 18〉 참고)

제4기 환경진단 영역에서는 수급자 등 주요 정책 대상과 상담, 정보제공, 서비스 등의 키워드가 공통적으로 등장하였다. 또한 해당 키워드의 네트워크를 살펴보면, 지원·서비스·상담·정보제공, 기초생활보장, 저소득층·아동·노인이 강한 상관관계를 가지는 것으로 나타났다.

제4기 계획수립 영역에서는 서비스 제공 내용에 대한 키워드가 공통적으로 등장하며, 특히 건강, 일자리, 소득 관련 지원 내용이 주로 등장하는 것으로 나타났다. 키워드의 네트워크를 살펴보면, 일자리·경제·활동·지원, 서비스·제공, 건강·필요, 운영·안전이 강한 상관관계를 가지는 것으로 나타났다.

제5기 환경진단 영역에서는 경제활동에 대한 지원 관련 키워드와 맞춤형 서비스 제공, 건강 지원 등의 키워드가 공통적으로 등장하였다. 또한 키워드의 네트워크 특성을 살펴보면, 일자리 관련 키워드들, 건강 관련 서비스 제공, 청년·금융 등의 키워드들이 강한 상관관계를 가지는 것으로 나타났다.

제5기 계획수립 영역에서는 장애인, 노인, 아동, 수급자 등 주요 정책 대상과 지원, 교육, 건강관리 등의 키워드가 공통적으로 등장하는 것으로 나타났다. 키워드의 네트워크 특성을 살펴보면, 취약·계층, 안심·소득, 시민·건강·관리, 아동·노인·장애인·돌봄이 강한 상관관계를 가지는 것으로 나타났다. 즉, 서울시 제5기 계획에서는 취약계층 보호 및 지원, 안심소득 관련 사항, 아동·노인·장애인 돌봄 강화, 시민 대상의 건강관리 등이 주로 언급되었음을 알 수 있다.

60 지역사회 변화와 지역사회보장정책의 연관성 진단

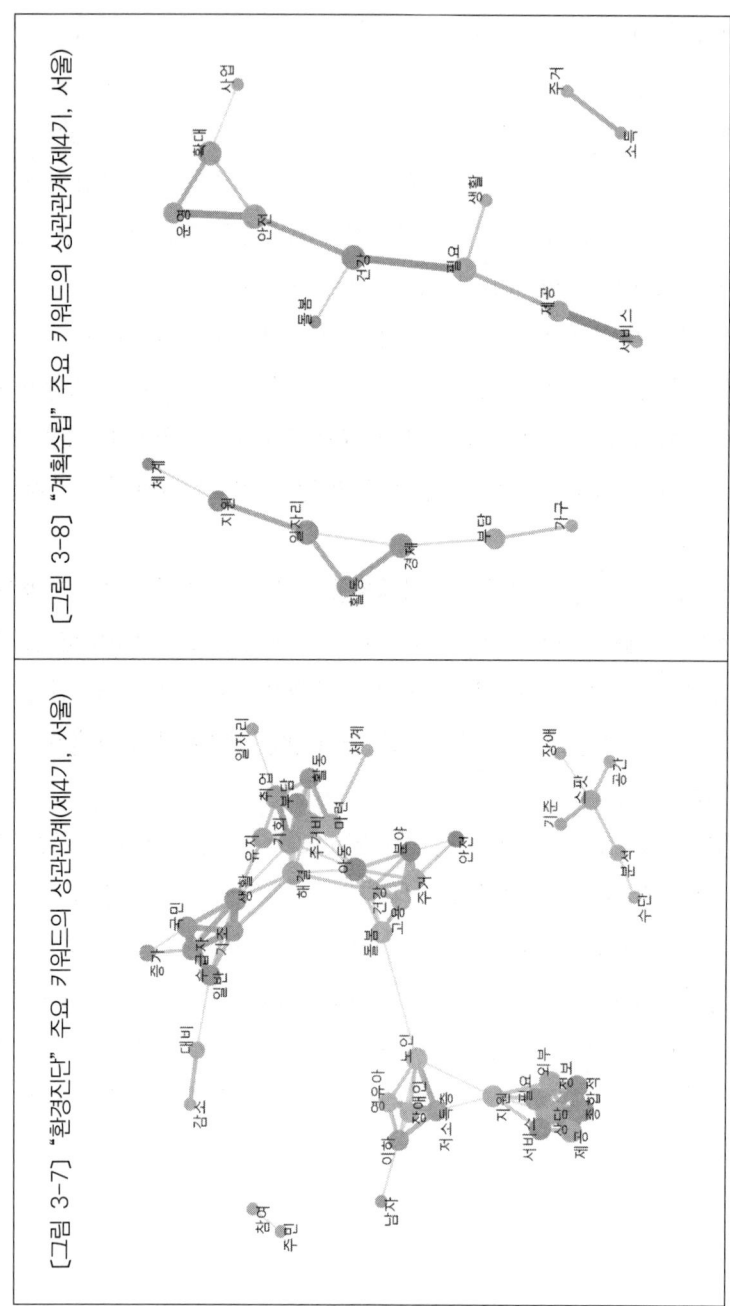

[그림 3-7] "환경진단" 주요 키워드의 상관관계(제4기, 서울)

[그림 3-8] "계획수립" 주요 키워드의 상관관계(제4기, 서울)

출처: 저자 작성

제3장 지역사회 변화와 지역사회보장정책 연관성 진단 61

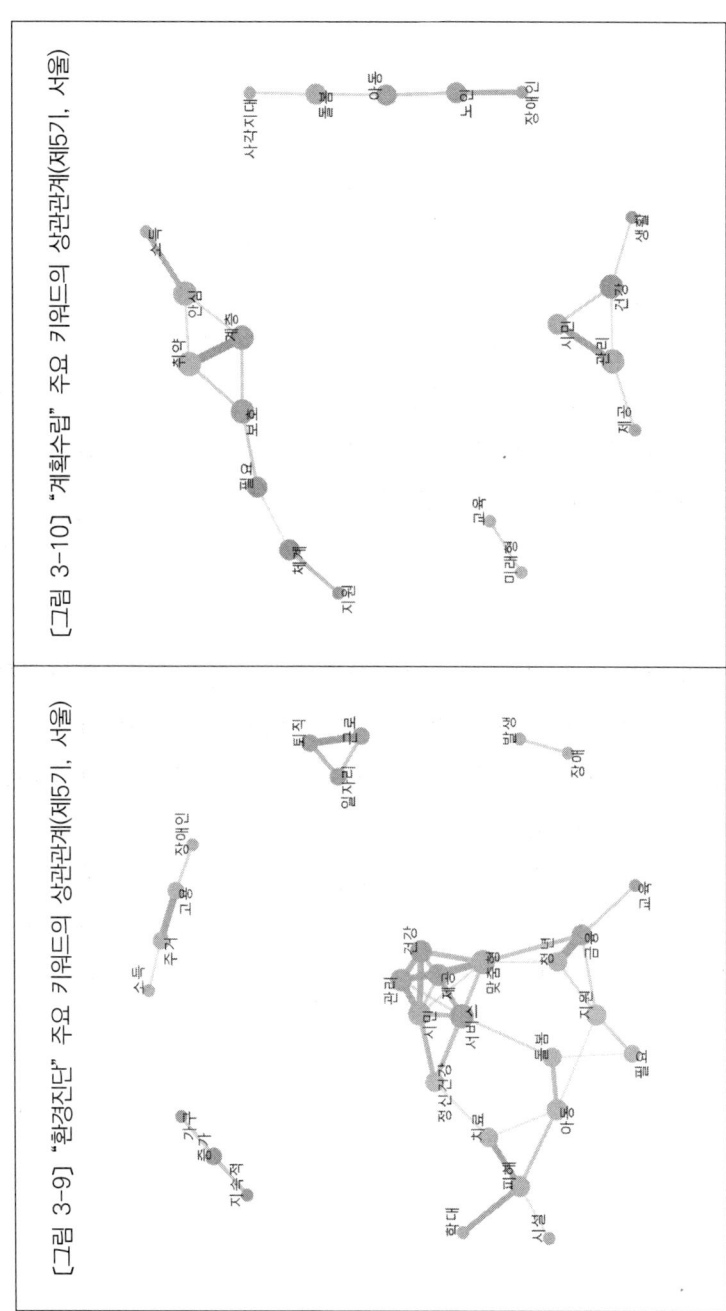

[그림 3-9] "환경진단" 주요 키워드의 상관관계(제5기, 서울)

[그림 3-10] "계획수립" 주요 키워드의 상관관계(제5기, 서울)

출처: 저자 작성

4) 결과 요약

  a. 환경진단과 계획수립 내용 간의 관계

제4기와 제5기 계획에서의 환경진단은 지역 내 주요 이슈에 대한 분석 결과, 정책 대상 및 영역별 자원 부족 등의 문제를 중심으로 논의되는 특성을 보였다. 반면 계획수립의 내용에서는 서비스 제공과 관련된 주요 영역에 대한 중요도가 높게 나타났다. 즉 제4기와 제5기에서의 환경진단은 지역 내 사회보장 관련 수요에 대한 파악과 자원의 부족 문제 등이 강조되었으나 실제 계획수립에서는 지자체 관련 부서나 기관에서 제공 가능한 서비스 중심으로 주요 내용이 구성되었음을 확인할 수 있다.

  b. 제4기와 제5기 간의 변화

제4기 계획에서는 일자리, 건강, 소득보장 등에 대한 논의와 계획이 주를 이루었다면 제5기 계획에서는 지역사회보장 영역에서의 지원체계 구축 등에 초점이 맞추어졌다. 또한 소득지원, 사각지대 발굴 등과 같이 해당 지자체의 중점사업이 강조되는 측면이 있었다.
  그뿐만 아니라 취약계층에 대한 지원과 주요 정책 대상의 돌봄에 대한 대응이 강조되었음을 알 수 있다. 그 외에도 제5기 계획수립 시점에서의 시정 방향과 관련된 정책(예. 안심소득 등)이 계획 내용에 포함된 것도 특징으로 볼 수 있다.

나. 부산

1) 영역별 주요 키워드의 빈도 분석 결과(〈부록 표 2〉 참고)

제4기 지역사회보장계획의 환경진단 영역에서 언급된 주요 키워드로는 "가구", "노인", "건강", "돌봄" 등이 있으며, 계획수립 영역에서 언급된 주요 키워드로는 "사업", "체계", "지원", "건강", "서비스" 등이 있는 것으로 나타났다. 환경진단 영역에서는 지역사회보장사업의 주요 대상이나 영역과 관련된 키워드가 다수인 것으로 나타났으며, 그 외에 협의체, 고용 등에 대한 키워드의 빈도가 높았다. 계획수립 영역에서는 주요 정책 대상이나 영역에 대한 등장 빈도는 상대적으로 낮은 것으로 나타났으며, 이 가운데 노인, 케어 등에 대한 내용이 주로 확인되었다.

한편, 제5기 환경진단 영역에서는 "돌봄", "서비스", "생활", "건강" 등에 대한 키워드의 우선순위가 높게 나타났으며, 계획수립 영역에서는 "서비스", "돌봄", "체계", "계층" 등의 키워드 출현 빈도가 높게 나타났다. 제5기 계획에서는 돌봄서비스에 대한 중요도가 환경진단과 계획 내용 모두에서 강조되고 있는 것으로 확인되었다. 그 외에 취약계층, 건강 등에 대한 중요도 또한 환경진단과 계획수립 영역 모두에서 강조되는 특성을 보였다.

2) 영역별 주요 키워드의 상대적 중요도

각 영역에서 주요 키워드의 상대적 중요도를 살펴보면, 제4기 환경진단 영역에서는 "협의체", "고용률"의 중요도가 높게 나타났다. 이를 통하여 각종 현황 자료에 대한 검토를 통하여 환경진단을 하였음을 알 수 있다. 한편, 제4기 계획수립 영역에서는 "서비스", "케어", "커뮤니티", "주민" 키워드의 상대적 중요도가 높게 나타났다. 이는 제4기 계획에서 노인·장애인·아동에 대한 돌봄체계 구축을 강조한 결과라 볼 수 있다.

제5기 환경진단 영역에서는 "대비", "권역" 등에 대한 키워드의 중요도가 높게 나타났다. 이는 환경진단 시 지역의 각종 통계 수치에 대한 검토와 지역별 차이 등을 검토한 결과를 반영한 것으로 볼 수 있다. 한편, 제5기 계획수립 영역에서는 "노동" 키워드의 상대적 중요도가 높게 나타났다. 이는 계획수립의 배경에서 돌봄노동(사회적 노동, 감정 노동 등 표현)에 대한 배경 설명이 다수의 계획 추진 배경에 강조된 영향이라 볼 수 있다.

제3장 지역사회 변화와 지역사회보장정책 연관성 진단 65

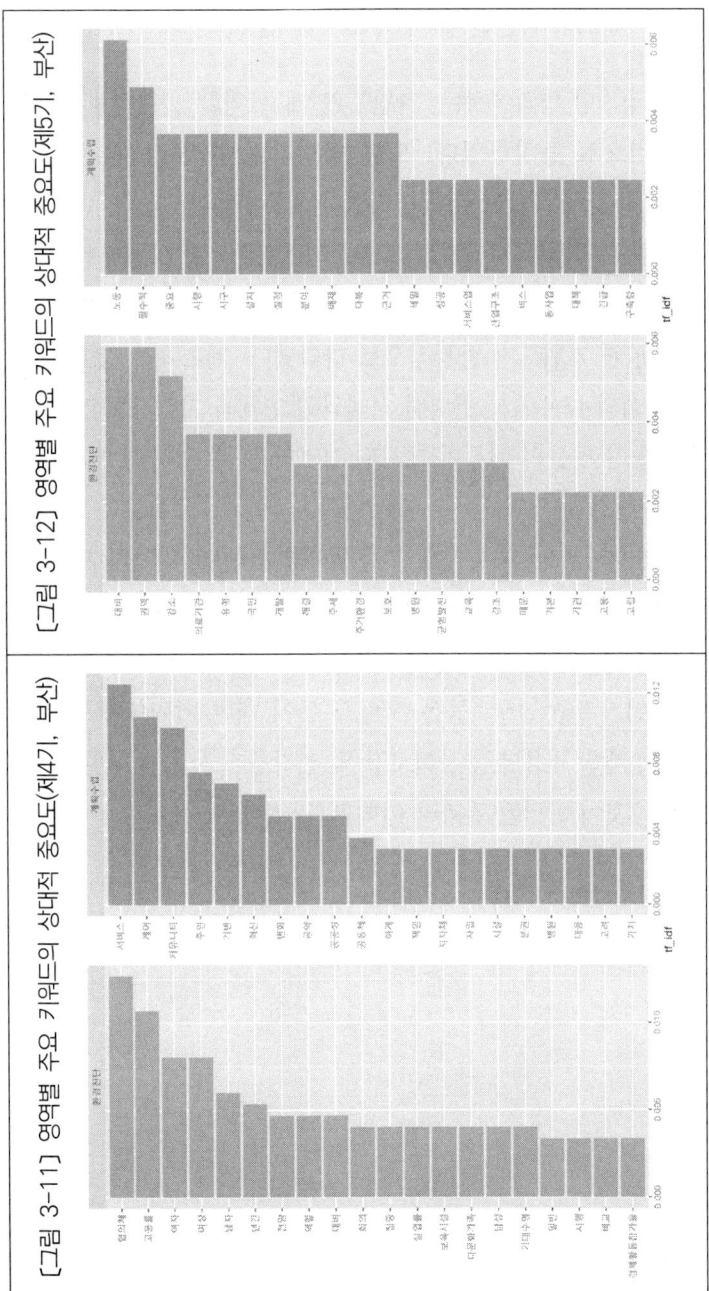

[그림 3-11] 영역별 주요 키워드의 상대적 중요도(제4기, 부산)

[그림 3-12] 영역별 주요 키워드의 상대적 중요도(제5기, 부산)

출처: 저자 작성

3) 주요 키워드의 상관관계(〈부록 표 19〉 참고)

제4기 환경진단 영역에서는 "자원", "연계", "역할", "협의체" 등의 키워드가 공통적으로 등장하였다. 또한 국민기초생활보장 관련 키워드가 공통적으로 등장하는 것으로 확인되었다. 이는 제4기 환경진단 영역에서 협의체의 주요 역할로 지역자원의 발굴과 연계를 강조한 내용이 반영된 결과이다. 한편, 제4기 계획수립 영역에서는 커뮤니티케어, 병원시설, 일자리 창출 관련 키워드가 공통적으로 나타났다. 계획에서 강조된 부산형 커뮤니티케어의 내용에서 병의원 시설과의 연계와 지역사회 정착 지원을 위한 주민력 강화 등의 내용이 제시된 결과라 볼 수 있다.

제5기 환경진단 영역에서는 위기가구, 국민기초생활보장 가구, 주민공동체 등의 키워드가 공통적으로 등장하였다. 이는 위기가구(복지 사각지대, 국민기초생활보장 대상 등)의 발굴에 대한 내용이 환경진단 전반에 나타난 영향이라 볼 수 있다. 한편 제5기 계획수립 영역에서는 의료서비스, 사각지대, 위기가구 발굴, 돌봄 서비스 등에 대한 키워드가 공통적으로 등장하였다. 계획 내용에서 사회보장 및 건강증진 사업에 대한 체계 구축 등이 강조된 것이 반영된 결과라 이해할 수 있다.

제3장 지역사회 변화와 지역사회보장정책 연관성 진단 67

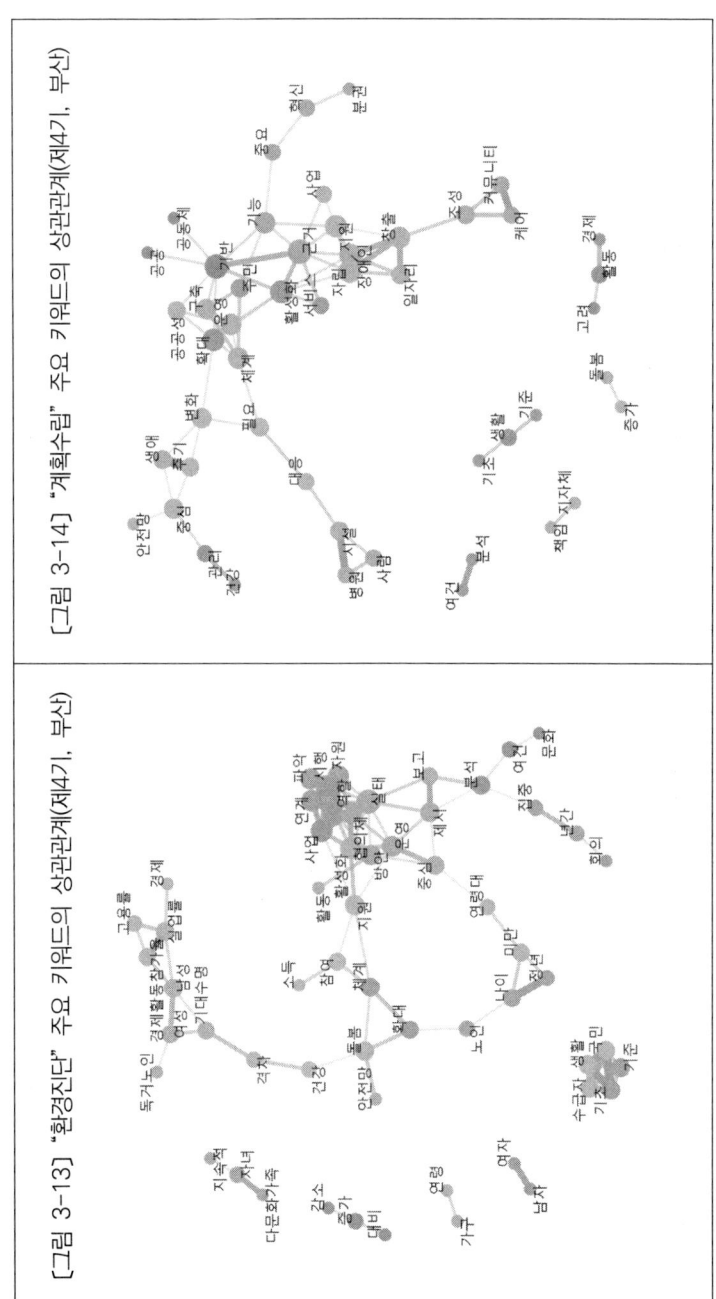

[그림 3-13] "환경진단" 주요 키워드의 상관관계(제4기, 부산)

[그림 3-14] "계획수립" 주요 키워드의 상관관계(제4기, 부산)

출처: 저자 작성

68 지역사회 변화와 지역사회보장정책의 연관성 진단

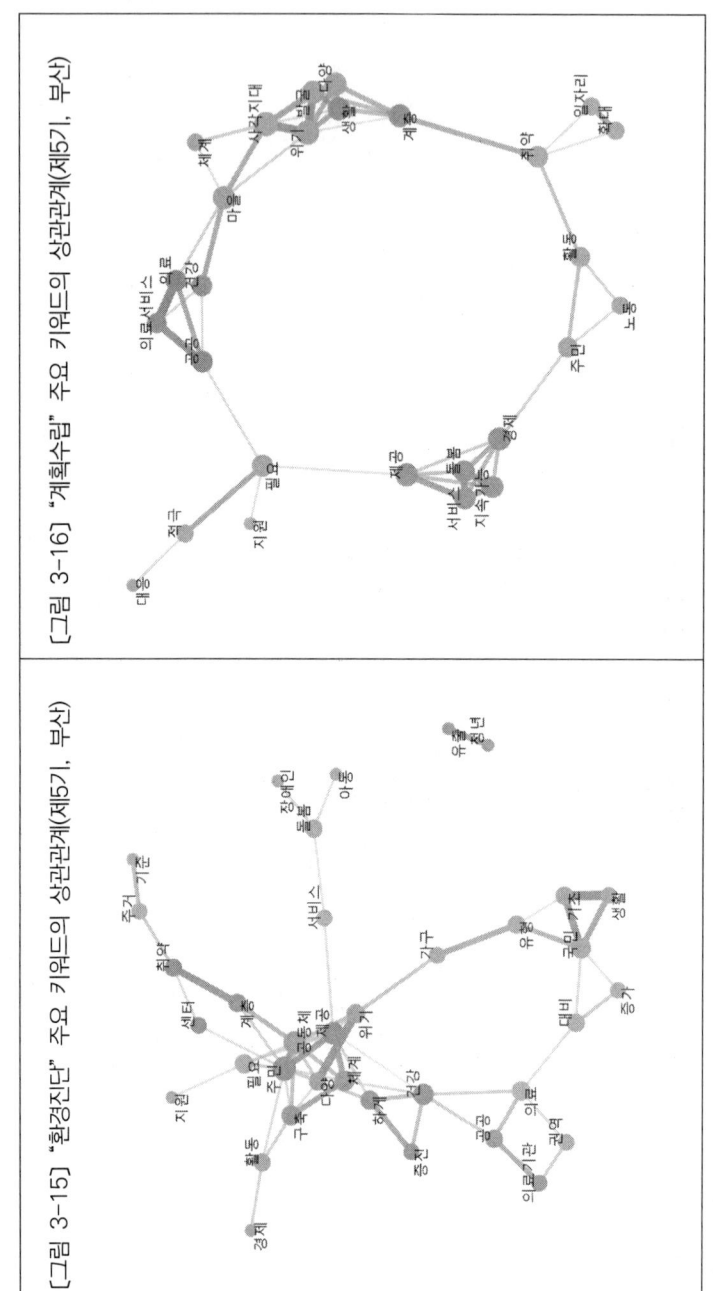

[그림 3-15] "환경진단" 주요 키워드의 상관관계(제5기, 부산)

[그림 3-16] "계획수립" 주요 키워드의 상관관계(제5기, 부산)

출처: 저자 작성

4) 결과 요약

  a. 환경진단과 계획수립 내용 간의 관계

제4기와 제5기 계획에서의 환경진단은 지역자원의 연계와 협의체를 통한 자원 발굴, 취약계층에 대한 현황 분석 등이 주로 논의된 것으로 나타났다. 특히 제4기와 제4기 환경진단에서 공통적으로 취약계층에 대한 검토와 보건의료 지원체계에 대한 검토가 이루어진 것으로 나타났다. 한편 계획수립에서는 커뮤니티케어, 지역 공동체의 활성화, 지역기반의 돌봄체계 강화 등에 대한 내용이 주로 논의되었다. 이상의 내용을 보았을 때, 환경진단에서 초점을 맞추고 있는 주요 쟁점과 계획에서 제시하고자 하는 사업 간 관계성을 가진 것으로 이해할 수 있다.

  b. 제4기와 제5기 간의 변화

제4기 계획과 제5기 계획에서 공통적으로 취약계층에 대한 지원과 돌봄체계 강화, 건강 관련 연계 강화 등이 강조되었다. 다만 제4기와 제5기의 환경진단 및 계획 내용의 차이는 크지 않은 것으로 나타났다. 커뮤니티케어 등 해당 지자체에서 강조하고 있는 정책 또한 기존 환경진단 및 계획수립 내용에서 크게 변화된 내용이 아니라는 점에서 계획수립 시점의 변화에 따른 환경 및 수요 변화를 명확하게 확인하지 못한 한계를 가진다.

다. 대구

1) 영역별 주요 키워드의 빈도 분석 결과(〈부록 표 3〉 참고)

제4기 지역사회보장계획의 환경진단 영역에서 언급된 주요 키워드로는 "서비스", "지원", "장애인", "사업" 등이 있으며, 계획수립 영역에서 언급된 주요 키워드로는 "사업", "행복", "서비스", "지원" 등이 있는 것으로 나타났다. 제4기 환경진단 영역에서는 지역사회욕구조사 결과를 바탕으로 각종 서비스 및 지원에 대한 필요성 등을 논의하고 있어 이와 관련된 키워드의 등장 빈도가 높게 나타났다. 한편, 계획수립 영역에서는 지역의 행복보장플랜을 강조했기 때문에 행복케어사업 등의 내용이 주요 키워드로 나타난 것으로 확인된다.

제5기 환경진단 영역에서는 "사업", "행복", "서비스", "지원" 등의 키워드가 주로 나타났으며, 제5기 계획수립 영역에서는 "지원", "돌봄", "교육", "서비스" 등의 키워드가 주로 나타났다. 제5기 환경진단에서는 각종 통계수치에 대한 비교와 이해관계자 대상 FGI 결과에서 해당 키워드들이 주로 등장하는 것으로 나타났다. 계획수립 영역에서는 각 대상의 돌봄 체계의 강화와 지역사회보장 기반의 구축 등에 관한 내용에서 이상의 키워드가 주로 등장한 것으로 나타났다.

2) 영역별 주요 키워드의 상대적 중요도

각 영역에서 주요 키워드의 상대적 중요도를 살펴보면, 제4기 환경진단 영역에서는 수급자 통계 결과와 관련된 "수급"이라는 키워드, 지역사회보장조사의 분석 결과와 관련된 "수급", "불편"(서비스 이용 과정에 대한 불편) 등의 중요도가 높게 나타났다. 한편, 제4기 계획수립 영역에서는 임파워먼트 전략의 강조, 신규 사업 여부에 대한 설명 등이 주로 나타나 해당 키워드의 상대적 중요도가 높게 나타났다. 그 외에도 지역사회보장 인프라의 확대와 관련된 키워드가 중요하게 다루어졌다.

제5기 환경진단 영역에서는 각종 기본통계 및 수요 조사 결과와 관련된 키워드(특정 연령 이하, 연령대별 비교, 그 외에 인구사회학적 요인에 따른 비교 등)가 중요하게 언급되었다. 한편, 제5기 계획수립 영역에서는 정책 대상의 성장 단계별 지원, 공동체의 성장 등의 표현을 주로 언급하며 생애주기별 지원의 필요성과 지역사회보장을 위한 내외부적 인프라의 강화 등에 대하여 강조하였다.

72 지역사회 변화와 지역사회보장정책의 연관성 진단

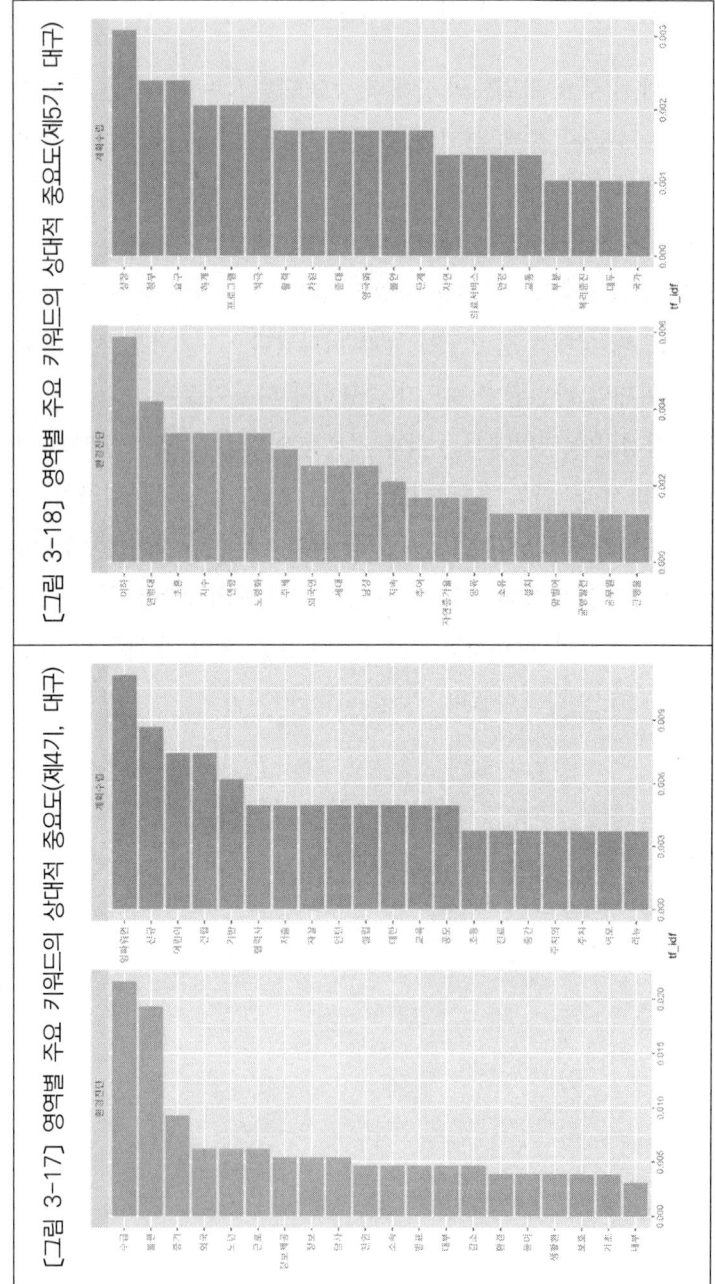

[그림 3-17] 영역별 주요 키워드의 상대적 중요도(제4기, 대구)

[그림 3-18] 영역별 주요 키워드의 상대적 중요도(제5기, 대구)

출처: 저자 작성

3) 주요 키워드의 상관관계(〈부록 표 20〉 참고)

제4기 환경진단 영역에서는 커뮤니티케어와 관련된 키워드 외에 지역사회보장조사의 내용과 관련된 키워드(친인척, 이웃, 소속집단과의 관계, 종합적인 상담 및 정보 제공 등)들이 공통적으로 나타났다. 제4기 계획수립 영역에서는 행복보장플랜의 주요 사업에 대한 키워드의(결혼이주, 이주노동, 다문화 가구 지원 등) 상관관계가 높은 것으로 나타났다. 특히 중점 추진사업으로 각종 인프라 확충 내용이 이에 포함되어, 해당 자원을 통하여 제공되는 종합적 서비스에 대한 내용이 기술된 특성을 보였다.

제5기 환경진단 영역에서는 인구 변화의 검토 결과와 관련된 주요 키워드들이 상관관계가 높은 것으로 나타났으며, 특히 청년가구에 대한 특성(1인 가구, 신혼 부부 등)이 주로 언급된 것으로 나타났다. 한편, 제5기 계획수립 영역에서는 청년 대상의 주거 및 경제적 지원과 생애주기별 맞춤형 지원 등에 대한 키워드들이 공통적으로 나타났다. 그 외에도 각종 인프라의 확대에 대한 내용이 다양한 대상 및 영역에 대한 키워드와 함께 제시된 특성을 보인다.

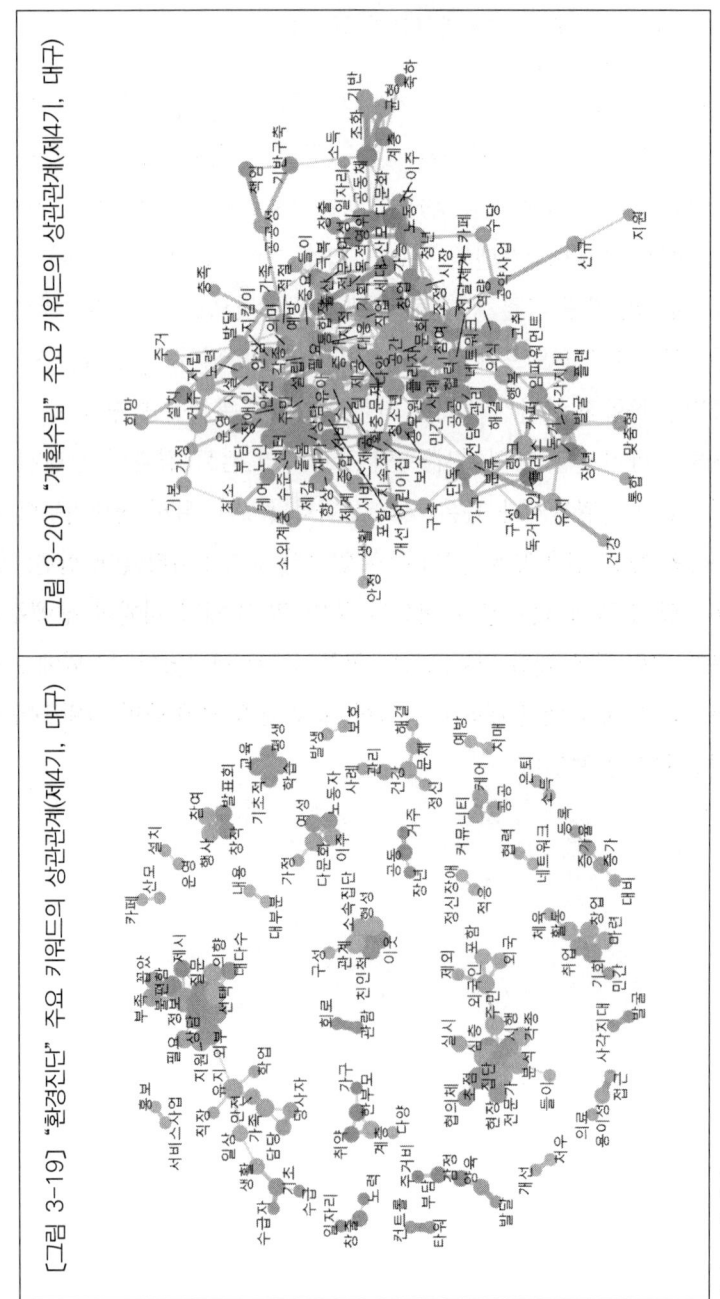

[그림 3-19] "환경진단" 주요 키워드의 상관관계(제4기, 대구)

[그림 3-20] "계획수립" 주요 키워드의 상관관계(제4기, 대구)

출처: 저자 작성

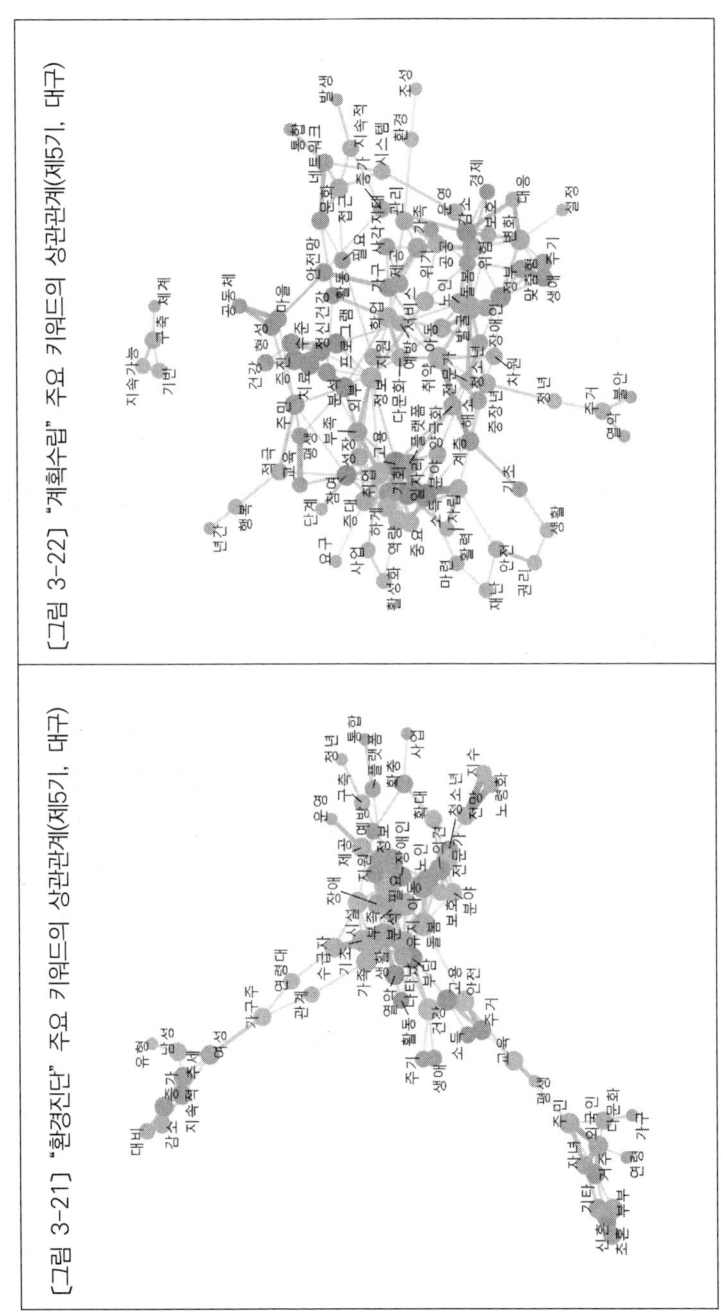

[그림 3-21] "환경진단" 주요 키워드의 상관관계(제5기, 대구)

[그림 3-22] "계획수립" 주요 키워드의 상관관계(제5기, 대구)

출처: 저자 작성

4) 결과 요약

    a. 환경진단과 계획수립 내용 간의 관계

제4기와 제5기 환경진단 영역은 진단의 방식에 따라 그 내용이 편중되는 경향을 보였다. 즉, 지역사회보장조사의 내용 기술에 초점을 둘 경우에 해당 조사 내용에 대한 사항이, 인구구조 특성에 대한 내용 기술에 초점을 둘 경우에 특정 인구 대상에 대한 설명이 환경진단 내용의 주를 이루게 된다. 반면, 계획수립 영역에서는 해당 지자체의 중점 정책 기조 및 사업의 내용이 강조되는 측면을 보였다. 이를 고려하였을 때, 환경진단의 내용과 계획수립의 내용 간의 강조 사항이 다소 괴리된 특성을 보인다고 이해할 수 있다.

    b. 제4기와 제5기 간 변화

제4기 계획과 제5기 계획의 작성 방식에 따른 변화(지역사회보장조사의 기술이나 인프라 확충 등)에 따라 환경진단의 내용과 계획수립의 강조 사항이 다르게 나타남을 알 수 있다. 예를 들어 제4기 계획에서는 인프라 구축과 관련된 내용과 해당 자원을 활용한 사업추진 등이 주로 논의된 반면에, 제5기 계획에서는 해당 지역의 주요 인구 변화와 주요 정책 대상에 대한 설명이 강조되었다. 이러한 차이는 제4기 계획과 제5기 계획을 비교하였을 때, 계획의 전략상 차이보다는 전략 내 세부사업의 내용와 근거에 대한 차이에서 분명하게 확인된다.

라. 인천

1) 영역별 주요 키워드의 빈도 분석 결과(〈부록 표 4〉 참고)

제4기 지역사회보장계획의 환경진단 영역에서 언급된 주요 키워드로는 "돌봄", "아동", "경제", "서비스" 등이 있으며, 계획수립 영역에서 언급된 주요 키워드로는 "풍요", "당당", "사업" 등이 있는 것으로 나타났다. 환경진단 영역에서는 지역사회보장조사의 결과에 대한 기술을 중심으로 환경을 진단하여 그와 관련된 키워드(경제적 지원, 돌봄의 필요성 등)의 빈도가 높게 나타났다. 한편, 계획수립 영역에서는 전략체계 내에서 강조되는 키워드(풍요, 당당 등)가 반복적으로 사용되어 이에 대한 빈도가 높게 나타나는 것으로 나타났다.

한편, 제5기 환경진단 영역에서는 "증가", "필요", "대비", "돌봄" 등에 대한 키워드의 우선순위가 높게 나타났으며, 계획수립 영역에서는 "사업", "돌봄", "체계", "생활", "지원" 등의 키워드 출현 빈도가 높게 나타났다. 제5기 환경진단에서는 과거 대비 현재의 변화를 중심으로 환경적 특성을 분석하여 영역별 통계치의 변동을 주로 기술하였다. 또한 주요 쟁점별 내용을 권역별로 구분하여 제시하였다. 제5기 계획수립 영역에서는 돌봄, 교육, 건강과 관련된 전략 사업들이 주로 논의되면서 돌봄 대상별 지원의 필요성과 건강 및 안전 인프라 확충에 대한 내용들이 강조된 특성을 보인다.

2) 영역별 주요 키워드의 상대적 중요도

각 영역에서 주요 키워드의 상대적 중요도를 살펴보면, 제4기 환경진단 영역에서는 권역별 수급자 비교 결과와 지역사회보장조사 결과와 관련된 키워드가 상대적으로 중요하게 다루어졌다. 특히 장애아동에 대한 돌봄 수요가 높게 나타난 결과로 인하여 장애아동 키워드의 상대적 중요도가 높게 나타났다. 한편, 제4기 계획수립 영역에서는 취약계층의 양극화 해소와 보편적 복지의 확대를 강조하면서 그와 관련된 키워드들이 상대적으로 중요한 것으로 나타났다. 그 밖에도 공동체나 동아리를 활용한 시민역량 강화 등이 중요한 것으로 나타났다.

제5기 환경진단 영역에서는 과거 시점에서부터의 변화를 중심으로 환경진단을 하였기 때문에 특정 지표의 지속적인 감소, 전년 대비 통계의 변화, 변화 양상과 증가율 등이 주로 언급되었다. 한편 제5기 계획수립 영역에서는 전략 및 사업 내용이 환경진단 결과의 토대로 구성되었음을 강조하였다. 또한 여러 사회보장 전략의 목적으로 주민의 삶의 질 향상을 강조하고 있으며, 교육문화도시와 관련된 아동 및 청소년 대상의 사업과 평생교육 사업에 대한 내용이 상대적으로 중요하게 다루어졌다.

제3장 지역사회 변화와 지역사회보장정책 연관성 진단 79

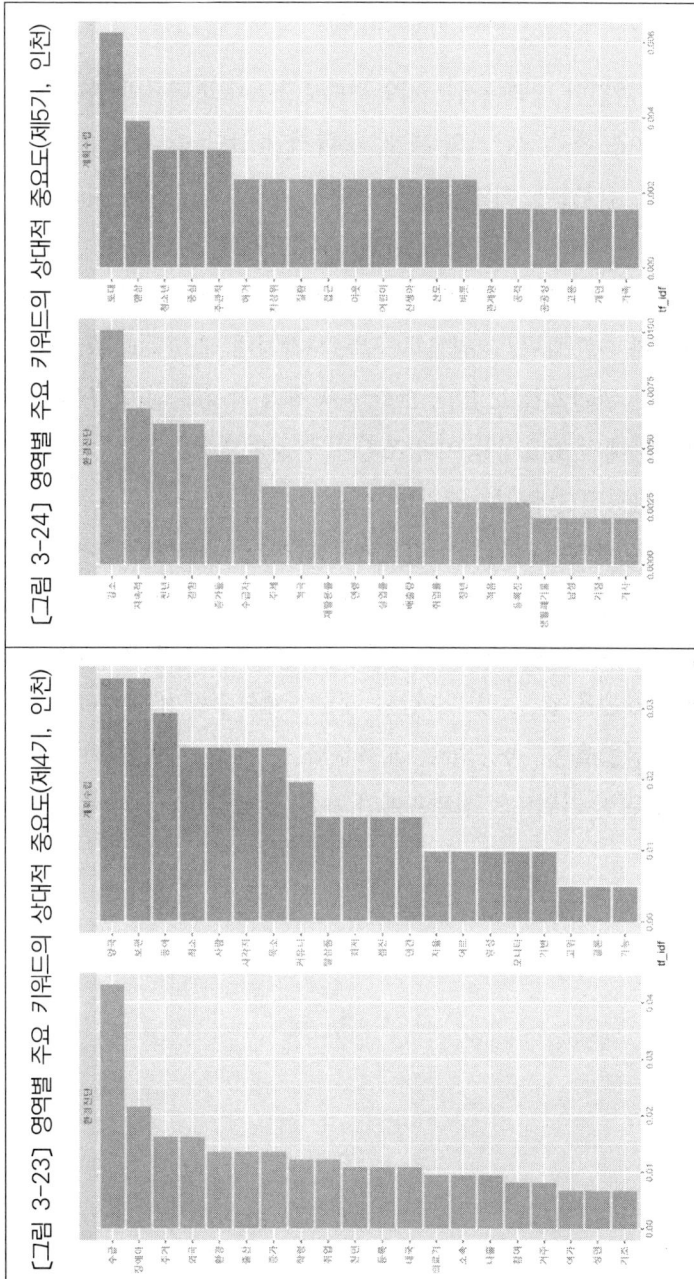

[그림 3-23] 영역별 주요 키워드의 상대적 중요도(제4기, 인천)

[그림 3-24] 영역별 주요 키워드의 상대적 중요도(제5기, 인천)

출처: 저자 작성

3) 주요 키워드의 상관관계(〈부록 표 21〉 참고)

제4기 환경진단 영역에서는 지역사회보장조사의 내용과 관련된 키워드(친인척, 이웃, 소속집단과의 관계, 종합적인 상담 및 정보 제공 등)들이 공통적으로 나타났다. 이와 같은 맥락에서 서비스 의향이나 지원의 필요성 등이 여러 지역사회보장 쟁점 관련 키워드와 높은 상관관계를 가지는 것으로 나타났다. 제4기 계획수립 영역에서는 양극화의 해소와 각종 사회보장 욕구에 대한 대응, 지원체계 구축, 사각지대 해소 등과 관련된 키워드들이 높은 상관관계를 보였다. 또한 공동체의 활성화, 지역사회보장 관련 각종 관리체계의 필요성 등이 강조된 특성을 보인다.

제5기 환경진단에서는 권역별 노후 주택의 분포와 미충족 의료율에 대한 비교와 관련된 키워드들 간의 상관관계가 높게 나타났다. 또한 관련 키워드의 상관관계를 통하여 주거환경 개선, 장애인 및 노인의 돌봄, 취약계층의 기초생활 유지 등 지역사회보장 쟁점별로 환경진단 내용이 기술되고 있음을 알 수 있다. 한편 제5기 계획수립 영역에서는 노인 및 장애인의 통합돌봄, 공공의료, 교육문화 등 주요 지역사회보장 영역별 사업 내용 관련 키워드의 상관관계가 높은 것으로 나타났다.

제3장 지역사회 변화와 지역사회보장정책 연관성 진단 81

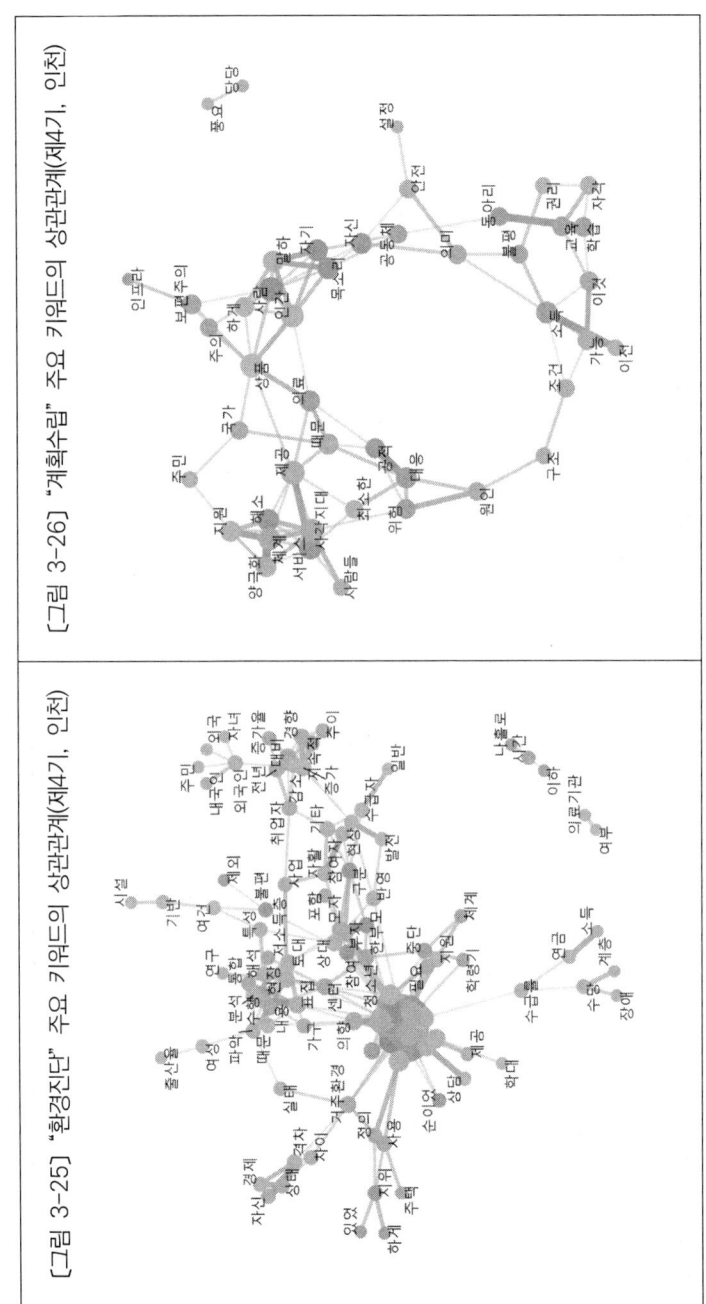

[그림 3-25] "환경진단" 주요 키워드의 상관관계(제4기, 인천)

[그림 3-26] "계획수립" 주요 키워드의 상관관계(제4기, 인천)

출처: 저자 작성

82 지역사회 변화와 지역사회보장정책의 연관성 진단

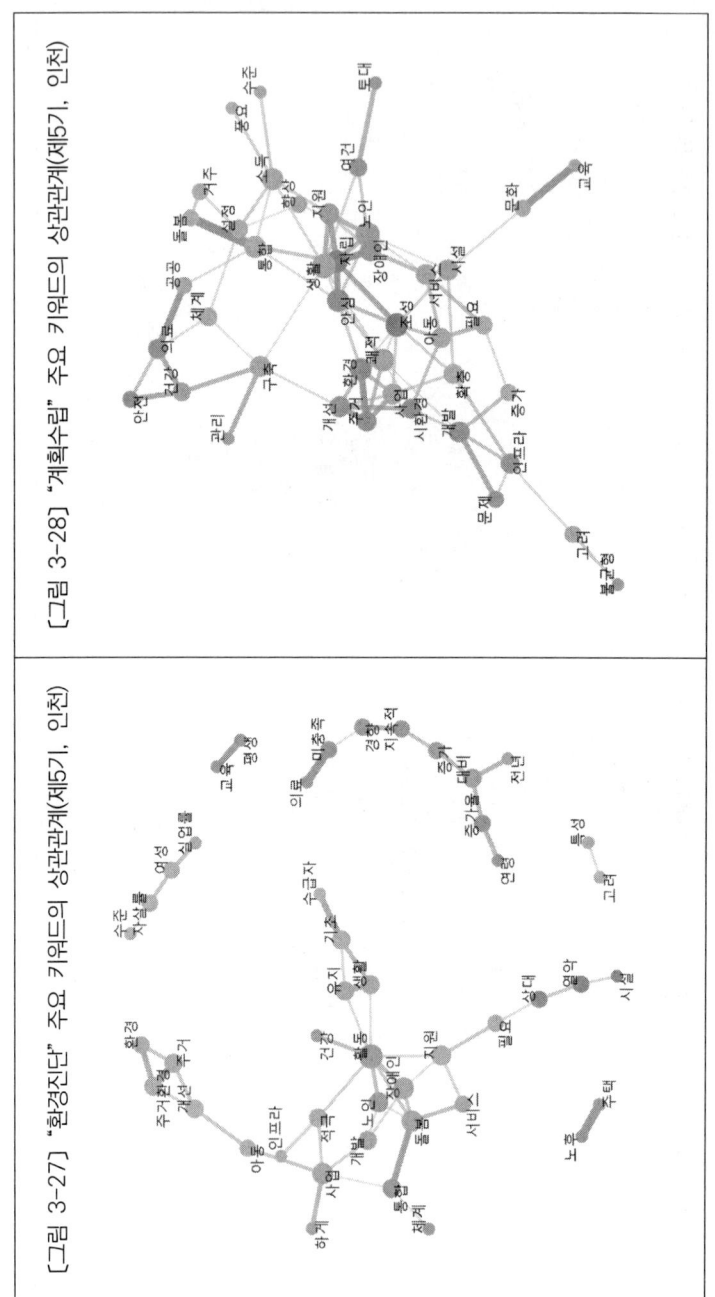

[그림 3-27] "환경진단" 주요 키워드의 상관관계(제5기, 인천)

[그림 3-28] "계획수립" 주요 키워드의 상관관계(제5기, 인천)

출처: 저자 작성

4) 결과 요약

　a. 환경진단과 계획수립 내용 간의 관계

제4기와 제5기 환경진단 영역에서 진단 방식에 따라 주요 내용이 다르게 기술되었다. 제4기 환경진단에서는 지역사회보장조사 결과의 기술을 중심으로 관련 내용이 설명되었고, 제5기에서는 주요 지표의 변화를 중심으로 지역 특성이 검토되었다. 한편, 계획수립 시 사업의 구체적 내용과 직접적 관련성이 떨어지는 키워드가 빈번하게 등장하는 경우(예를 들어 지자체 전략체계 구성에 활용된 주요 키워드나 환경진단 결과에 대한 반복 등)에는 환경진단 결과와 계획수립 내용 간의 관계를 검토하는 것에 제약이 따를 수 있다.

　b. 제4기와 제5기 간의 변화

제4기 계획과 제5기 계획의 작성 방식에 따른 변화(지역사회보장조사의 기술이나 통계치 변화에 대한 기술 등)에 따라 환경진단의 내용과 계획수립의 주요 내용이 다르게 기술되는 경향이 있다. 다만 제5기 계획에서는 지역사회보장조사에 대한 단순 기술 내용이 제외되어 지역의 변화 중심으로 기술하는 방식이 강조되었다. 그러나 계획수립 영역에서는 각 영역의 사업 내용 및 근거를 제시하기 때문에 해당 지역에서 강조되는 주요 쟁점이 명확하기 드러나지 못하는 한계를 가진다.

마. 광주

1) 영역별 주요 키워드의 빈도 분석 결과(〈부록 표 5〉 참고)

제4기 지역사회보장계획의 환경진단 영역에서 언급된 주요 키워드로는 "서비스", "필요", "지원", "가구", "돌봄", "노인" 등이 있으며, 계획수립 영역에서 언급된 주요 키워드로는 "필요", "지원", "서비스", "노인", "문화", "장애인" 등이 있는 것으로 나타났다. 특히 계획수립 영역에서는 세부사업별 선정 이유에 환경진단의 요약 정보가 포함되어 각 키워드의 우선순위가 유사하게 나타난 것으로 이해된다.

한편, 제5기 환경진단 영역에서는 "지원", "돌봄", "노인" 등에 대한 키워드의 우선순위가 높게 나타났으며, 계획수립 영역에서는 "돌봄", "지원", "노인", "청소년" 등의 키워드 출현 빈도가 높게 나타났다. 제4기 계획수립 영역과 마찬가지로 세부사업에 대한 선정 사유에 각 환경진단 내용이 요약되어 영역별 주요 키워드의 우선순위가 유사하게 나타난 특성을 보인다.

2) 영역별 주요 키워드의 상대적 중요도

각 영역에서 주요 키워드의 상대적 중요도를 살펴보면, 제4기 환경진단 영역에서는 지역사회보장조사 결과와 관련된 키워드가 상대적으로 중요하게 다루어졌다. 조사 결과를 기술할 때 영역별, 대상별 결과를 설명하고, 이를 중심으로 환경진단이 이루어졌음을 알 수 있다. 한편, 제4기 계획수립 영역에서는 "공동체" 키워드의 상대적 중요도가 높게 나타났다. 제4기 계획에서는 광주 공동체의 회복과 광주정신의 계승 등이 강조된 특징을 보인다. 그 외에 소외와 차별 없는 공동체 조성, 광주형 일자리 창출 등과 관련된 키워드의 중요도가 상대적으로 높게 나타났다.

제5기 환경진단 영역에서는 지역 내 인구집단의 특성에 대한 기술을 통하여 외국인 인구, 수급자 및 차상위 계층의 비율 비교 등을 제시하였으며, 이에 따라 관련 키워드의 상대적 중요도가 높게 나타났다. 한편 제5기 계획수립 영역에서는 여러 정책 영역에서의 건강한 환경 조성 및 건강증진 관련 사업 등의 내용이 중요하게 다루어졌다. 또한 지역 내 공동체를 활용한 돌봄 기능 강화, 포용적 지역사회 실현 등의 필요성을 강조하였다.

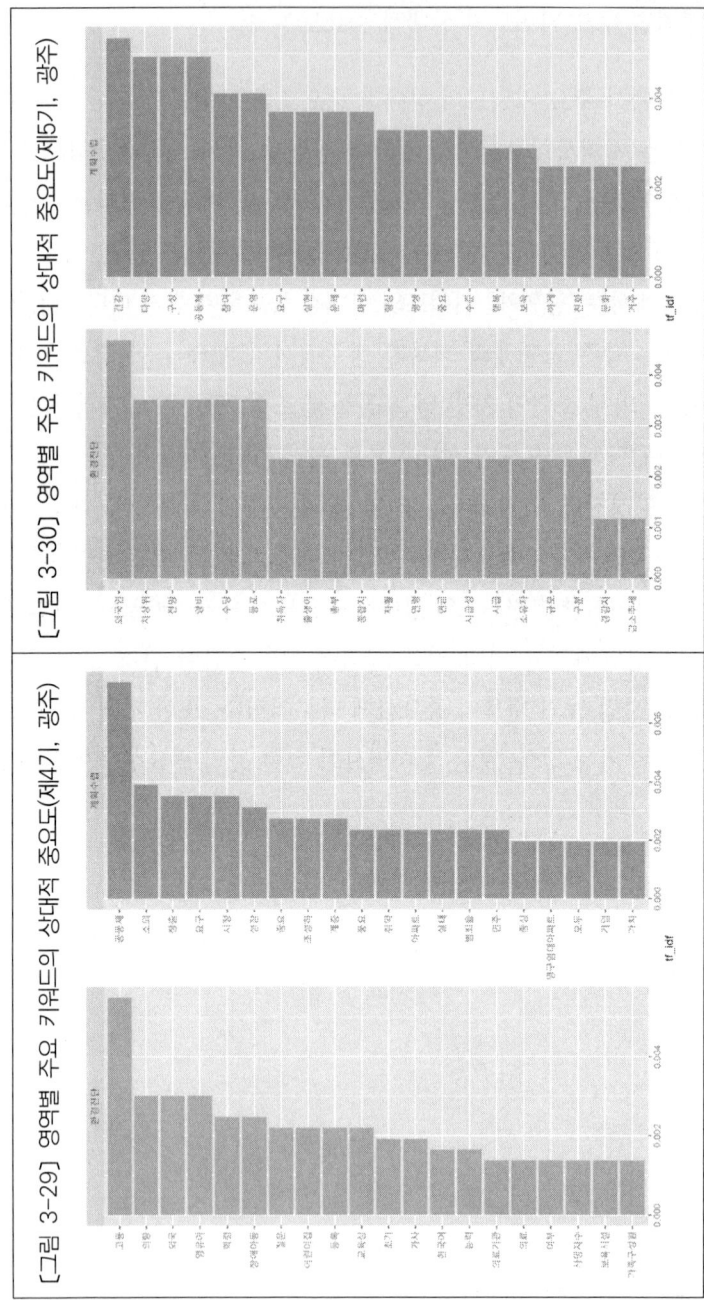

[그림 3-29] 영역별 주요 키워드의 상대적 중요도(제4기, 광주)

[그림 3-30] 영역별 주요 키워드의 상대적 중요도(제5기, 광주)

출처: 저자 작성

3) 주요 키워드의 상관관계(〈부록 표 22〉 참고)

제4기 환경진단 영역에서는 지자체 및 중앙정부의 사업 운영과 관련된 키워드 간의 상관관계가 높게 나타났다. 또한 장애인 및 노인에 대한 의료체계 마련, 자녀양육 가족 관계에 대한 진단 및 지원, 지역주민의 정착 환경 지원 등에 대한 키워드들의 연관성이 높은 것으로 나타났다. 제4기 계획수립 영역에서는 취약계층에 대한 지원과 여러 영역에서의 지역사회보장 환경 조성 관련 키워드의 상관관계가 높게 나타났다. 또한 아동돌봄 관련 지원의 필요성, 취약계층에 대한 주거 및 안전 지원 등의 키워드들이 강조되었다.

제5기 환경진단 영역에서는 외국인 인구의 변화, 수급자의 현황, 장애인·노인·소외계층 등에 대한 돌봄 지원 관련 키워드의 상관관계가 높게 나타났다. 한편, 제5기 계획수립 영역에서는 청년 등에 대한 주거 지원, 관련 인프라의 확충, 대상별 교육 서비스의 확대, 소외계층에 대한 지원 등 주요 쟁점별 키워드 간의 상관관계가 높게 나타났다.

88 지역사회 변화와 지역사회보장정책의 연관성 진단

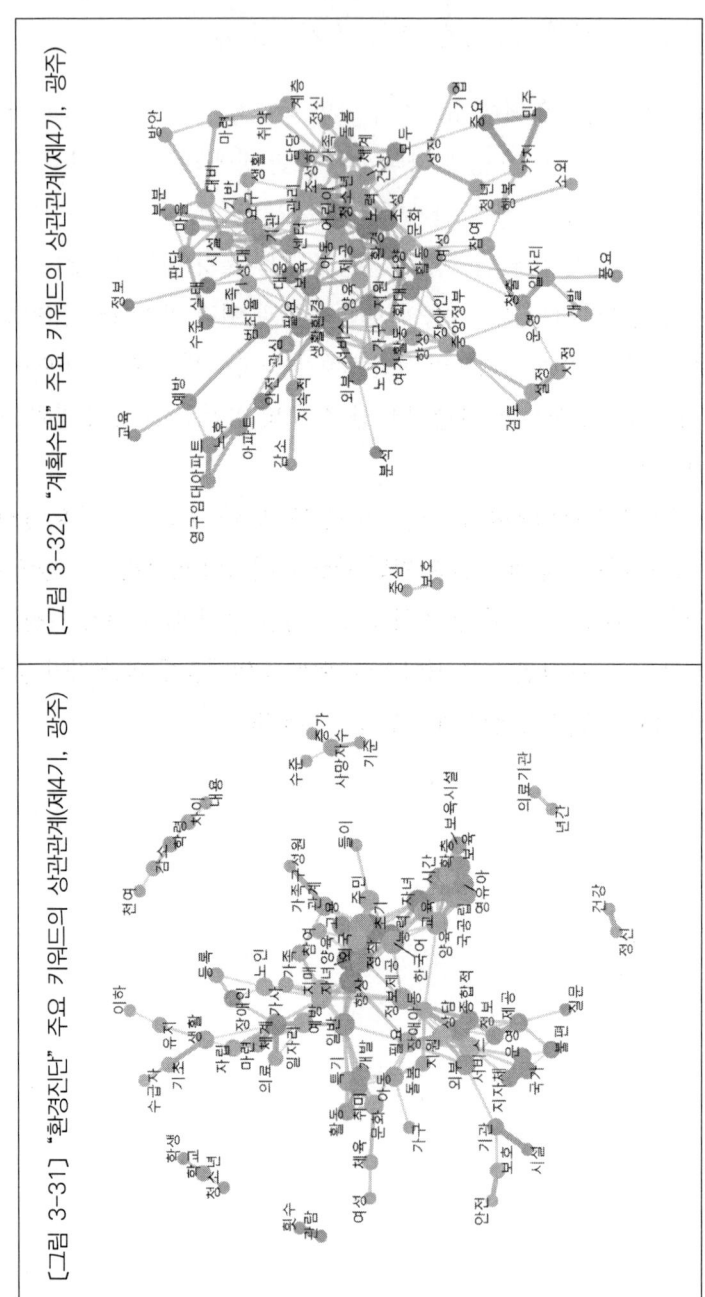

[그림 3-32] "계획수립" 주요 키워드의 상관관계(제4기, 광주)

[그림 3-31] "환경진단" 주요 키워드의 상관관계(제4기, 광주)

출처: 저자 작성

제3장 지역사회 변화와 지역사회보장정책 연관성 진단 89

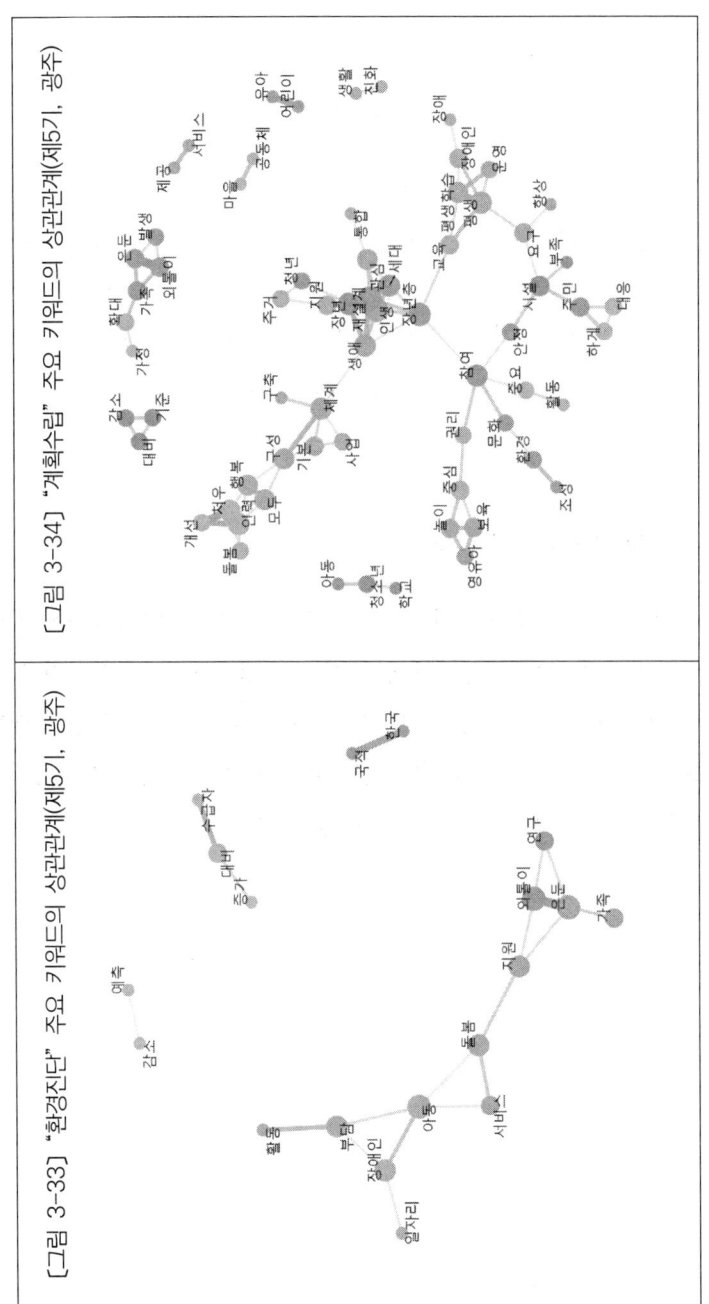

[그림 3-34] "계획수립" 주요 키워드의 상관관계(제5기, 광주)

[그림 3-33] "환경진단" 주요 키워드의 상관관계(제5기, 광주)

출처: 저자 작성

4) 결과 요약

　a. 환경진단과 계획수립 내용 간의 관계

　환경진단의 주요 분석 결과를 바탕으로 계획수립 내 전략의 배경과 세부사업 선정 사유가 작성되는 경우, 두 영역에서의 주요 키워드 우선순위가 유사하게 나타나는 양상을 보인다. 다만 인구 특성에 대한 일반적 기술(예를 들어 외국인 인구의 변화 등) 중심의 환경을 진단하게 될 경우에 특정 인구 대상에 대한 중요도가 계획 내용의 비중과 다르게 반영될 가능성이 있다.

　b. 제4기와 제5기 간의 변화

　제4기 계획과 제5기 환경진단과 계획수립 내용을 비교하였을 때, 지역사회보장과 관련된 주요 쟁점이나 정책 대상이 유사하게 설정된 것을 알 수 있다. 한편, 제5기에서는 1인 가구에 대한 지원이나 청년 인구에 대한 지원 강화 등이 반영되어 이에 대한 현황 분석과 사업 설정 등이 제4기와 다르게 중요하게 다루어지고 있다는 특징을 보인다.

바. 대전

1) 영역별 주요 키워드의 빈도 분석 결과(〈부록 표 6〉 참고)

제4기 지역사회보장계획의 환경진단 영역에서 언급된 주요 키워드로는 "돌봄", "서비스", "아동", "장애인", "기초" 등이 있으며, 계획수립 영역에서 언급된 주요 키워드로는 "지원", "사업", "장애인", "돌봄", "서비스" 등이 있는 것으로 나타났다. 환경진단 영역에서는 지역사회보장사업과 관련된 주요 이슈들에 따라 각 키워드의 등장 빈도가 높게 나타났으며, 계획수립 영역에서는 지원사업과 같이 계획을 통한 추진사항 관련 키워드가 빈번하게 나타났다. 두 영역 모두 서비스, 장애인, 아동, 돌봄 등 지역사회보장계획에서 중요하게 다루어지는 키워드들의 빈도가 높게 나타났다.

한편, 제5기 환경진단 영역에서는 "지원", "돌봄", "노인", "장애인" 등의 키워드의 빈도가 높게 나타났으며, 제5기 계획수립 영역에서는 "돌봄", "지원", "노인", "청소년" 등의 키워드의 등장 빈도가 높게 나타났다. 환경진단 영역에서는 지역 내 인구 및 주요 지표의 변화를 통하여 지역사회를 진단하여 증가, 감소, 대비 등의 키워드 출현 빈도가 높게 나타났다. 제5기 환경진단 영역과 계획수립 영역에서는 해당 지역의 지역사회보장 관련 주요 이슈와 대상을 중심으로 내용이 작성되었다는 점에서 공통점을 가진다.

2) 영역별 주요 키워드의 상대적 중요도

　영역별 주요 키워드의 상대적 중요도를 살펴보면, 제4기 환경진단 영역에서는 "기초", "수급자", "기준", "부양비" 등과 같이 지역사회보장 대상과 관련된 키워드가 상대적으로 중요하게 다루어졌다. 이는 지역별 주요 복지지표를 바탕으로 환경을 진단한 결과를 반영한 것이라 볼 수 있다. 한편, 제4기 계획수립 영역에서는 "운영", "비전", "모니터링" 등의 키워드가 중요하게 언급되었다. 이는 계획수립 영역에서 주요 전략별 비전을 설정하고 있는 특성을 반영한 것이라 볼 수 있으며, 각 전략마다 시민모니터링단 등 시민참여에 대한 사항을 강조한 특성이 반영된 것이다.

　제5기 환경진단 영역에서는 "기준", "부족", "공공시설", "치매" 등과 같이 지역 내에서 필요한 인프라와 관련된 키워드가 상대적으로 중요한 것으로 나타났다. 이는 지역사회보장조사에서 지역 내 관련 인프라 부족에 대한 사항을 조사하여 계획의 핵심과제를 도출한 과정이 반영된 것이다. 한편, 제5기 계획수립 영역에서는 "운영", "실시", "지속가능", "든든", "프로그램" 등과 같이 추진하고자 하는 주요 사업의 내용과 각 추진전략에서 강조하고자 하는 바에 대한 키워드가 중요하게 다루어졌다. 제5기 계획에서 추진될 예정인 사업에 대한 설명, 환경진단을 통하여 필요성이 강조된 지원 내용 등이 계획수립 영역에 포함된 특성을 반영한 것이다. 그 밖에 '든든한 돌봄 도시', '지속가능한 경제활동 도시'와 같이 각 전략에서 강조하고 있는 비전과 관련된 키워드가 상대적 중요도가 높은 것으로 나타났다.

제3장 지역사회 변화와 지역사회보장정책 연관성 진단 93

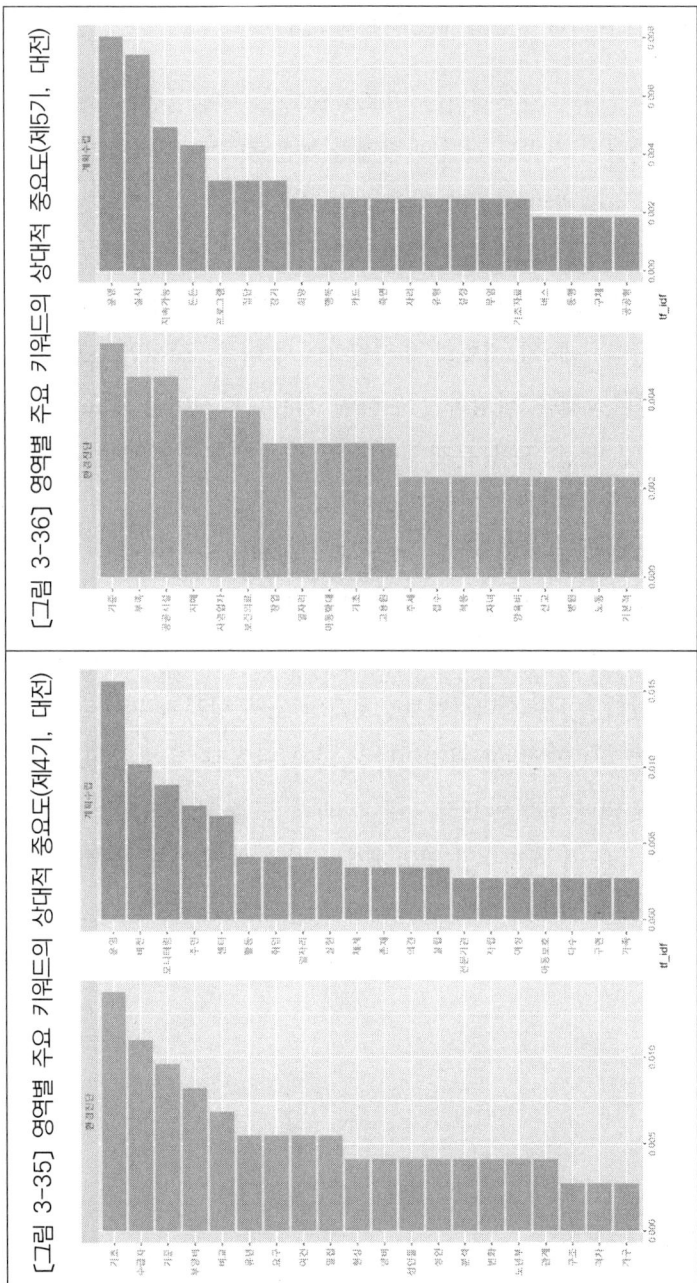

[그림 3-35] 영역별 주요 키워드의 상대적 중요도(제4기, 대전)

[그림 3-36] 영역별 주요 키워드의 상대적 중요도(제5기, 대전)

출처: 저자 작성

3) 주요 키워드의 상관관계(〈부록 표 23〉 참고)

제4기 환경진단 영역에서는 기초생활보장, 아동돌봄, 발달장애 관련 서비스와 관련된 키워드 간 상관관계가 높은 것으로 나타났다. 이는 지역사회보장조사 결과의 문항에 기반을 둔 환경진단 결과가 반영된 것이다. 한편 계획수립 영역에서는 커뮤니티케어, 취약계층 등과 같은 키워드와 함께 지원, 서비스, 필요, 운영 등에 대한 키워드 간 상관관계가 높은 것으로 나타났다. 제4기 계획의 추진전략에서 아동, 장애인, 노인 등 돌봄 대상에 대한 정책을 설명하기 위하여 커뮤니티케어를 강조하고 있다. 또한 건강 및 안전, 고용 문제 등에서의 취약계층 지원의 필요성을 제시하고 있다. 그 외에도 각 전략의 중점 운영 사업에 대한 설명이 제시되어 지원사업 운영과 관련된 키워드가 높은 상관관계를 보였다.

제5기 환경진단 영역에서는 문화·체육·예술, 주거여건·신혼부부, 아동·장애인·노인·돌봄, 지원·체계·구축 등의 키워드 간 상관관계가 높은 것으로 나타났다. 이는 지역사회보장계획의 조사 항목과 관련된 내용으로, 조사 결과를 바탕으로 한 환경진단 결과가 반영된 것이다. 또한 각 조사 결과마다 지역에서의 인프라 수준과 과제 도출 내용 등이 반영된 결과이다. 한편, 제5기 계획수립 영역에서는 정주 여건 개선, 문화·평생교육, 건강·안전 등의 키워드 간 상관관계가 높은 것으로 나타났다.

제3장 지역사회 변화와 지역사회보장정책 연관성 진단 95

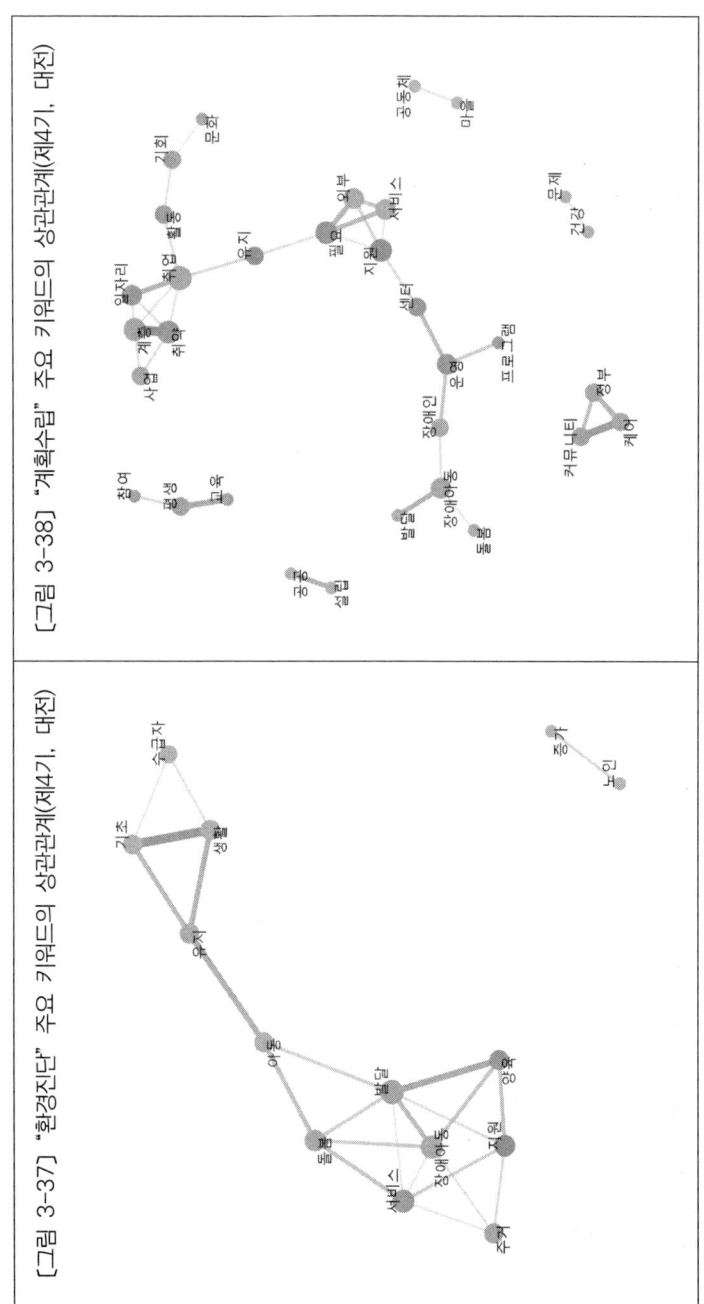

[그림 3-37] "환경진단" 주요 키워드의 상관관계(제4기, 대전)

[그림 3-38] "계획수립" 주요 키워드의 상관관계(제4기, 대전)

출처: 저자 작성

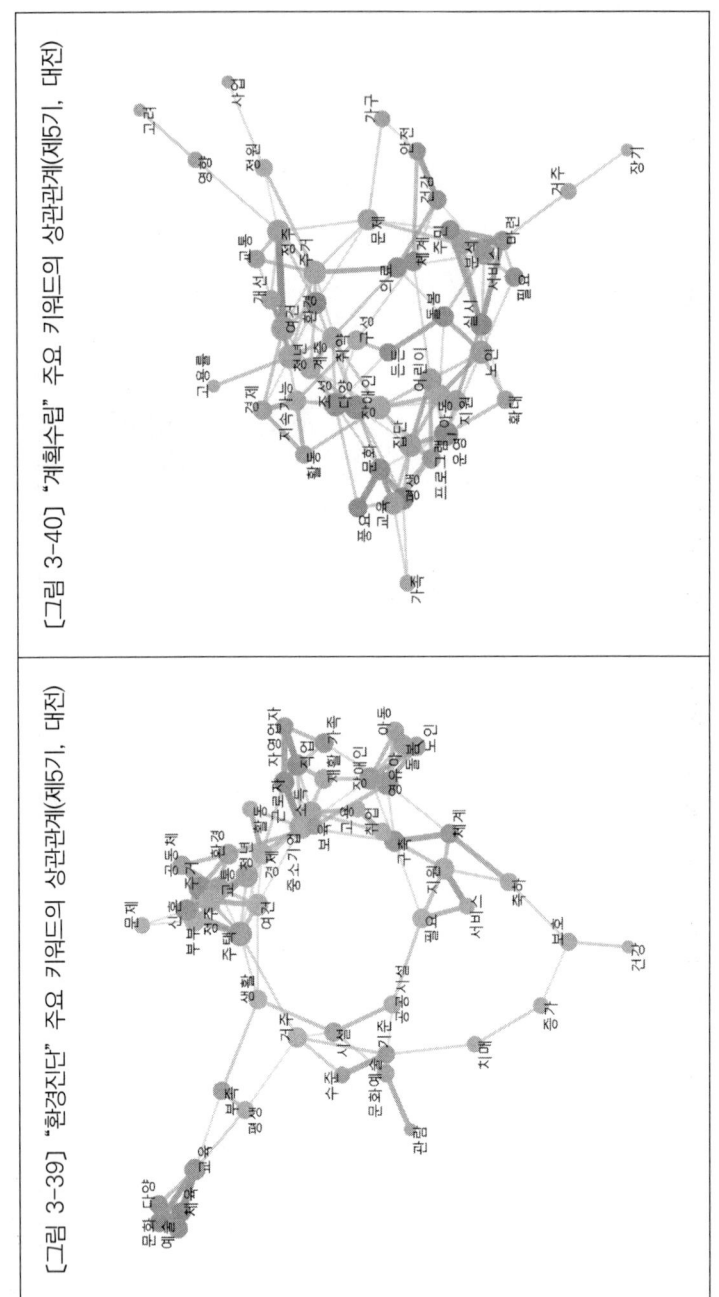

[그림 3-39] "환경진단" 주요 키워드의 상관관계(제5기, 대전)

[그림 3-40] "계획수립" 주요 키워드의 상관관계(제5기, 대전)

출처: 저자 작성

4) 결과 요약

　a. 환경진단과 계획수립 내용 간의 관계

환경진단의 결과를 요약하고 각 추진전략의 설정 사유를 작성할 때 지역사회보장조사 결과를 활용하는 경우에 영역 내 키워드의 빈도가 유사하게 나타나는 양상을 보인다. 한편, 계획수립 영역에서는 지역사회보장조사에 대한 기술 외에도 해당 지역에서 추진하고자 하는 주요 정책의 내용(예. 커뮤니티케어)과 쟁점 사항(예. 청년 정책 및 주거정책 등) 등이 추가적으로 반영되는 특성을 보인다.

　b. 제4기와 제5기 간의 변화

제4기 계획과 제5기 환경진단과 계획수립 내용을 비교하였을 때, 제4기 계획에서는 돌봄 대상에 대한 지원과 각 영역의 모니터링 강화가 강조된 특성을 보인다. 한편, 제5기에서는 제4기에 비하여 더 넓은 영역에서의 지역사회보장정책의 수요를 조사·기술하였으며, 그에 따라 정주 여건 개선, 문화 인프라 확대, 경제활동 지원 등의 내용이 중요하게 제시된 특성을 보인다.

사. 울산

1) 영역별 주요 키워드의 빈도 분석 결과(〈부록 표 7〉 참고)

제4기 지역사회보장계획 환경진단 영역에서 언급된 주요 키워드로는 "서비스", "필요", "돌봄", "지원", "아동" 등이 있으며, 계획수립 영역에서 언급된 주요 키워드로는 "지원", "계층", "취약", "건강", "사업" 등이 있는 것으로 나타났다. 환경진단 영역에서는 지역사회보장 관련 이슈에 대한 키워드의 등장 빈도가 높게 나타났다. 이와 유사한 맥락에서 계획수립 영역에서는 지역사회보장 이슈에 따른 주요 지원 내용에 대한 키워드의 등장 빈도가 높게 나타났다.

한편, 제5기 환경진단 영역에서는 "돌봄", "아동", "장애인", "서비스", "노인" 등의 키워드의 등장 빈도가 높게 나타났으며, 제5기 계획수립 영역에서는 "서비스", "필요", "다양", "문제", "변화" 등의 키워드의 등장 빈도가 높게 나타났다. 환경진단 영역에서는 지역사회보장조사의 결과를 통하여 지역 특성을 설명하였다는 점에서 관련 키워드의 등장 빈도가 높게 나타났다. 계획수립 영역에서는 각 영역의 서비스 및 지원에 대한 수요를 설명하고 있으며, 지역사회 문제의 다양화 외에도 정책 수요의 다변화 등을 설명하고 있다.

2) 영역별 주요 키워드의 상대적 중요도

영역별 주요 키워드의 상대적 중요도를 살펴보면, 제4기 환경진단 영역에서는 "수급자", "면적", "진행", "종합적" 등과 같이 주요 지역사회보장 대상과 관련된 키워드가 상대적으로 중요하게 다루어졌다. 이는 지역의 일반 현황에 대한 기술과 지역사회보장조사의 결과를 기술한 것이 반영된 결과이다. 한편, 제4기 계획수립 영역에서는 "조성", "전문", "일자리" 등의 키워드가 중요하게 언급되었다. 이는 관련 기반 조성과 전문성 강화를 강조한 계획의 내용이 반영된 것이다.

제5기 환경진단 영역에서는 "영유아", "독거", "정신" 등과 같이 주요 정책 대상에 대한 내용과 "증가", "감소" 등과 같이 조사 결과에 대한 기술 관련 키워드의 상대적 중요도가 높게 나타났다. 제5기 계획분석 영역에서는 "통합", "중장기" 등의 키워드와 "여가", "실행" 관련 키워드의 상대적 중요도가 높게 나타났다. 이는 중장기 관점에서의 각종 정책의 통합성을 강조한 내용이 반영된 것이다. 또한 문화여가 정책에 대한 내용과 주무 부처와의 협업을 통한 모니터링 등을 강조한 결과라 볼 수 있다.

100 지역사회 변화와 지역사회보장정책의 연관성 진단

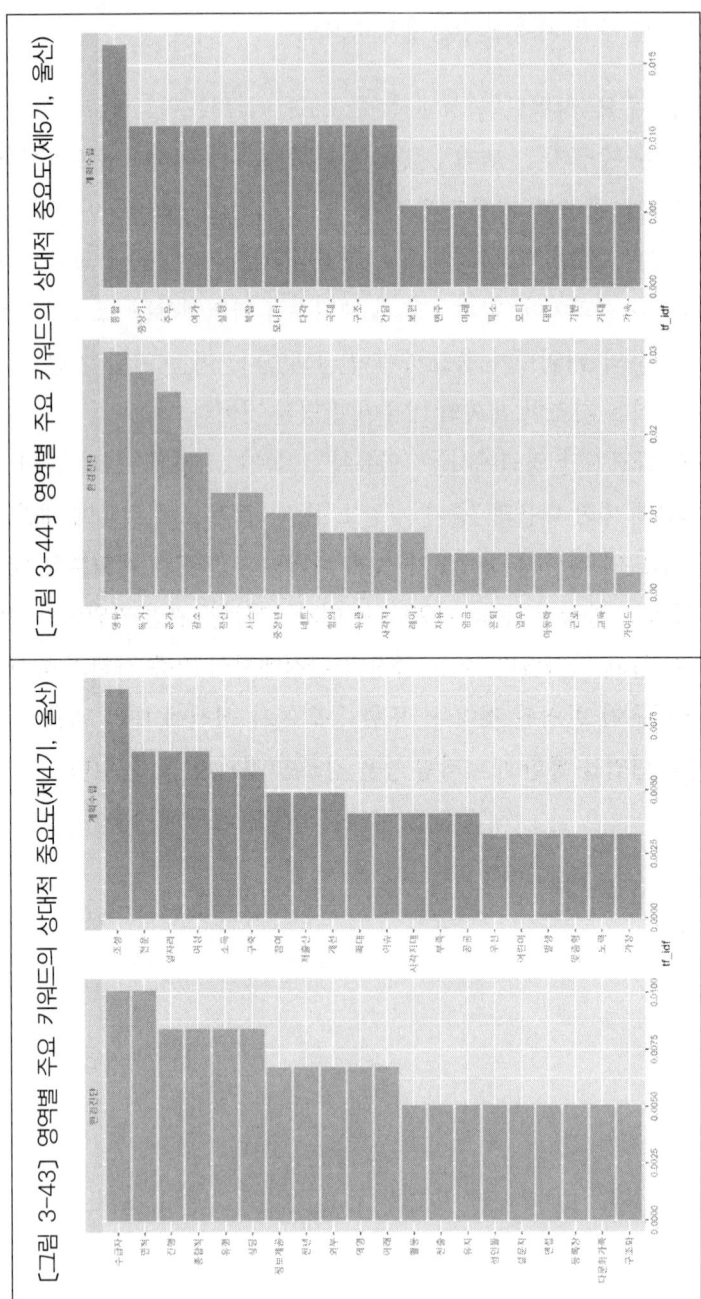

[그림 3-43] 영역별 주요 키워드의 상대적 중요도(제4기, 울산)

[그림 3-44] 영역별 주요 키워드의 상대적 중요도(제5기, 울산)

출처: 저자 작성

3) 주요 키워드의 상관관계(〈부록 표 24〉 참고)

제4기 환경진단 영역에서는 종합적 상담 서비스, 아동 돌봄, 문화여가 지원 관련 키워드 간의 상관관계가 높은 것으로 나타났다. 이러한 내용은 지역사회보장조사의 문항 기술에 기반을 둔 환경진단 결과를 반영한 것이다. 한편 계획수립 영역에서는 취약계층, 돌봄 사각지대 등과 관련된 키워드의 상관관계가 높은 것으로 나타났다. 이는 각 추진전략의 취약계층 설정 내용을 반영하였다고 볼 수 있다.

제5기 환경진단 영역에서는 정보획득, 선택 및 개선 등과 같이 지역사회보장조사 문항과 관련된 키워드의 상관관계가 높게 나타났다. 제5기 계획수립 영역에서는 외국인 인구의 변화, 장애인·아동·노인 돌봄 등과 관련된 키워드의 상관관계가 높게 나타났다. 특히 계획수립 내용에서 외국인 노동자의 유입에 대응하기 위한 사회적 통합과 경제적 지원 등에 대한 내용이 강조되었다는 특성을 보인다.

102 지역사회 변화와 지역사회보장정책의 연관성 진단

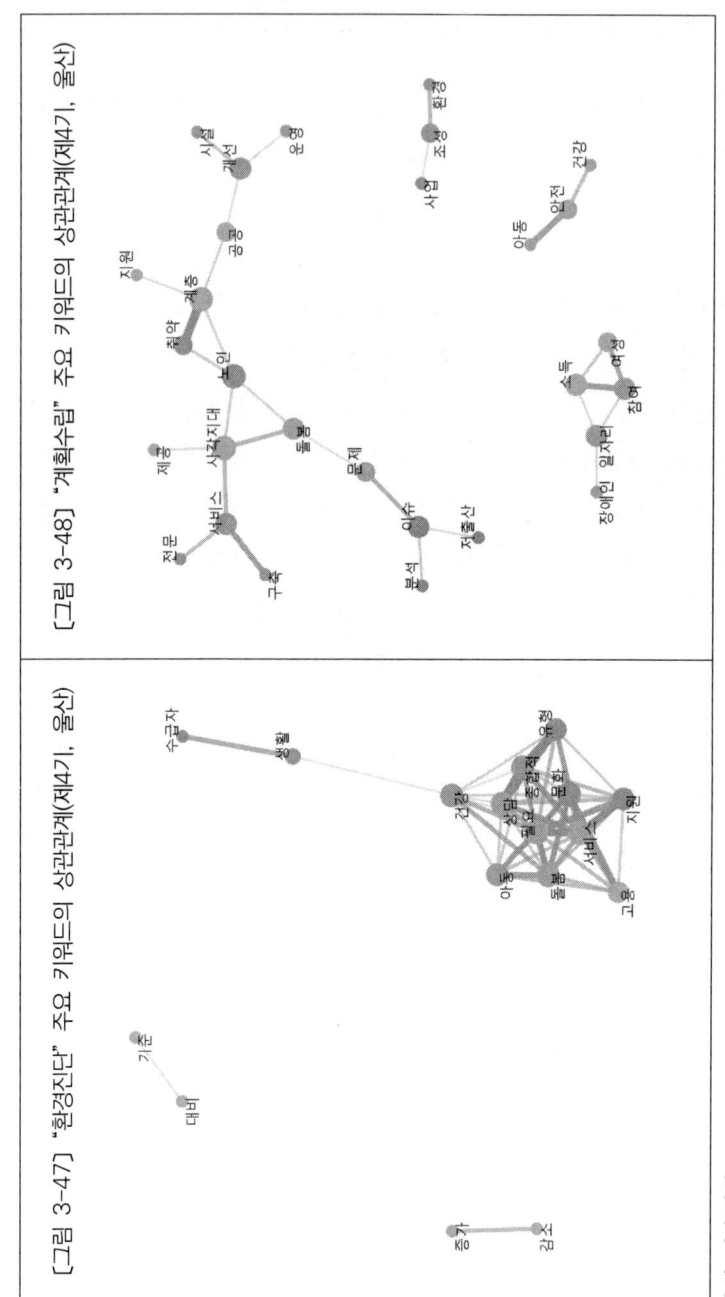

[그림 3-47] "환경진단" 주요 키워드의 상관관계(제4기, 울산)

[그림 3-48] "계획수립" 주요 키워드의 상관관계(제4기, 울산)

출처: 저자 작성

제3장 지역사회 변화와 지역사회보장정책 연관성 진단 103

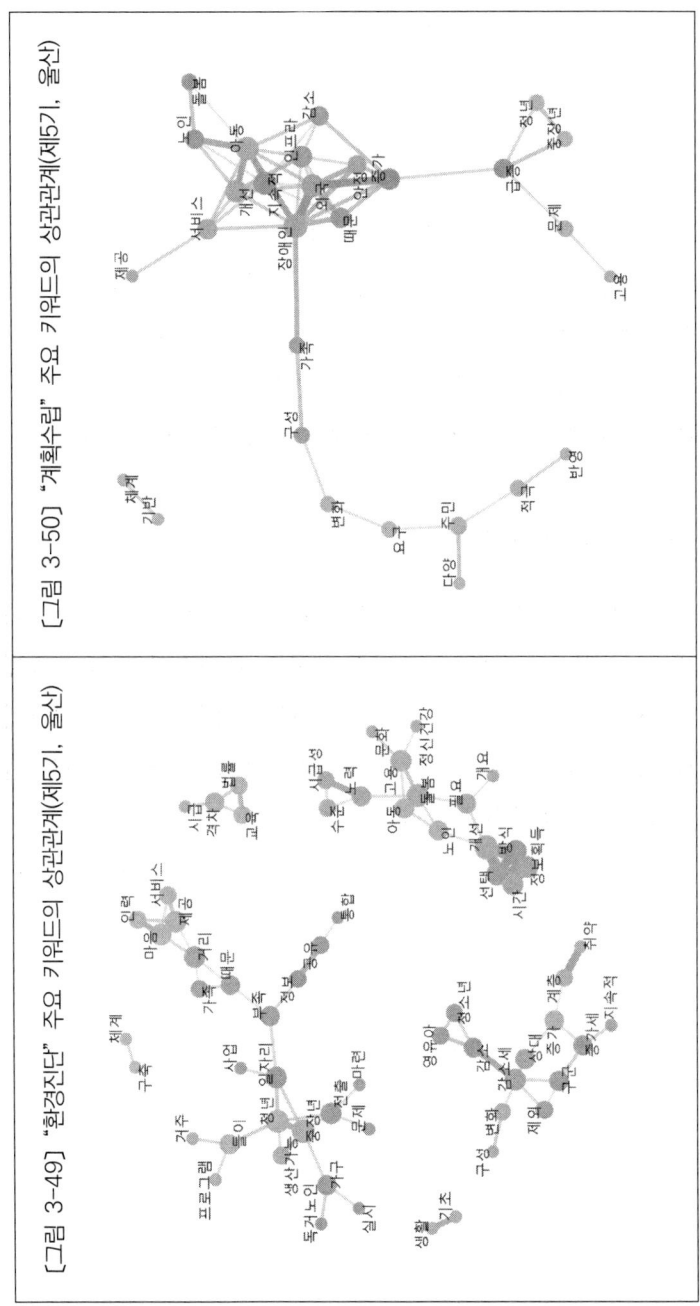

[그림 3-49] "환경진단" 주요 키워드의 상관관계(제5기, 울산)

[그림 3-50] "계획수립" 주요 키워드의 상관관계(제5기, 울산)

출처: 저자 작성

4) 결과 요약

  a. 환경진단과 계획수립 내용 간의 관계

환경진단의 결과를 설명할 때 지역사회보장조사 결과의 기술이 강조될 경우에는 그와 관련된 키워드 및 문장이 강조되는 경향을 보인다. 한편, 계획수립 내용에서는 지역 내 주요 쟁점과 정책 수요, 정책추진 방향에 대한 설명이 주된 내용이기 때문에 영역별 키워드의 유사성이 상대적으로 떨어지는 것으로 확인되었다. 특히 계획수립 영역에서 지역사회 진단 결과와 관련성이 떨어지는 사항을 강조할 경우가 확인되고 있다.

  b. 제4기와 제5기 간의 변화

제4기 계획과 제5기 환경진단과 계획수립 내용을 비교하였을 때, 제4기 계획에 비하여 제5기 계획의 환경진단 내용과 계획수립 영역이 확대된 특성을 보인다. 특히 지역사회보장조사 결과를 기술한 내용이 제5기에 들어 상대적으로 줄어들어 조사 결과 외의 사항들이 전략 배경을 기술하는 영역에서 작성된 특성을 보인다.

아. 세종

1) 영역별 주요 키워드의 빈도 분석 결과(〈부록 표 8〉 참고)

제4기 지역사회보장계획 환경진단 영역에서 언급된 주요 키워드로는 "필요", "돌봄", "지원", "서비스", "운영" 등이 있으며, 계획수립 영역에서 언급된 주요 키워드로는 "사업", "행복", "돌봄", "문화", "공동체" 등이 있는 것으로 나타났다. 환경진단 영역에서는 추진전략에 대한 설명 내용을 다수 포함하고 있어 제4기 계획에서 추진하고자 하는 내용과 그 키워드의 등장 빈도가 높다는 특징을 가진다. 한편 제4기 계획수립 영역에서는 계획을 통하여 추진하고자 하는 사업 내용 외에도 비전에 대한 설명(예. 행복한 세종)이 반복되어 나타난 특성을 보인다.

제5기 환경진단 영역에서는 "가구", "필요", "서비스", "읍면", "돌봄" 등의 키워드의 등장 빈도가 높게 나타났으며, 제5기 계획수립 영역에서는 "지원", "사업", "문화", "교육", "돌봄" 등의 키워드의 등장 빈도가 높게 나타났다. 먼저, 환경진단 영역에서는 지역사회보장조사에 대한 대상별·지역별 비교, 주요 조사 내용에 포함되는 키워드가 빈번하게 등장하였다. 반면에 제5기 계획영역에서는 본 계획에서 추진하고자 하는 주요 사업에 대한 설명과 관련된 키워드의 등장 빈도수가 높았다.

2) 영역별 주요 키워드의 상대적 중요도

영역별 주요 키워드의 상대적 중요도를 살펴보면, 제4기 환경진단 영역에서는 지역사회보장 관련 인프라의 확충과 관련된 키워드의 상대적 중요도가 높게 나타났다. 한편, 제4기 계획수립 영역에서는 전략 수립의 배경에 대한 설명(연구진 회의 등)과 지역균형 및 지속가능한 도시 등과 관련된 키워드의 상대적 중요도가 높게 나타났다.

제5기 환경진단 영역에서는 주요 집단에 대해 비교(대상별 규모, 지역 규모별 차이, 상대적 비교 등)하는 내용의 중요도가 높게 나타났다. 이는 지역사회보장조사 결과에 대한 집단 비교나 주요 정책 대상의 규모 변화 등에 대한 기술을 반영한 것으로 볼 수 있다. 제5기 계획수립 영역에서는 "문화"에 대한 상대적 중요도가 높게 나타났다. 이는 다문화 가구에 대한 지원, 교육·문화 복지의 영역에서의 각종 사업 및 인프라 구축과 관련된 사항이 강조된 점을 반영한 것이다.

제3장 지역사회 변화와 지역사회보장정책 연관성 진단 107

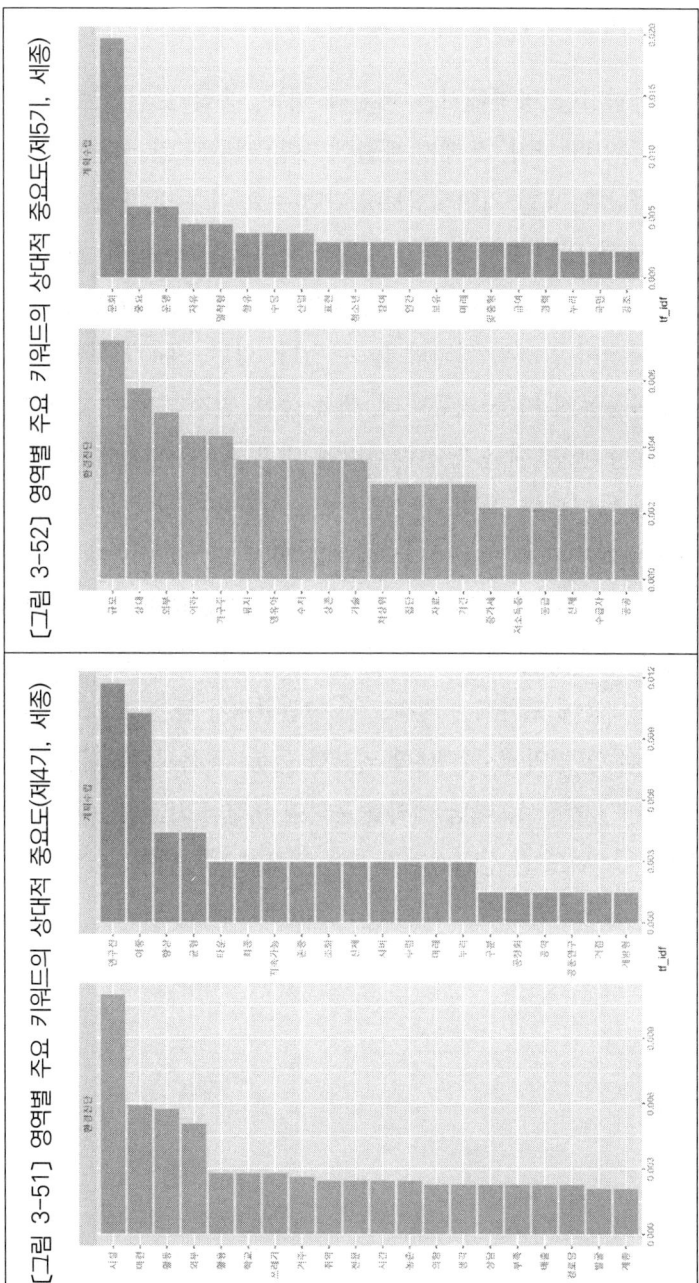

[그림 3-51] 영역별 주요 키워드의 상대적 중요도(제4기, 세종)

[그림 3-52] 영역별 주요 키워드의 상대적 중요도(제5기, 세종)

출처: 저자 작성

3) 주요 키워드의 상관관계(〈부록 표 25〉 참고)

　제4기 환경진단 영역에서는 폐기물·영농, 응급·보건의료, 공동육아 나눔터, 전문인력 파견, 쓰레기 배출에 대한 키워드 간 상관관계가 높은 것으로 나타났다. 또한 지역사회보장 관련 주요 이슈 및 대상에 대한 논의 외에도 다양한 영역에서의 환경진단이 이루어졌다. 특히 읍면 지역의 환경 문제나 동 지역의 공기오염관리 등에 대한 이슈가 환경진단에서 다루어진 특징이 반영된 결과라 볼 수 있다. 한편, 제4기 계획수립 영역에서는 돌봄공동체·마을·커뮤니티, 행복 중심, 일자리 확대, 기초생활 등 지역사회보장 관련 내용과 전략체계에 대한 내용 관련 키워드의 상관관계가 높게 나타났다. 특히 지역공동체 활성화를 통한 돌봄 문제 대응에 대한 내용이 강조된 측면이 반영되었다고 볼 수 있다.

　제5기 환경진단 영역에서는 경제활동, 노인에 대한 일상 건강관리, 취약계층 등 기초생활 지원, 아동 돌봄, 취업 관련 정보 제공 등 지역사회보장조사의 내용에 포함되는 키워드 간 상관관계가 높은 것으로 나타났다. 제5기 계획수립 영역에서는 생활 밀착형 돌봄, 교육·문화 지원, 청년 일자리, 주거여건 개선 등 해당 계획을 통하여 추진하고자 하는 주요 사업의 내용에 대한 키워드 간 상관관계가 높은 것으로 나타났다.

제3장 지역사회 변화와 지역사회보장정책 연관성 진단 109

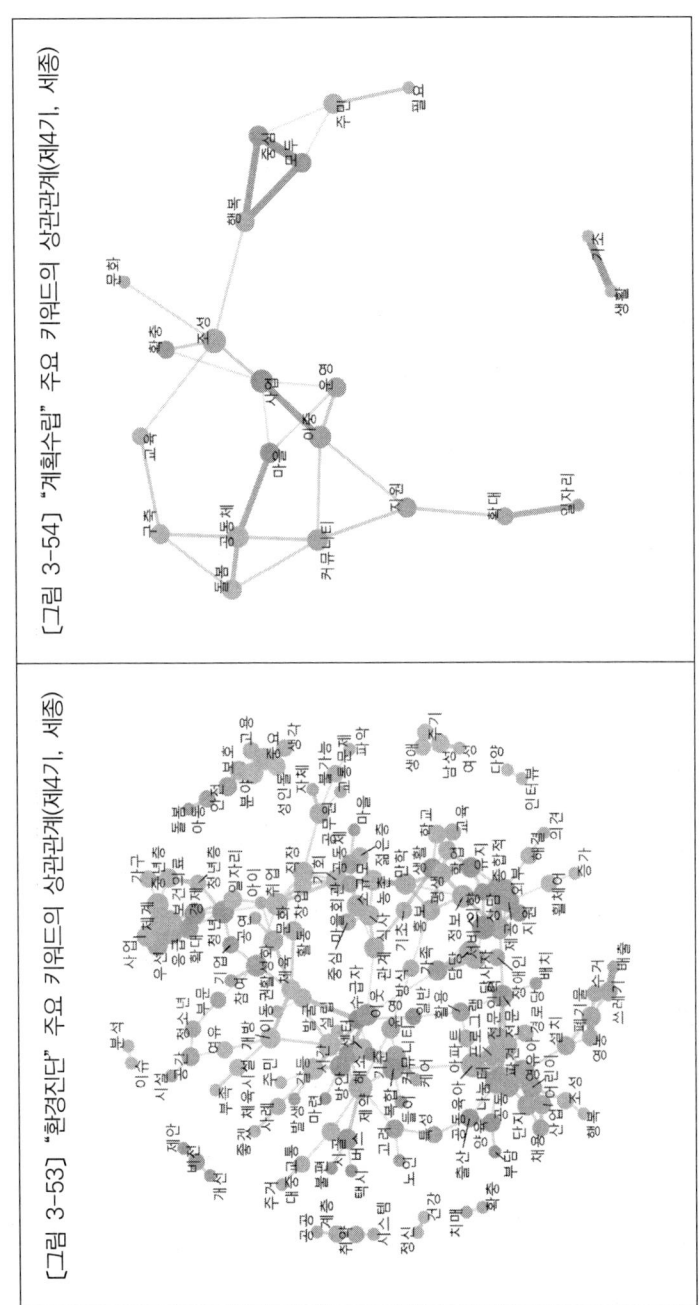

[그림 3-53] "환경진단" 주요 키워드의 상관관계(제4기, 세종)

[그림 3-54] "계획수립" 주요 키워드의 상관관계(제4기, 세종)

출처: 저자 작성

110 지역사회 변화와 지역사회보장정책의 연관성 진단

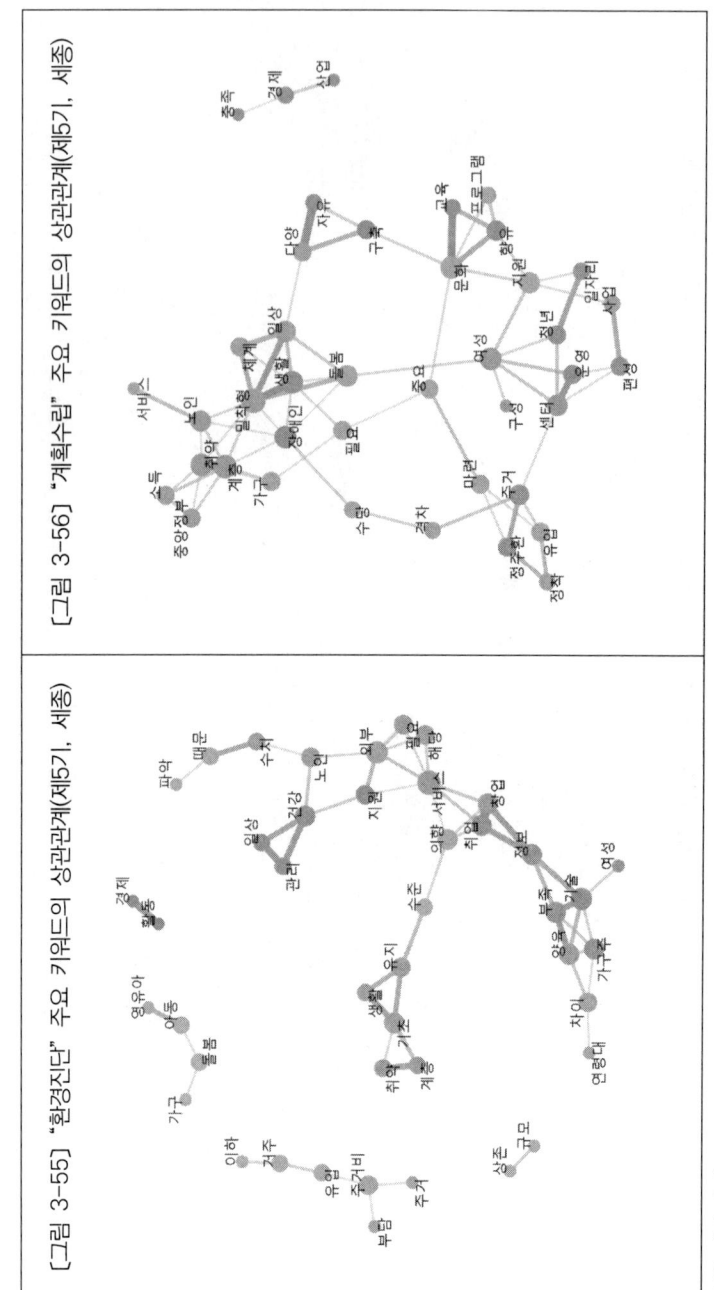

[그림 3-55] "환경진단" 주요 키워드의 상관관계(제5기, 세종)

[그림 3-56] "계획수립" 주요 키워드의 상관관계(제5기, 세종)

출처: 저자 작성

4) 결과 요약

　a. 환경진단과 계획수립 내용 간의 관계

제4기, 제5기 환경진단 영역에서 기술된 내용은 지역사회보장 영역 전반에 걸친 내용을 다루고 있는 것으로 나타났다. 특히 지역사회보장조사 등을 통하여 확인된 지역 특성에 대하여 병렬적으로 기술하는 경우에는 환경진단에서 강조될 필요가 있는 주요 사항들을 확인하는 정도라는 한계를 가진다고 볼 수 있다. 반면에 계획수립 내용에서는 실제 추진하고자 하는 사업의 내용과 주요 쟁점에 대한 내용으로 요약 기술된 측면이 강하다. 이에 따라 환경진단 내용의 기술 범위에 비하여 계획수립의 내용의 범위가 상대적으로 축소된 경향을 보인다.

　b. 제4기와 제5기 간의 변화

제4기 계획과 제5기 환경진단과 계획수립 내용을 비교하였을 때, 제4기 계획에서는 지역사회 공동체의 활성화가 강조된 반면에 제5기 계획에서는 지역 밀착형 돌봄이 강조되었다. 두 계획에서 제시된 추진전략 및 사업의 명칭에는 차이가 있으나 그 내용이나 기능의 측면에서는 큰 차이를 보이지 않는 것으로 나타났다. 한편, 제4기 계획에 비하여 제5기 계획에서는 교육·문화·여가 영역에 대한 사업의 필요성이 강조되었다는 특징을 보인다.

자. 경기

1) 영역별 주요 키워드의 빈도 분석 결과(〈부록 표 9〉 참고)

제4기 지역사회보장계획 환경진단 영역에서 언급된 주요 키워드로는 "그룹", "필요", "기준", "지원", "서비스" 등이 있으며, 계획수립 영역에서 언급된 주요 키워드로는 "서비스", "필요 , "지원", "돌봄", "확대" 등이 있는 것으로 나타났다. 환경진단 영역에서는 도내 시군을 특성에 따라 그룹을 나누었고, 그에 맞춰 각각의 특성과 정책 수요를 비교했기 때문에 관련 키워드의 등장 빈도가 높은 것으로 나타났다. 계획수립 영역에서는 계획을 통하여 추진이 필요한 서비스와 지원 등에 대한 내용을 주로 다루고 있다. 두 영역은 공통적으로 돌봄에 대한 확대 및 강화가 강조되었다.

한편, 제5기 환경진단 영역에서는 "일자리", "지원", "돌봄", "노인", "서비스", "장애인", "청년" 등의 키워드의 등장 빈도가 높게 나타났으며, 제5기 계획수립 영역에서는 "지원", "청년", "장애인", "사업", "교육", "주거" 등의 키워드의 등장 빈도가 높게 나타났다. 환경진단 영역에서는 공공일자리(장애인, 노인, 자활 등) 및 청년 일자리에 대한 논의로 인하여 관련 키워드의 등장 빈도가 높은 것으로 나타났다. 제5기 계획수립 영역에서는 청년정책과 관련된 내용이 강조되었으며, 그 외에 주거, 돌봄 등의 지원이 강조되었다.

2) 영역별 주요 키워드의 상대적 중요도

각 영역에서 주요 키워드의 상대적 중요도를 살펴보면, 제4기 환경진단 영역에서는 집단 비교와 관련된 키워드(그룹, 상대, 편차 등)들의 상대적 중요도가 높게 나타났다. 이는 환경진단 시 지역 간 특성의 차이 또는 격차에 대한 문제제기가 가지는 중요성을 반영한 결과라 볼 수 있다. 한편, 제4기 계획수립 영역에서는 "일자리" 키워드의 상대적 중요도가 높은 것으로 나타났으며, 주민이 가지는 인식과 관련된 키워드(지역 주민, 도민 등)의 중요도 또한 높게 나타났다. 이는 계획 내에서 일자리 정책을 강조한 것과 주민 인식에 대해 다방면에서 설명한 것 등에 기인한 것이라 볼 수 있다.

제5기 환경진단 영역에서는 제4기 환경진단과 마찬가지로 집단에 대한 비교와 관련된 키워드의 상대적 중요도가 높게 나타났다. 또한 현재 추진 중인 사업의 실적(정체, 몇천여 건 등)에 대한 키워드의 상대적 중요도가 높게 나타났다. 한편, 제5기 계획수립 영역에서는 "교육" 키워드의 중요도가 높게 나타났으며, 도와 시군의 역할 설정(도 차원/시군 차원)과 정책 기반 마련에 대한 필요성 등이 상대적으로 중요하게 강조되었다. 이는 교육격차 해소와 평생교육의 확대, 교육공동체 활성화 등의 정책을 제안한 특성이 반영된 결과이다.

114 지역사회 변화와 지역사회보장정책의 연관성 진단

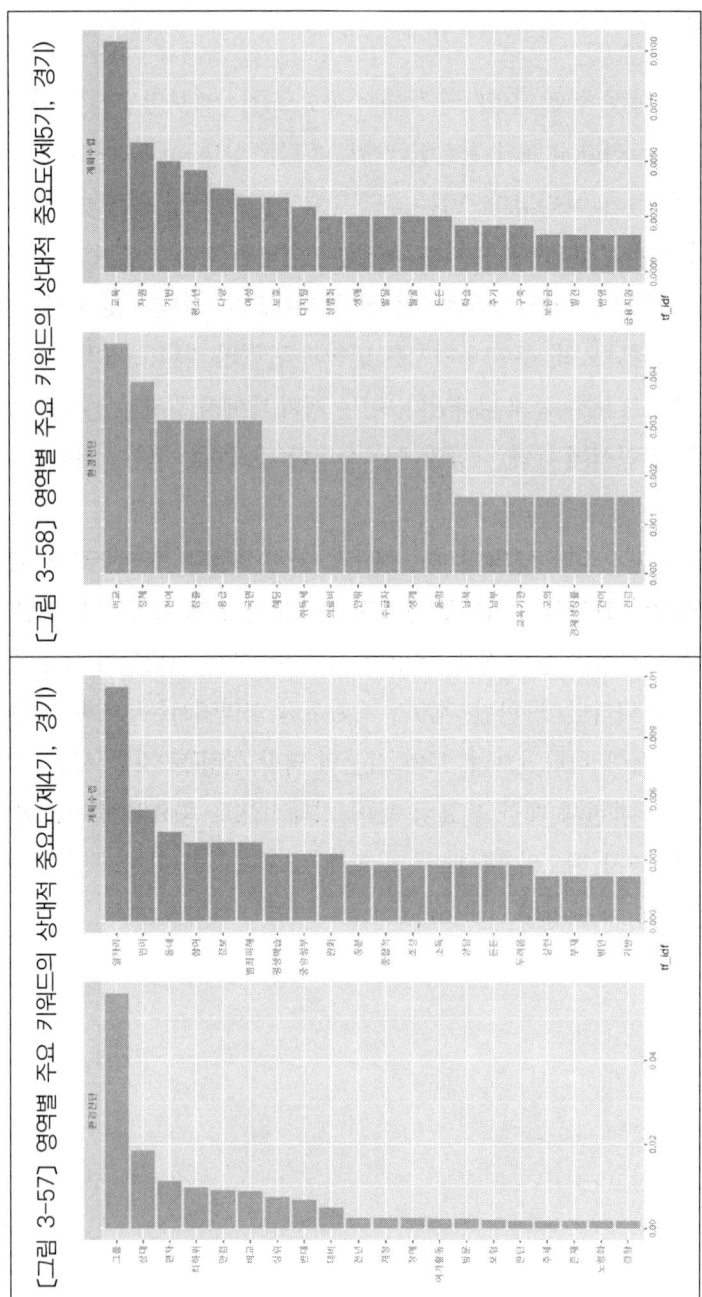

[그림 3-57] 영역별 주요 키워드의 상대적 중요도(제4기, 경기)

[그림 3-58] 영역별 주요 키워드의 상대적 중요도(제5기, 경기)

출처: 저자 작성

3) 주요 키워드의 상관관계(〈부록 표 26〉 참고)

제4기 환경진단 영역에서는 지역 간 지표 비교와 관련된 키워드(최고, 최저, 최하위 만점 등), 주요 영역별 기술 내용과 관련된 키워드(취업, 주거, 요양 등)의 상관관계가 높게 나타났다. 지역사회보장 영역과 관련된 키워드 외에도 인구 변화(노령화, 인당)와 지자체의 특성에 대한 주요 키워드의 상관관계가 높게 나타났다.

제4기 계획수립 영역에서는 아동·장애인·노인에 대한 돌봄과 건강 문제, 종합적 서비스 제공의 필요성, 주거비 부담 완화, 일자리 확대 등과 관련된 키워드의 상관관계가 높게 나타났다. 이는 추진전략별 주요 사업 내용과 유사한 특성을 보인다.

제5기 환경진단 영역에서는 주거 안정, 기초생활보장, 고용률의 정체, 돌봄 부담, 노인 및 장애인 고용 등과 관련된 키워드 간 상관관계가 높게 나타났다. 한편, 제5기 계획수립 영역에서는 주거안정, 평생교육, 일자리 참여, 기반 마련, 보호·안전 등의 키워드 간 상관관계가 높게 나타났다. 이러한 특성은 환경진단 및 계획수립을 위한 내용 요약의 구성이 계획 영역 내 추진전략별로 정리되어 있음을 반영한 것이다.

116 지역사회 변화와 지역사회보장정책의 연관성 진단

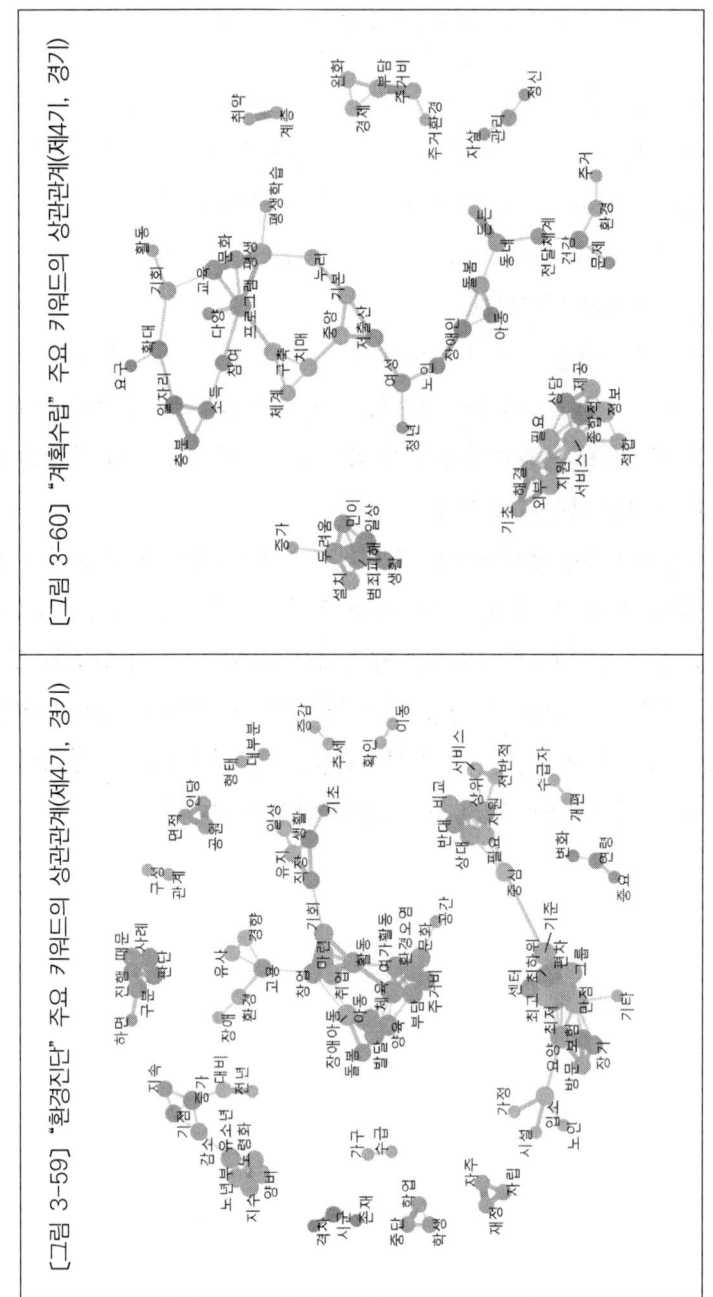

[그림 3-59] "환경진단" 주요 키워드의 상관관계(제4기, 경기)

[그림 3-60] "계획수립" 주요 키워드의 상관관계(제4기, 경기)

출처: 저자 작성

제3장 지역사회 변화와 지역사회보장정책 연관성 진단 117

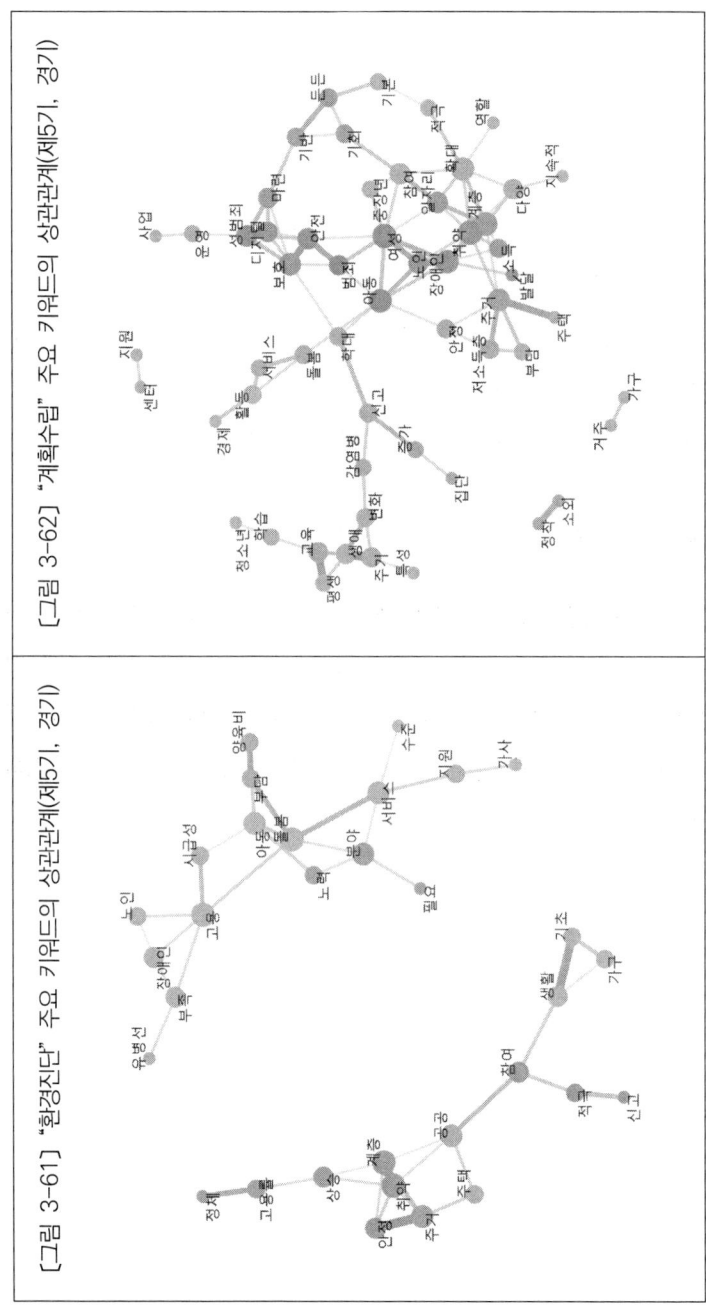

[그림 3-61] "환경진단" 주요 키워드의 상관관계(제5기, 경기)

[그림 3-62] "계획수립" 주요 키워드의 상관관계(제5기, 경기)

출처: 저자 작성

4) 결과 요약

  a. 환경진단과 계획수립 내용 간의 관계

제4기, 제5기 환경진단 영역에서 기술된 내용은 공통적으로 지역 간 격차에 대한 설명과 지역사회보장조사 등의 결과 제시, 주요 인구 변화 등에 대한 기술에 초점이 맞추어져 있다. 특히 환경진단의 결과와 계획수립의 추진전략 설정 배경의 내용이 유사한 구성에 따라 작성되어 있기 때문에 집단 비교와 관련된 주요 키워드를 제외하였을 때, 중요하게 다루어지는 키워드의 우선순위가 유사한 측면을 보인다.

  b. 제4기와 제5기 간의 변화

제4기 계획과 제5기 환경진단과 계획수립 내용을 비교하였을 때, 제4기 계획보다 제5기 계획에서 청년 정책과 일자리 정책을 강조하고 있는 것으로 나타났다. 한편 제4기 계획과 제5기 계획 모두 취약계층에 대한 지원을 강조하고 있으며, 주거와 교육에 대한 지원 강화 또한 강조하고 있음을 알 수 있다.

차. 강원

1) 영역별 주요 키워드의 빈도 분석 결과(〈부록 표 10〉 참고)

제4기 지역사회보장계획 환경진단 영역에서 언급된 주요 키워드로는 "서비스", "가구", "증가", "감소", "기준" 등이 있으며, 계획수립 영역에서 언급된 주요 키워드로는 "사업", "지원", "장애인", "서비스", "필요", "노인" 등이 있는 것으로 나타났다. 환경진단 영역에서는 지역사회보장조사 결과를 통한 내용 기술, 특히 가구 특성에 따른 차이에 대해 기술하였다. 또한 인구 및 지역 특성을 반영한 각종 지표의 변화에 대한 기술을 통하여 지역 내 현안을 도출하였다. 계획수립 영역에서는 계획에 기반을 둔 여러 지원사업에 대한 내용에 대하여 설명하고 있으며, 그에 대한 근거로 지역사회보장조사 결과와 관련 이해관계자의 인터뷰 결과를 활용하였다.

한편, 제5기 환경진단 영역에서는 "필요", "지원", "여성", "노인" 등의 키워드의 빈도가 높게 나타났으며, 제5기 계획수립 영역에서는 "지원", "필요", "사업", "노인", "여성" 등의 키워드의 빈도가 높게 나타났다. 환경진단 영역에서는 지역사회보장조사의 내용에 대한 기술을 통하여 지역 특성을 확인하였다. 계획수립 영역에서는 지역사회보장조사 외의 정보를 활용하여 각 전략의 근거를 제시하고 있으며, 이에 대한 주요 사업의 내용을 주로 기술하였다.

2) 영역별 주요 키워드의 상대적 중요도

각 영역에서 주요 키워드의 상대적 중요도를 살펴보면, 제4기 환경진단 영역에서는 "수급자"에 대한 상대적 중요도가 높게 나타났는데, 이는 수급자에 대한 정보를 세분화하여 제시(예. 장애유형별 수급자 현황, 독거노인의 수급자 현황 등)한 특성을 반영한 결과이다. 또한 타지역의 재정적 특성과 주요 통계의 비교와 관련된 키워드의 상대적 중요도가 높게 나타났다. 제4기 계획수립 영역에서는 강원형 일자리 모델과 관련된 키워드의 상대적 중요도가 높게 나타났다. 이는 자립 일자리, 노인일자리 등 소득보장을 위한 각종 일자리 사업에 대한 내용이 강조된 특징이 반영된 것이다. 또한 사회서비스원의 기능에 대한 설명과 함께 커뮤니티케어 추진 전달체계 구축에 대한 사항이 추진전략으로 설정되었다.

제5기 환경진단 영역에서는 영역별 정책적 노력 정도와 주요 조사 결과의 비교와 관련된 키워드의 상대적 중요도가 높게 나타났다. 이는 지역사회보장조사를 활용하여 지역 간 특성을 비교한 결과를 반영한 것이다. 한편, 제5기 계획수립 영역에서는 전략별 사업의 배치와 일자리 사업의 연계 등과 관련된 키워드가 중요하게 다루어졌다.

제3장 지역사회 변화와 지역사회보장정책 연관성 진단 121

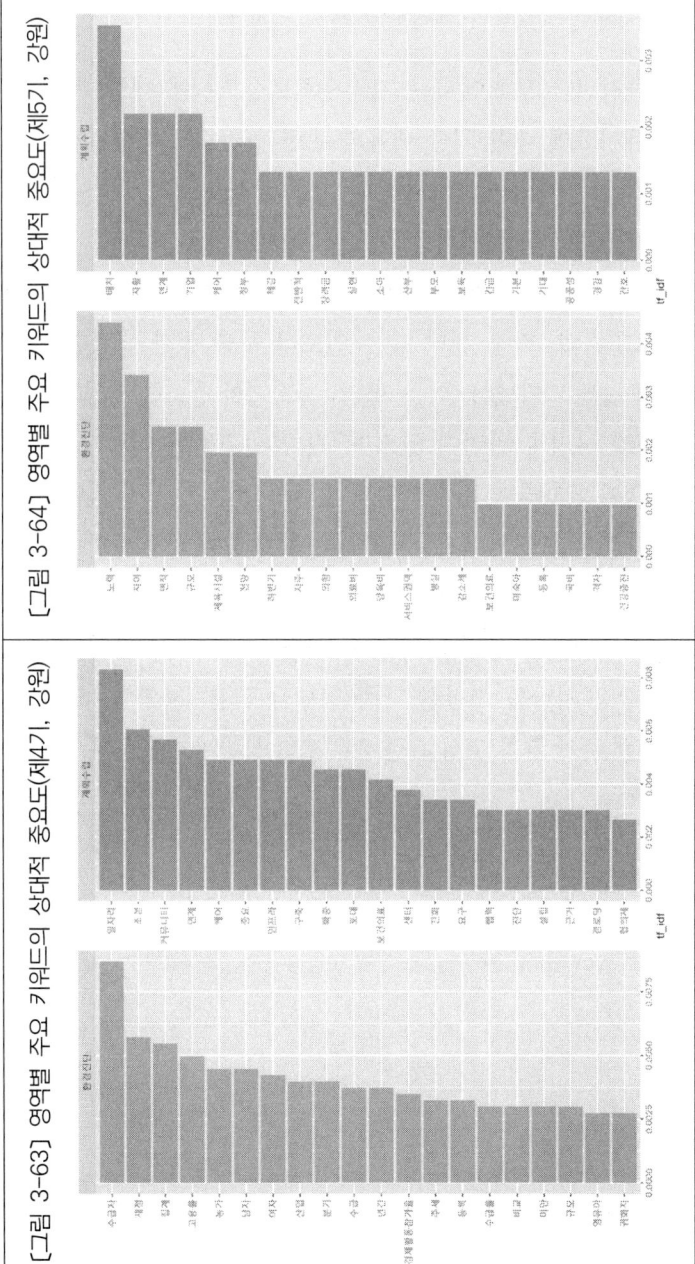

[그림 3-63] 영역별 주요 키워드의 상대적 중요도(제4기, 강원)

[그림 3-64] 영역별 주요 키워드의 상대적 중요도(제5기, 강원)

출처: 저자 작성

3) 주요 키워드의 상관관계(〈부록 표 27〉 참고)

제4기 환경진단 영역에서는 지역사회보장조사에 대한 기술 내용과 영역별 통계자료에 대한 기술 내용과 관련된 키워드의 상관관계가 높게 나타났다. 특히 여러 집단 간·지역 간 비교 결과를 여러 영역에 걸쳐 전반적으로 제시한 특성을 보인다.

제4기 계획수립 영역에서는 커뮤니티케어 전달체계 구축, 소득보장을 위한 일자리 사업, 각종 센터 같은 인프라 구축 등과 관련한 키워드의 상관관계가 높게 나타났다. 이는 제4기 계획에서 강조하고 있는 커뮤니티케어, 일자리 사업과 관련이 있으며, 각 분과위원회 회의나 TF 회의를 통하여 도출된 인프라 부족 문제와도 관련이 있다고 볼 수 있다.

제5기 환경진단 영역에서는 일자리 등 경제활동에 대한 지원, 재정 수준의 비교, 안전과 보호, 열악한 접근성 문제, 유소년 인구의 감소 등 키워드의 상관관계가 높게 나타났다. 한편, 제5기 계획수립 영역에서는 육아 기본수당 지급을 포함한 각종 지원금 지급, 자활 등 일자리 관련 사업, 안전한 주거 환경 조성 관련 키워드의 상관관계가 높게 나타났다.

제3장 지역사회 변화와 지역사회보장정책 연관성 진단 123

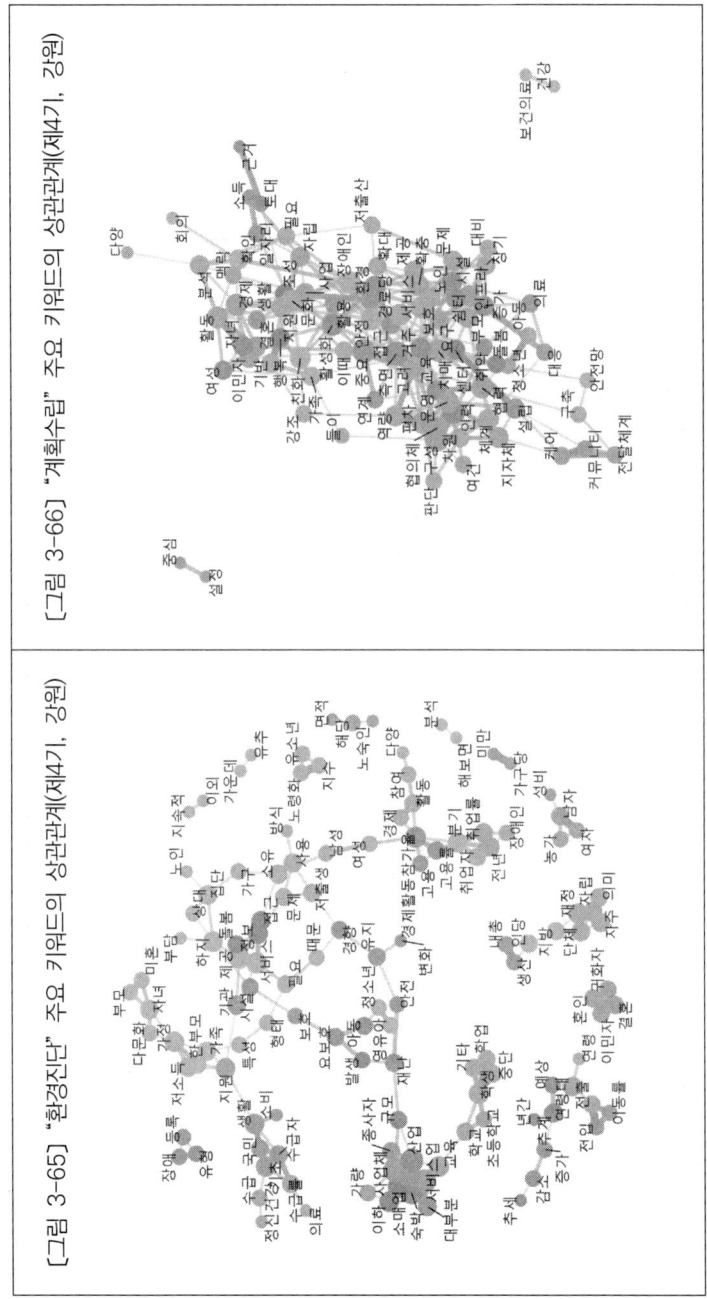

[그림 3-65] "환경진단" 주요 키워드의 상관관계(제4기, 강원)

[그림 3-66] "계획수립" 주요 키워드의 상관관계(제4기, 강원)

출처: 저자 작성

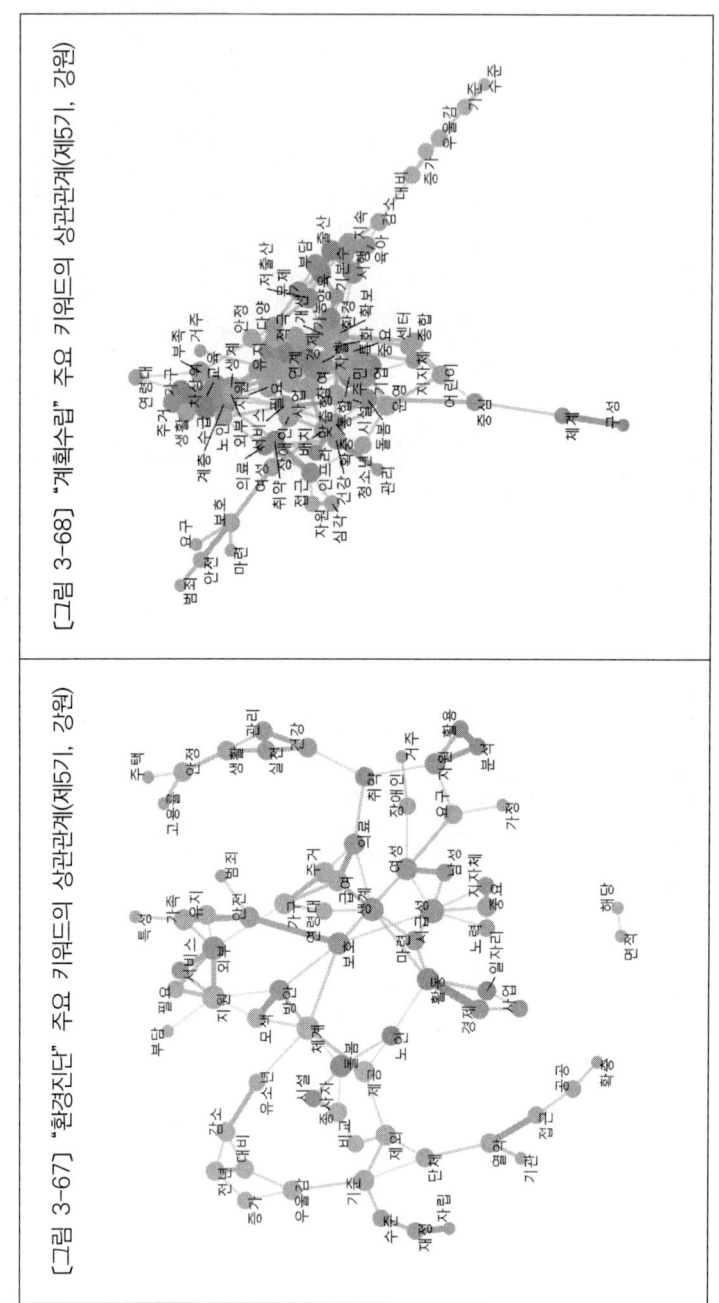

[그림 3-67] "환경진단" 주요 키워드의 상관관계(제5기, 강원)

[그림 3-68] "계획수립" 주요 키워드의 상관관계(제5기, 강원)

출처: 저자 작성

4) 결과 요약

   a. 환경진단과 계획수립 내용 간의 관계

제4기, 제5기 환경진단 영역에서 기술된 내용은 공통적으로 집단 간·지역 간 격차에 대한 설명과 지역사회보장조사 등의 결과 제시, 주요 통계에 대한 지역 간 비교 등이다. 또한, 조사 결과 및 각종 통계에 대한 영역이 다양하게 제시되어 있는 특성을 보인다. 다만, 이러한 세분화된 기술과 폭 넓은 영역에 대한 검토와 달리, 실제 계획의 내용은 특정 사업 영역에 국한된 특성을 보이고 있다. 특히 돌봄, 일자리, 건강 및 안전 등의 사업의 필요성이 전략체계 구성의 근거로 활용되고 있다.

   b. 제4기와 제5기 간의 변화

제4기 계획과 제5기 환경진단과 계획수립 내용을 비교하였을 때, 환경진단의 방식이나 계획에서 강조되고 있는 주요 사업 영역이 유사한 특성을 보이고 있다. 다시 말해 제4기 계획수립 시점과 제5기 계획수립 시점에서의 변화를 반영한 것보다 도정 방향에 따라 강조되고 있는 주요 사업(예. 돌봄 관련 지원, 일자리 정책 등)에 일관되게 초점을 맞추고 있다. 특히 추진 전략의 내용상 지역별·집단별 차이가 직접적으로 반영되지는 못한 한계를 가지고 있다.

카. 충북

1) 영역별 주요 키워드의 빈도 분석 결과(〈부록 표 11〉 참고)

제4기 지역사회보장계획 환경진단 영역에서 언급된 주요 키워드로는 "돌봄", "문화", "증가", "필요", "가구" 등이 있으며, 계획수립 영역에서 언급된 주요 키워드로는 "지원", "사업", "확대", "교육", "경제" 등이 있다. 환경진단 영역에서는 지역의 인구구조 변화와 주요 정책대상의 변화, 시군 간 욕구 격차 기술 등을 기술하여 이와 관련된 키워드의 등장 빈도가 높게 나타났다. 계획수립 영역에서는 영역별 주요 사업의 확대에 대한 필요성, 생애주기형 지역사회 교육 정착에 대한 키워드의 등장 빈도가 높게 나타났다.

한편, 제5기 환경진단 영역에서는 "필요", "아동", "증가", "지원", "교육" 등 키워드의 빈도가 높게 나타났으며, 제5기 계획수립 영역에서는 "지원", "필요", "사업", "교육", "아동" 등 키워드의 등장 빈도가 높게 나타났다. 환경진단 영역에서는 아동, 가족에 대한 정책 강화(예. 아동영향평가 도입, 아동 청소년 정책 참여 등)가 강조되었으며, 이와 함께 주요 돌봄 대상에 대한 체계 구축의 필요성이 강조되었다. 계획수립 영역에서는 아동, 노인 장애인 등 주요 돌봄 대상에 대한 사업의 필요성과 아동·가족 정책의 일환으로서의 교육 강화(예. 맞춤형 부모교육 등)가 주로 언급되었다.

2) 영역별 주요 키워드의 상대적 중요도

각 영역에서 주요 키워드의 상대적 중요도를 살펴보면, 제4기 환경진단 영역에서는 연령별 국민연금 수급 현황, 주거 형태별 가구 특성 비교 등과 관련된 키워드의 상대적 중요도가 높게 나타났다. 한편, 계획수립 영역에서는 중앙정부와 지방정부가 설정한 주요 정책 방향에 대한 기술에 대한 비교 분석 내용이 중요하게 다루어진 특성을 보인다. 그 외에도 돌봄 체계 실현을 위한 거점 중심의 전달체계 구축에 대한 키워드의 중요도가 높게 나타났다.

제5기 환경진단 영역에서는 여성 범죄 이슈에 대한 논의와 노인 인구의 체육활동 관련 키워드(예. 파크골프장)의 상대적 중요도가 높게 나타났다. 한편, 제5기 계획수립 영역에서는 사회적 기본권 실현에 대한 사항을 중요하게 언급하고 있고 있으며, 이에 따라 지역 정주 의사가 높아질 것으로 기대하고 있다. 이 외에도 지역 주민의 건강권 보장, 취창업에 대한 지원 등과 관련된 키워드의 상대적 중요도가 높게 나타났다.

128 지역사회 변화와 지역사회보장정책의 연관성 진단

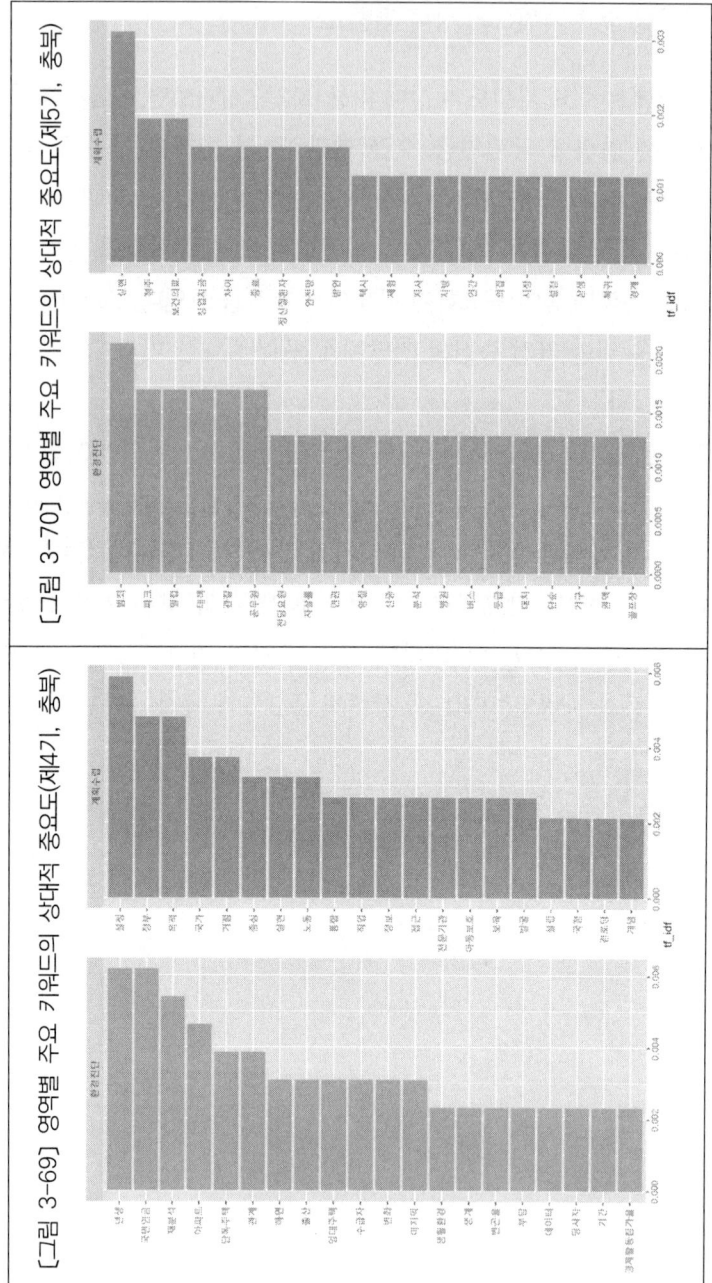

[그림 3-69] 영역별 주요 키워드의 상대적 중요도(제4기, 충북)

[그림 3-70] 영역별 주요 키워드의 상대적 중요도(제5기, 충북)

출처: 저자 작성

3) 주요 키워드의 상관관계(〈부록 표 28〉 참고)

제4기 환경진단 영역에서는 주거 특성에 따른 집단 비교 및 환경 검토, 퇴직 후 국민연금 수급 현황, 문화여가, 아동 돌봄, 기초생활보장 및 가족관계 유지 등과 관련된 키워드의 상관관계가 높게 나타났다. 한편 제4기 계획수립 영역에서는 취약계층 및 기초생활 보장, 고용 및 일자리, 돌봄체계 구축, 맞춤형 서비스 제공 등과 관련된 키워드의 상관관계가 높게 나타났다. 이는 취약계층에 대한 인권·생명 보호와 고용능력 향상을 강조한 계획 내 전략의 내용을 반영한 것으로 볼 수 있다.

제5기 환경진단 영역에서는 교통약자에 대한 이동권 보장, 취약계층 및 사각지대, 디지털·정보화 역량, 부모양육 및 아동 돌봄, 범죄·안전, 일자리와 자립 등과 관련된 키워드의 상관관계가 높게 나타났다. 이러한 결과는 계획 내에서 강조하고 있는 기본권 보장의 내용을 영역별 쟁점으로 설명한 결과라 볼 수 있다. 제5기 계획수립 영역에서는 기본권 실현, 치매·정신건강 및 보건의료 서비스, 부모의 자녀 양육, 일자리·자활·자립, 장애인 일상생활 지원 관련 키워드 간의 상관관계가 높게 나타났다. 이는 각 전략마다 제시하고 있는 기본권의 내용(아동의 기본권, 이동권, 건강권 등)에 따른 주요 사업을 반영한 결과라 볼 수 있다.

130 지역사회 변화와 지역사회보장정책의 연관성 진단

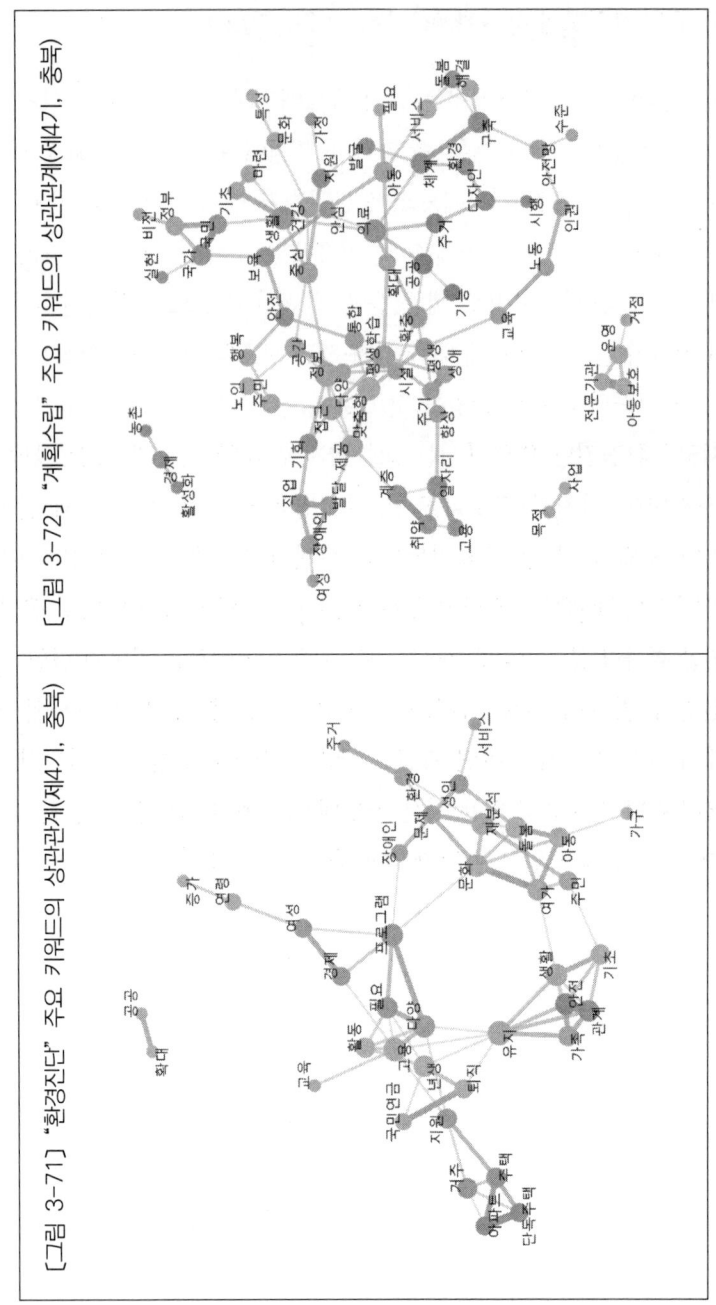

[그림 3-71] "환경진단" 주요 키워드의 상관관계(제4기, 충북)

[그림 3-72] "계획수립" 주요 키워드의 상관관계(제4기, 충북)

출처: 저자 작성

제3장 지역사회 변화와 지역사회보장정책 연관성 진단 131

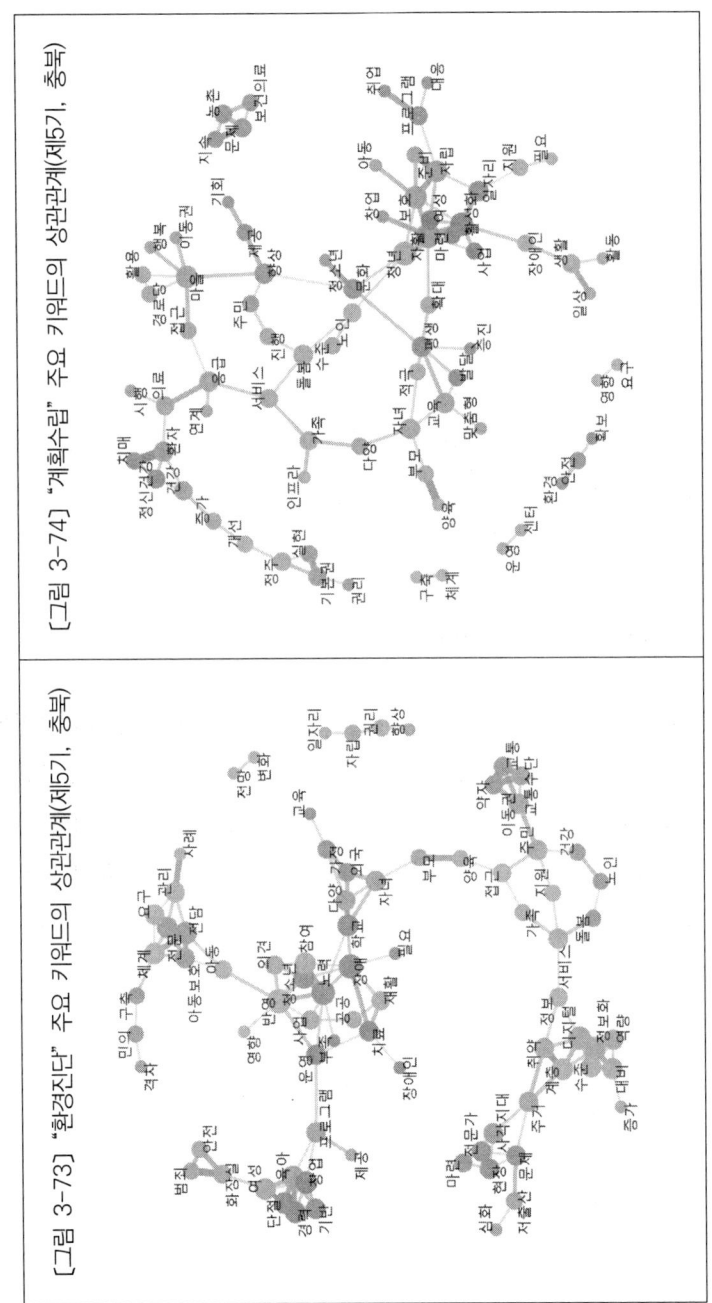

[그림 3-74] "계획수립" 주요 키워드의 상관관계(제5기, 충북)

[그림 3-73] "환경진단" 주요 키워드의 상관관계(제5기, 충북)

출처: 저자 작성

4) 결과 요약

  a. 환경진단과 계획수립 내용 간의 관계

제4기, 제5기 환경진단 영역에서는 각 집단의 특성을 바탕으로 주요 취약계층에 대한 현황을 파악하였다. 그러나 환경진단 영역에서 도출된 내용에 비하여 계획수립 영역에서는 한정적인 내용의 전략수립이 이루어졌다고 볼 수 있다. 한편, 도민의 기본권 강화의 관점에서 각 영역 간의 연관성을 강조하여 환경을 진단하고 계획을 수립한 것은 타 지역과의 차별성이라 볼 수 있다. 예를 들어 주민의 건강권 관련 현황과 그에 따르는 사업의 내용, 장애인 이동권에 근거를 둔 이동지원정책 등이 이에 해당된다.

  b. 제4기와 제5기 간의 변화

제4기 계획과 제5기 환경진단 영역에서는 공통적으로 지역사회보장의 다양한 영역에 대하여 집단별 특성에 따라 그 내용을 기술하고 있다. 제5기는 이전 계획에 비하여 교통 관련 정책과 정보기술 관련 사업 내용 등이 더 강조되었다는 점에서 차이를 가진다. 한편, 계획수립 영역에서는 정주여건 개선을 목표로 도민의 주거, 일자리, 건강 정책 등이 연관성을 가지고 있다. 그뿐만 아니라 인구 고령화 등 인구 문제에 대한 대응으로 돌봄에 대한 쟁점이 강조된 측면 또한 변화된 사항이라 볼 수 있다.

타. 충남

1) 영역별 주요 키워드의 빈도 분석 결과(〈부록 표 12〉 참고)

제4기 지역사회보장계획 환경진단 영역에서 언급된 주요 키워드로는 "서비스", "생활", "돌봄", "필요", "수준", "아동" 등이 있으며, 계획수립 영역에서 언급된 주요 키워드로는 "서비스", "사업", "안전", "노인", "장애인" 등이 있다. 환경진단 영역에서는 지역사회보장조사의 결과에 따라 지역별 아동 돌봄과 관련된 정책 수요가 높게 나타나, 이와 관련된 키워드의 등장 빈도가 높게 나타났다. 한편 계획수립 영역에서는 노인, 장애인 대상 커뮤니티케어의 필요성을 언급하여 이와 관련된 키워드의 등장 빈도가 높게 나타났다.

제5기 환경진단 영역에서는 "지원", "서비스", "필요", "돌봄", "증가/부족" 등의 키워드의 등장 빈도가 높게 나타났으며, 제5기 계획수립 영역에서는 "돌봄", "지원", "사업", "일자리", "문화", "장애인" 등의 키워드의 등장 빈도가 높게 나타났다. 환경진단 영역에서는 지역사회보장조사 결과에 기반을 두어 아동, 노인, 장애인에 대한 돌봄 등에 대한 지원의 필요성이 강조되었다. 이 외에도 취약계층, 청년, 여성 등에 대한 주거 및 안전 관련 정책의 수요에 대하여 주로 논의되었다. 한편, 제5기 계획수립 영역에서는 조사 결과에서 강조된 돌봄 관련 정책의 내용을 강조하고 있으며, 그 밖에 청년·중장년층뿐만 아니라 노인을 위한 일자리 사업의 선정에 대하여 설명하고 있다.

2) 영역별 주요 키워드의 상대적 중요도

영역별 주요 키워드의 상대적 중요도를 살펴보면, 제4기 환경진단 영역에서는 설문조사 결과를 중심을 한 환경분석을 수행하여 그와 관련된 키워드의 상대적 중요도가 높게 나타났다. 예를 들어 신체적·정신적 건강에 대한 조사 결과, 가구별 특성 비교(1인 가구, 다문화 가구 등)가 이와 관련된다. 제4기 계획수립 영역에서는 목표 설정의 구체적 이유로 웰빙, 공동체 등에 대한 의미를 탐색하여, 관련된 키워드의 상대적 중요도가 높게 나타났다. 또한 삶의 질 향상과 생활 안정을 위한 각종 정책의 필요성을 제시함으로써 그와 관련된 키워드의 상대적 중요도가 높게 나타났다.

제5기 환경진단 영역에서는 통계청 자료를 활용하여 지역 지표의 추이를 비교한 내용으로 인하여 관련 키워드의 상대적 중요도가 높게 나타났다. 한편, 제5기 계획수립 영역에서는 계획을 통하여 선정된 사업과 운영·확대될 사업 및 인프라에 대한 사항이 주로 언급되었다. 또한 생활 안정(돌봄, 주거, 일자리)을 위한 사업의 선정과 전략 수립 등이 강조되면서 그와 관련된 키워드의 중요도가 높게 나타났다.

제3장 지역사회 변화와 지역사회보장정책 연관성 진단 135

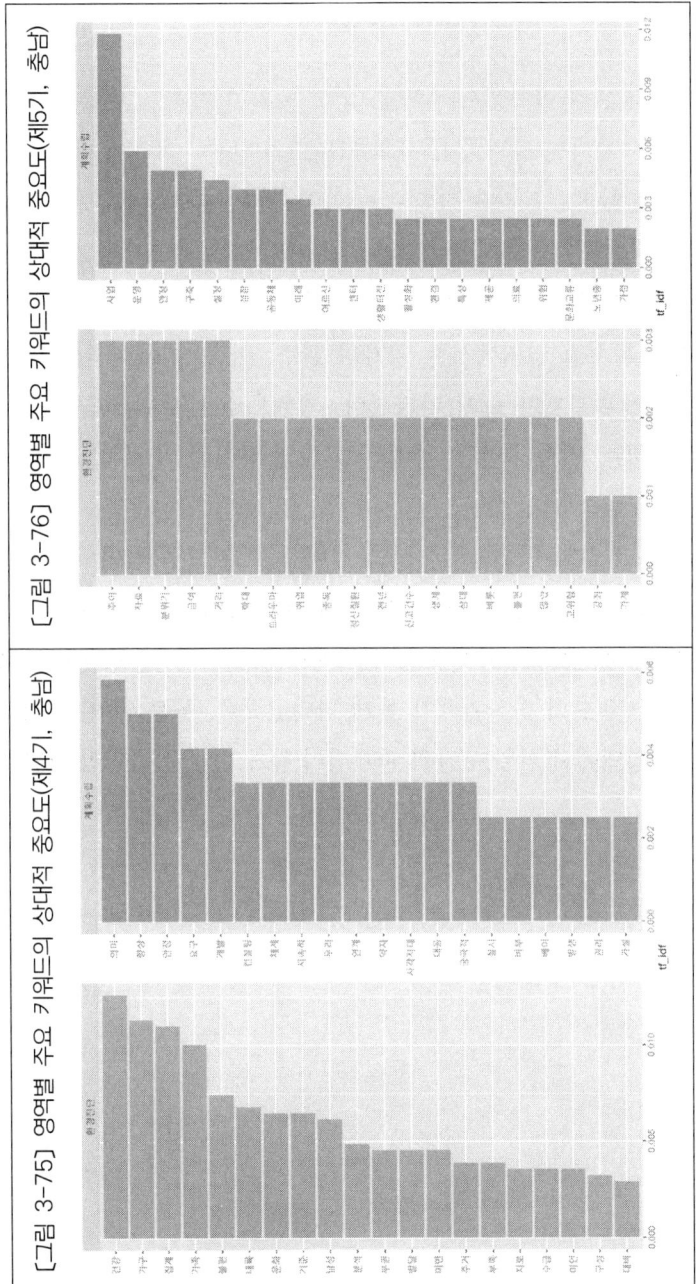

[그림 3-75] 영역별 주요 키워드의 상대적 중요도(제4기, 충남)

[그림 3-76] 영역별 주요 키워드의 상대적 중요도(제5기, 충남)

출처: 저자 작성

3) 주요 키워드의 상관관계(〈부록 표 29〉 참고)

제4기 환경진단 영역에서는 학교 및 학습 관련 키워드, 아동의 양육 및 발달, 가족 당사자의 정책 수요 등의 키워드의 상관관계가 높게 나타났다. 키워드의 네트워크 구조를 살펴보면, 보호·안전, 가족·관계 유지, 아동·돌봄, 주거·부담, 종합적 서비스 지원 등 지역사회보장조사의 기술 내용과 관련된 키워드 간 상관관계가 높게 나타났다.

제4기 계획수립 영역에서는 일자리 관련, 아동 보호, 취약계층 등의 키워드 간 상관관계가 높게 나타났다. 키워드의 네트워크 구조를 살펴보면, 취약계층, 일자리 안정, 장애인 및 노인 시설 등의 키워드 간의 상관관계가 높게 나타났다.

제5기 환경진단 영역에서는 상담 서비스, 프로그램 참여, 여성 폭력, 기초생활, 외부 지원 및 서비스 필요 등에 대한 키워드 간 상관관계가 높게 나타났다. 한편, 제5기 계획수립 영역에서는 취약계층, 보건의료, 생활안정 등의 키워드의 상관관계가 높게 나타났으며, 돌봄, 주거, 정신건강 등 다양한 영역에서 키워드 간의 관계성이 높게 나타난 측면이 확인된다.

제3장 지역사회 변화와 지역사회보장정책 연관성 진단 137

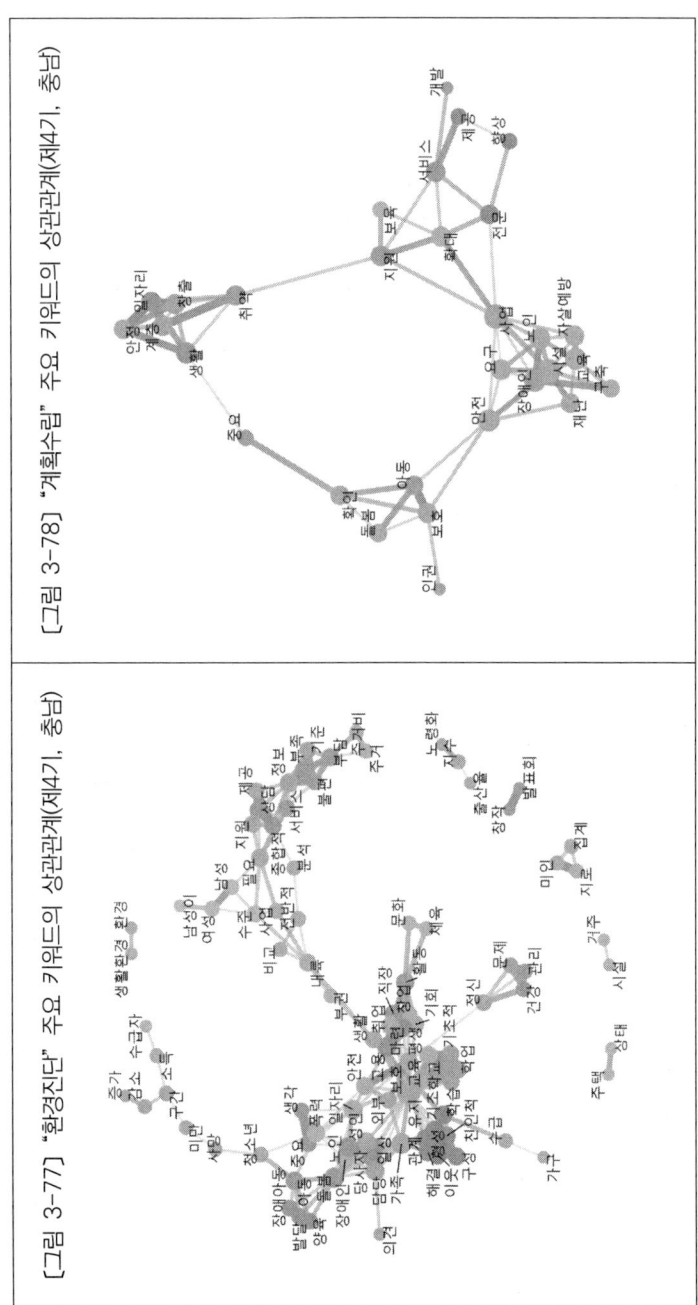

[그림 3-77] "환경진단" 주요 키워드의 상관관계(제4기, 충남)

[그림 3-78] "계획수립" 주요 키워드의 상관관계(제4기, 충남)

출처: 저자 작성

138 지역사회 변화와 지역사회보장정책의 연관성 진단

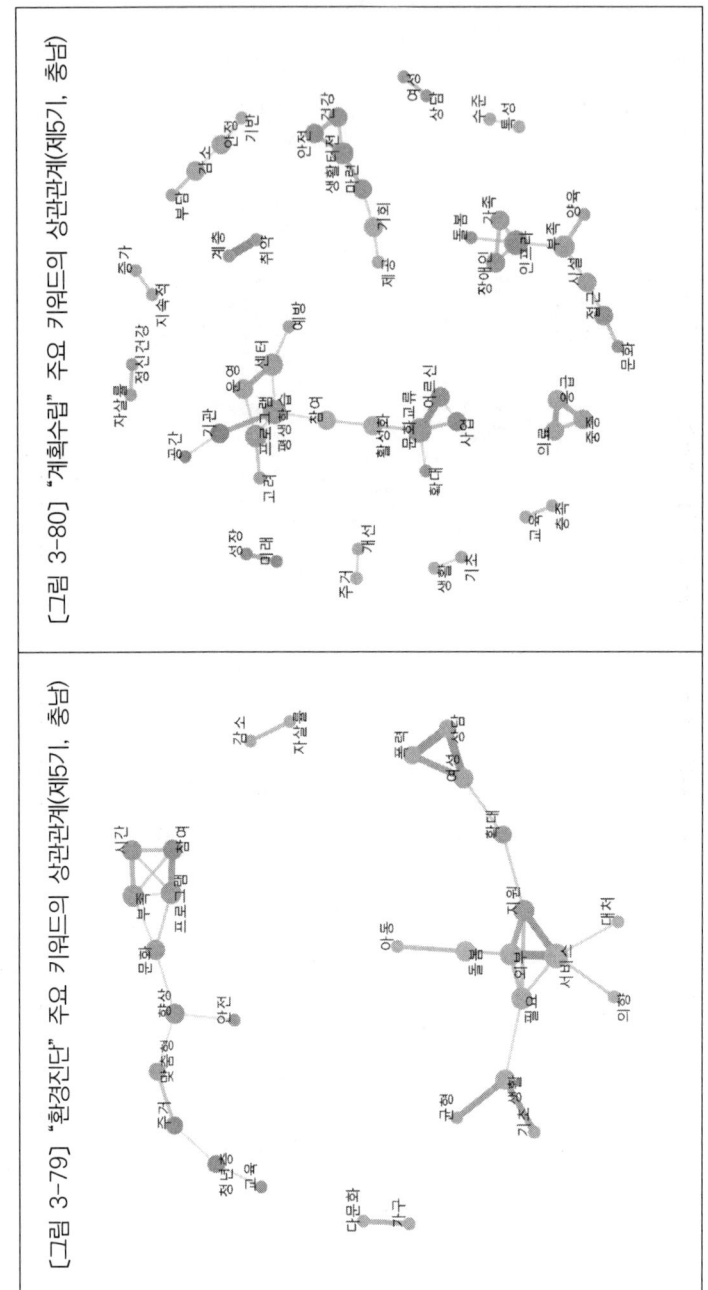

[그림 3-79] "환경진단" 주요 키워드의 상관관계(제5기, 충남)

[그림 3-80] "계획수립" 주요 키워드의 상관관계(제5기, 충남)

출처: 저자 작성

4) 결과 요약

　a. 환경진단과 계획수립 내용 간의 관계

　제4기, 제5기 환경진단 영역에서는 지역사회보장 전반에 대한 현황 파악이 이루어진 반면에, 실제 계획수립 내용에서는 취약계층 지원, 주요 돌봄 대상에 대한 정책에 초점을 두고 있다. 한편, 환경진단 영역과 계획수립 영역에서 공통적으로 돌봄체계에 대한 강화가 강조되었다.

　b. 제4기와 제5기 간의 변화

　제4기 계획과 제5기 환경진단 영역에서는 공통적으로 지역사회보장의 다양한 영역에 대하여 집단별 특성에 따라 그 내용을 기술하고 있다. 특히 아동·노인·장애인에 대한 돌봄 정책 강화가 강조되고 있는 기조가 유지되고 있다. 또한 제5기에 이르러 일자리 정책의 영역은 취약계층 또는 노인에 국한되는 것이 아니라 청년과 중장년층까지 확대가 필요하다는 내용이 제시되었다. 한편, 지역 주민의 건강(정신건강, 예방적 지원 등)과 안전(각종 폭력 문제 등)에 대한 중요성이 강조된 측면을 보이고 있다.

파. 전북

1) 영역별 주요 키워드의 빈도 분석 결과(〈부록 표 13〉 참고)

제4기 지역사회보장계획 환경진단 영역에서 언급된 주요 키워드로는 "가구", "서비스", "필요", "노인", "주의", "지원" 등이 있으며, 계획수립 영역에서 언급된 주요 키워드로는 "사업", "노인", "시설", "감소", "돌봄" 등이 있다. 환경진단 영역에서는 가구 특성별 비교를 바탕으로 지역의 특성을 진단하여, 그와 관련된 키워드(예. 가구 및 가구주, 서비스의 필요성 등)의 등장 빈도가 높게 나타났다. 또한 수급 여부, 장애 여부, 노인 가구 여부, 다문화 가구 여부에 따른 비교 결과를 제시하고 있다. 제4기 계획수립 영역에서는 노인 인구의 변화와 노인 대상 돌봄체계 강화의 필요성이 강조되었다.

한편, 제5기 환경진단 영역에서는 "지원", "돌봄", "빈곤", "증가", "감소", "아동" 등의 키워드의 등장 빈도가 높게 나타났으며, 제5기 계획수립 영역에서는 "서비스", "아동", "사업", "농촌", "시설" 등의 키워드의 등장 빈도가 높게 나타났다. 환경진단 영역에서는 세대맞춤형 돌봄의 차원에서 노인에 대한 돌봄 외에도 아동에 대한 돌봄 및 긴급돌봄의 수요에 대하여 강조하고 있다. 제5기 계획수립 영역에서는 아동 돌봄체계에 대한 내용과 함께 농촌 지역의 인구소멸 대응의 전략으로 돌봄 인프라 확충을 강조하고 있다.

2) 영역별 주요 키워드의 상대적 중요도

각 영역에서 주요 키워드의 상대적 중요도를 살펴보면, 앞의 주요 키워드의 빈도 분석 결과에서 확인된 바와 같이 가구주의 특성, 수급·장애·다문화 가구 여부에 따른 특성 비교 결과와 관련된 키워드의 상대적 중요도가 높게 나타났다. 한편, 제4기 계획수립 영역에서는 보육의 공공성 강화에 대한 키워드가 상대적으로 중요하게 다루어졌다. 또한 각 영역마다 복지 재정의 부족에 따라 발생하는 쟁점을 설명하여 각 정책의 필요성을 강조한 측면이 있다.

제5기 환경진단 영역에서는 민관복지협치와 관련된 키워드(예. 각종 위원회)의 중요도가 높게 나타났다. 또한 여러 복지 대상의 사례관리와 건강관리의 필요성이 주로 논의되었다. 한편, 제5기 계획수립 영역에서는 농촌지역의 보육 인프라 부족 문제, 문화 여가 자원 부족 문제를 설명하면서 관련 사업의 필요성을 주장하였다.

142 지역사회 변화와 지역사회보장정책의 연관성 진단

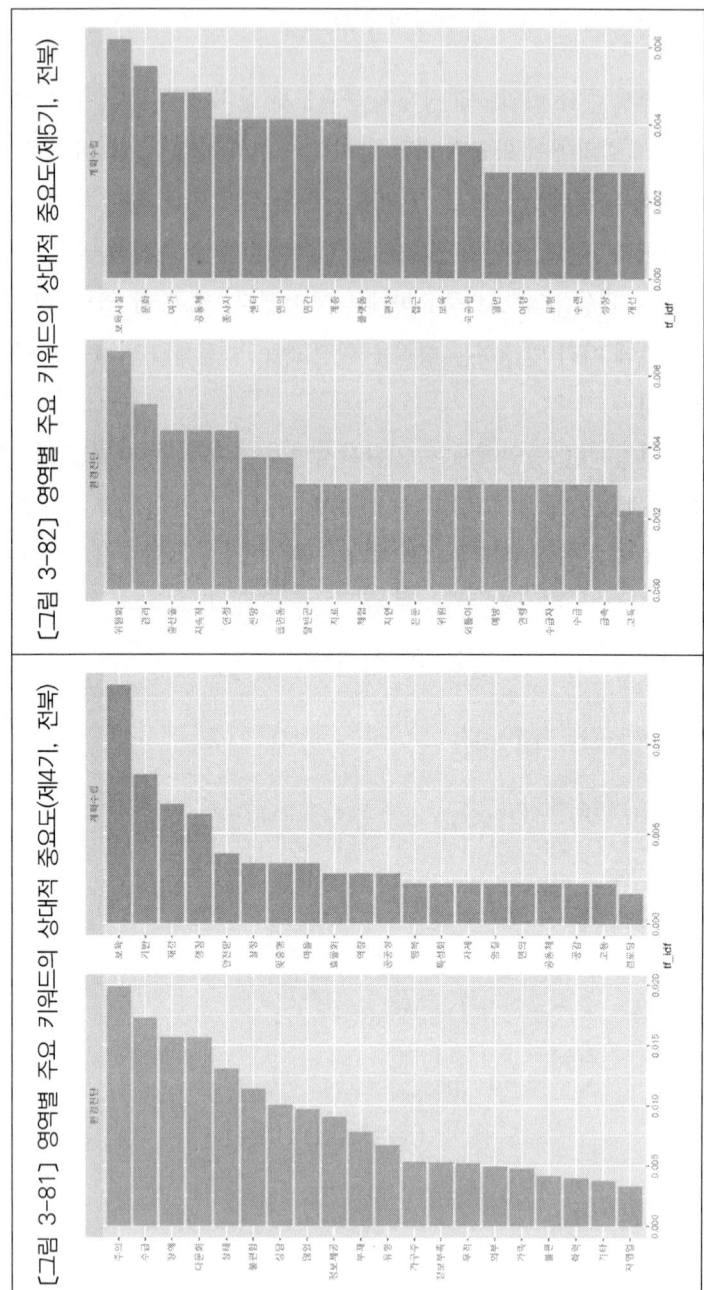

[그림 3-82] 영역별 주요 키워드의 상대적 중요도(제5기, 전북)

[그림 3-81] 영역별 주요 키워드의 상대적 중요도(제4기, 전북)

출처: 저자 작성

3) 주요 키워드의 상관관계(〈부록 표 30〉 참고)

제4기 환경진단 영역에서는 지역사회보장조사 내용과 관련된 문장(예. 적합한 서비스의 부재, 무급종사자 및 자영업자, 자택방문 서비스, 종합적 정보제공)에서 공통적으로 사용된 키워드 간의 상관관계가 높게 나타났다. 키워드의 네트워크 분석 결과를 살펴보면, 각종 지역사회보장 영역에서의 정책 수요에 대한 전반적 내용들이 다루어진 점을 확인할 수 있으며, 이 가운데 욕구조사 결과와 관련된 키워드의 등장 빈도가 높게 나타났다. 제5기 계획수립 영역에서는 보육시설 확충, 기초생활수급자, 전달체계의 효율화 등, 관련 키워드 간 상관관계가 높게 나타났다. 특히 보육의 공공성 강화, 기초생활수급자에 대한 지원 및 대책, 노인 돌봄 안전망 구축, 맞춤형 복지 전달체계의 효율화, 장애인 등 자립역량 강화 등에 대한 관계성이 큰 것으로 나타났다.

제5기 환경진단 영역에서는 기초생활보장, 건강관리, 읍면동 지역사회보장협의체, 장애인 자립 등의 키워드 간 상관관계가 높게 나타났다. 그 외에도 돌봄체계 구축, 1인 가구 노인 등 요보호 노인에 대한 지원 등의 키워드의 관련성 또한 높게 나타났다. 제5기 계획수립 영역에서는 취약계층, 문화여가, 국공립 보육시설, 민관 참여, 장애인 및 노인 등, 관련 키워드 간의 상관관계가 높게 나타났다. 또한 통합적 플랫폼, 농촌 인프라 부족, 자립 지원, 마을 자원의 활용과 공동체 활성화 등에 대한 내용 또한 강조된 특성을 보인다.

144 지역사회 변화와 지역사회보장정책의 연관성 진단

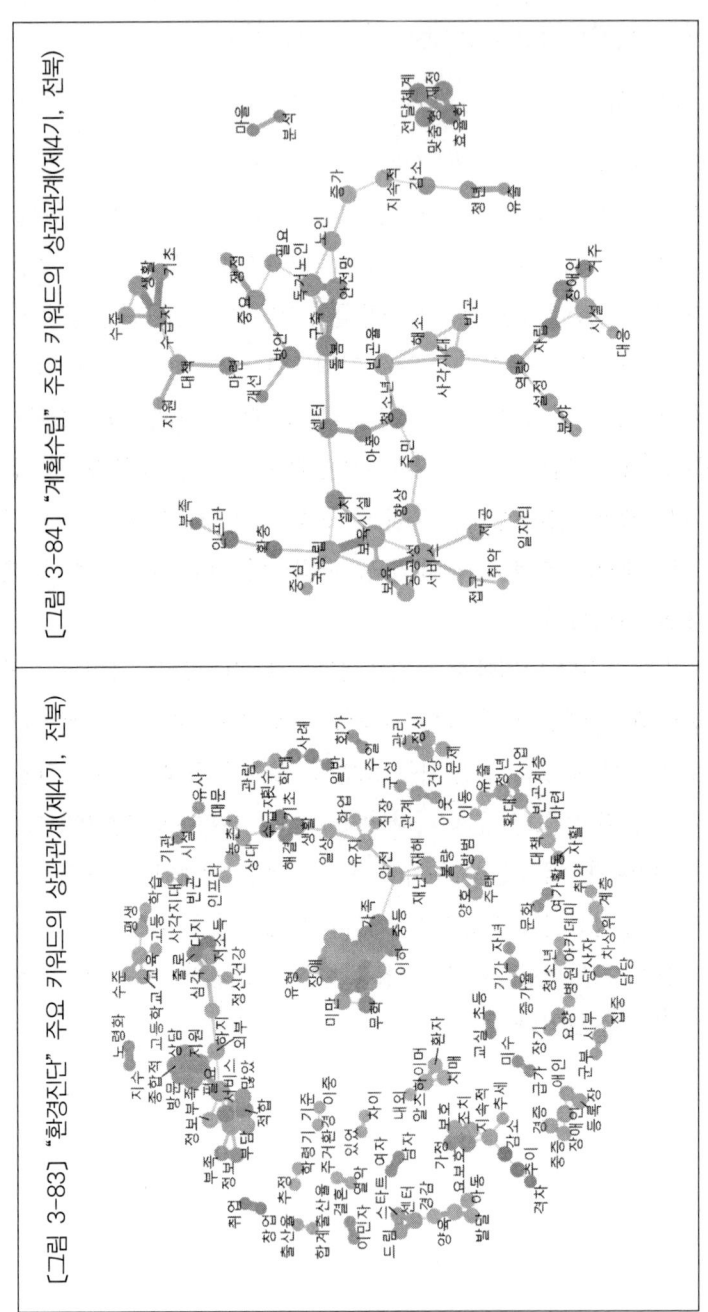

[그림 3-83] "환경진단" 주요 키워드의 상관관계(제4기, 전북)

[그림 3-84] "계획수립" 주요 키워드의 상관관계(제4기, 전북)

출처: 저자 작성

제3장 지역사회 변화와 지역사회보장정책 연관성 진단 145

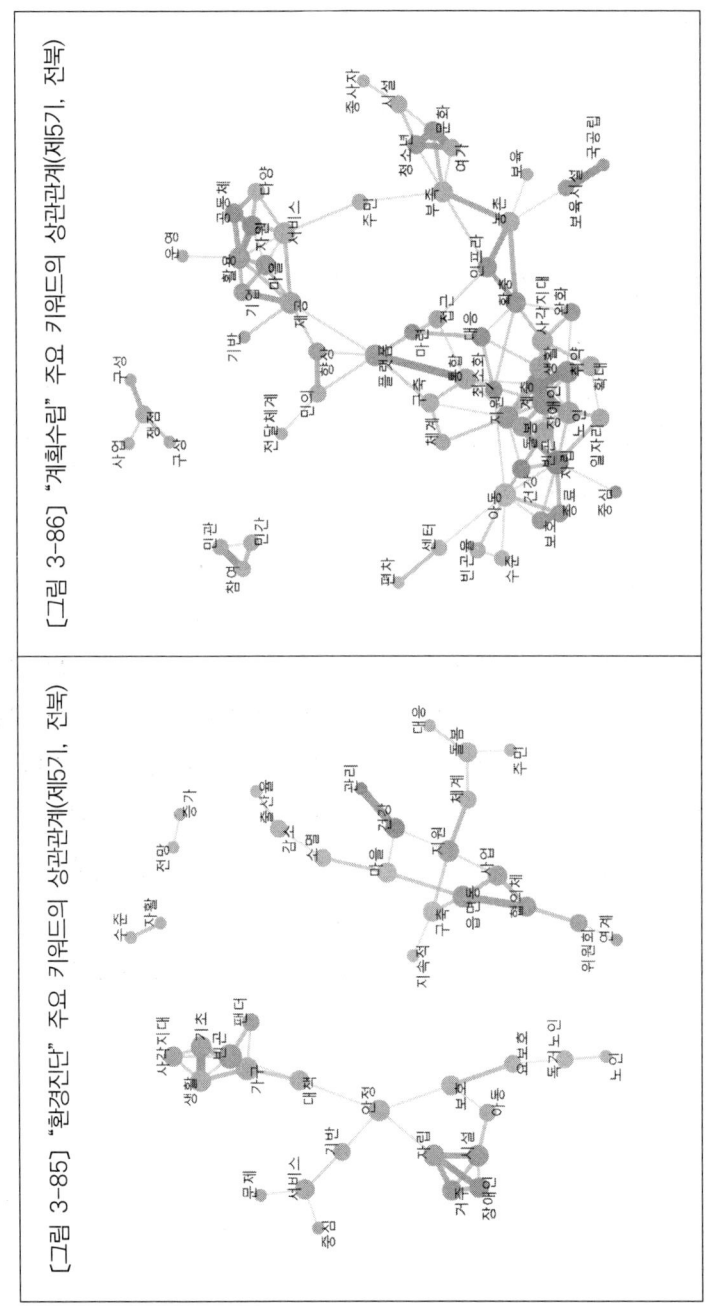

[그림 3-85] "환경진단" 주요 키워드의 상관관계(제5기, 전북)

[그림 3-86] "계획수립" 주요 키워드의 상관관계(제5기, 전북)

출처: 저자 작성

4) 결과 요약

   a. 환경진단과 계획수립 내용 간의 관계

제4기, 제5기 환경진단 영역에서는 지역사회보장 전반에 대한 현황 파악이 이루어졌으며, 특히 계획수립 시점에서 주목해야 할 주요 정책 대상에 대한 논의를 강조한 특성을 보였다. 계획수립 영역에서 각 전략을 수립하는 배경에 이상의 내용을 반영하고 있으며, 이에 따라 지역 내 돌봄체계의 내용을 설정하고 있다. 그 외에도 각 영역마다 재정적 여건의 한계를 대응하기 위한 노력이 필요하다는 부분이 계획수립 내용에서 강조되는 특성을 보이고 있다.

   b. 제4기와 제5기 간 변화

제4기 계획과 제5기 계획에서 공통적으로 돌봄체계 강화의 필요성이 논의되고 있다. 제5기에서는 생애주기 돌봄의 관점에서 아동 돌봄에 대한 사항이 강조되고 있으며, 특히 농촌의 자원 부족 문제를 환경진단 및 계획수립 영역 모두에서 중요하게 다루었다. 또한 사회서비스원을 중심으로 한 복지공동체의 역할 강화가 각 영역에서 제시되고 있다는 점은 제4기 계획과 제5기 계획의 차별성이라 볼 수 있다. 그 밖에 통합복지 플랫폼을 통한 효율성 제고 논의 또한 변화된 내용이라 볼 수 있다.

하. 전남

1) 영역별 주요 키워드의 빈도 분석 결과(〈부록 표 14〉 참고)

제4기 지역사회보장계획 환경진단 영역에서 언급된 주요 키워드로는 "가구", "서비스", "시설", "지원", "필요" 등이 있으며, 계획수립 영역에서 언급된 주요 키워드로는 "서비스", "지원", "가정", "가족", "노인" 등이 있다. 환경진단 영역에서는 각 가구 특성별 조사 결과를 비교하는 내용을 중심으로 지역 특성을 확인하여, 관련 키워드의 등장 빈도가 높게 나타났다. 특히 영역별, 지역별 시설의 분포를 설명함으로써 지역 내 복지 자원의 부족 문제를 설명하고자 하였다. 제4기 계획수립 영역에서는 다양한 가족에 대한 지원의 필요성을 제시하며, 여러 형태의 가정과 이에 대한 지원 방안 등을 제시하였다.

한편, 제5기 환경진단 영역에서는 "서비스", "필요", "돌봄", "노인", "지원" 등의 키워드의 등장 빈도가 높게 나타났으며, 제5기 계획수립 영역에서는 "돌봄", "청년", "사업", "건강", "서비스", "일자리" 등의 키워드의 등장 빈도가 높게 나타났다. 환경진단 영역에서는 지역사회 돌봄과 관련된 키워드의 빈도가 높게 나타났으며, 특히 인구 고령화에 대한 대응으로 지역사회 통합돌봄체계의 필요성이 강조되었다. 제5기 계획수립 영역에서는 청년의 정주 여건 개선과 일자리 확대 등에 대한 사업의 필요성이 강조되었다.

2) 영역별 주요 키워드의 상대적 중요도

각 영역에서 주요 키워드의 상대적 중요도를 살펴보면, 제4기 환경진단 영역에서는 설문조사 내용 중 신청 과정에서의 불편함이나 사업에 대한 인지 부족으로 신청하지 못하는 경우에 대한 내용 기술과 관련된 키워드의 상대적 우선순위가 높게 나타났다. 그 외에 각 지자체의 특성에 따른 군집 비교 분석 결과와 관련된 키워드의 상대적 중요도가 높게 나타난 경향을 보인다. 제4기 계획수립 영역에서는 문화·체육·예술에 대한 향유권 논의가 환경진단 내용과 다르게 중요하게 언급되었다. 또한 협력체계 조성, 미래 성장동력을 확보하기 위한 출산 친화 정책의 필요성 등이 중요하게 다루어졌다.

제5기 환경진단 영역에서는 가구별 특성 비교 결과, 대상별 소득 현황, 노인 및 청년의 사회참여 등에 대한 키워드의 중요도가 높게 나타났다. 한편, 제5기 계획수립 영역에서는 '모두'라는 키워드를 통하여 전 세대와 모든 도민에 대한 맞춤형 복지 및 사회안전망의 필요성을 강조하고 있다. 또한 인구감소 문제를 최소화하기 위한 정주환경의 개선과 일자리의 확충이 중요하다는 점을 강조하고 있다.

제3장 지역사회 변화와 지역사회보장정책 연관성 진단 149

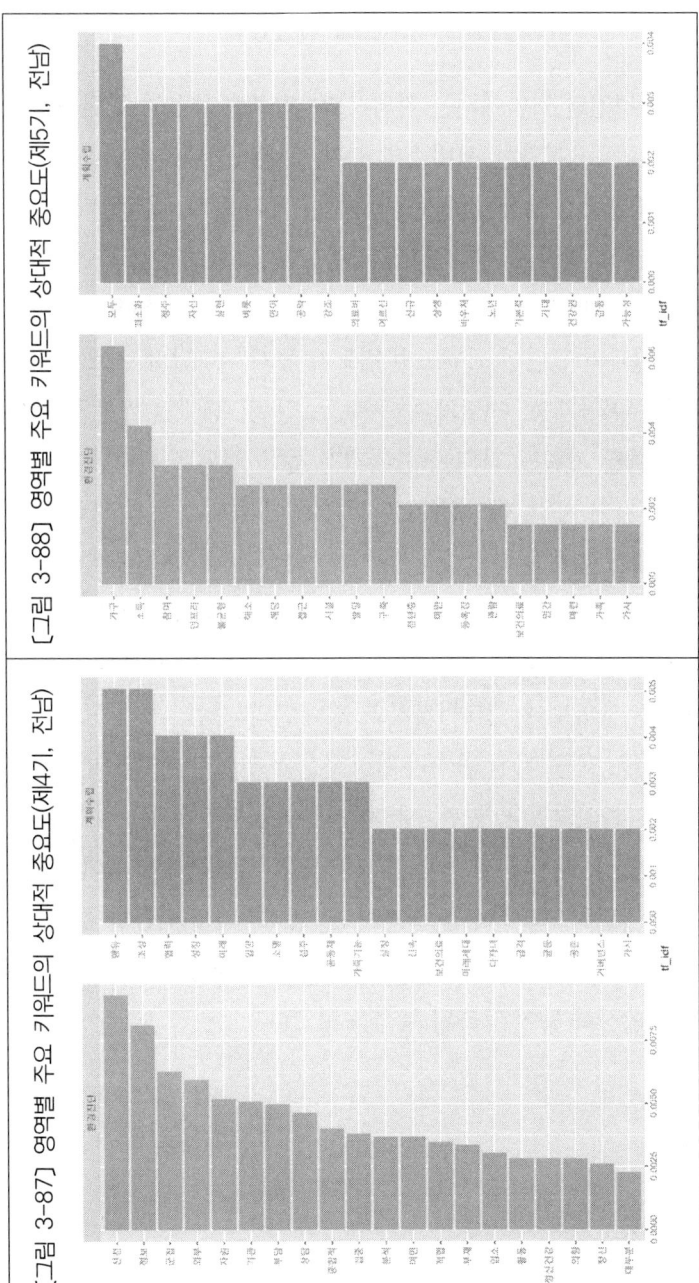

[그림 3-87] 영역별 주요 키워드의 상대적 중요도(제4기, 전남)

[그림 3-88] 영역별 주요 키워드의 상대적 중요도(제5기, 전남)

출처: 저자 작성

3) 주요 키워드의 상관관계(〈부록 표 31〉 참고)

제4기 환경진단 영역에서는 지역사회보장조사 내용과 관련된 문장(예. 최대-최소 범위, 적합한 서비스의 부재 및 불편사항, 종합적 정보제공)에서 공통적으로 사용된 키워드 간 상관관계가 높게 나타났다. 키워드의 네트워크 분석 결과를 살펴보면, 각종 지역사회보장 영역에서의 정책 수요에 대한 전반적 내용들이 다루어진 점을 확인할 수 있으며, 이 가운데 욕구조사 결과와 관련된 키워드의 빈도가 높게 나타났다. 제4기 계획수립 영역에서는 취약계층, 전달체계 구축, 노인 및 장애인 대상의 돌봄체계 구축과 관련된 키워드 간의 상관관계가 높은 것으로 나타났다. 그 밖에 문화 향유, 자립 지원, 다양한 가족 형태에 대한 대응 등과 관련된 키워드 간 상관관계가 높게 나타났다.

제5기 환경진단 영역에서는 분야별 전문가 의견, 취약계층, 교통 불편, 일자리 사업 등에 관련된 키워드의 상관관계가 높게 나타났다. 키워드 간 네트워크를 살펴보면, 청년 정착과 장애인의 자립, 치매 등 건강관리, 통합적 서비스 제공, 자원 연계의 활성화 등과 관련된 키워드의 상관관계가 높은 것으로 확인되었다. 한편, 제5기 계획수립 영역에서는 취약계층, 생애주기별 돌봄, 문화여가 활동 관련 키워드의 상관관계가 높게 나타났다. 키워드 간 네트워크의 특성을 살펴보면, 생애주기별 맞춤형 돌봄, 도민의 수요에 맞는 서비스 제공, 취약계층 및 사각지대 대응, 고용·일자리 지원을 통한 경제 활성화 등이 강조된 특성을 보였다.

제3장 지역사회 변화와 지역사회보장정책 연관성 진단 151

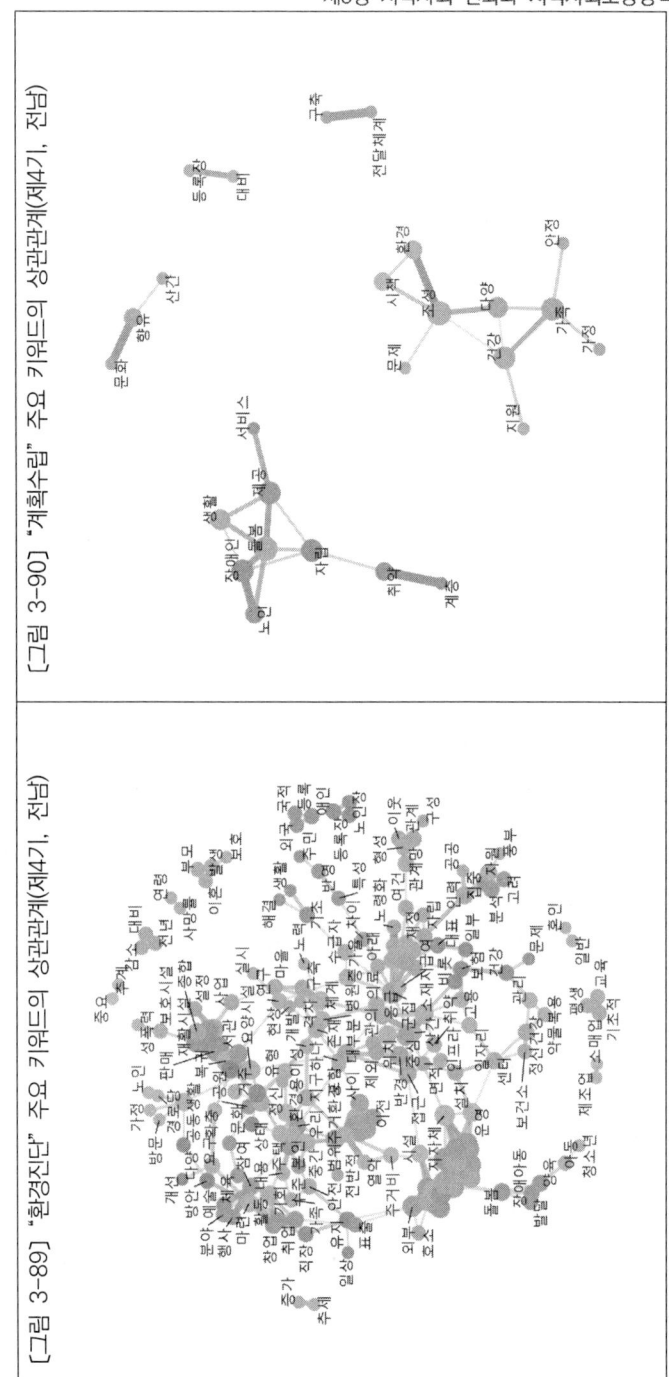

[그림 3-89] "환경진단" 주요 키워드의 상관관계(제4기, 전남)

[그림 3-90] "계획수립" 주요 키워드의 상관관계(제4기, 전남)

출처: 저자 작성

152 지역사회 변화와 지역사회보장정책의 연관성 진단

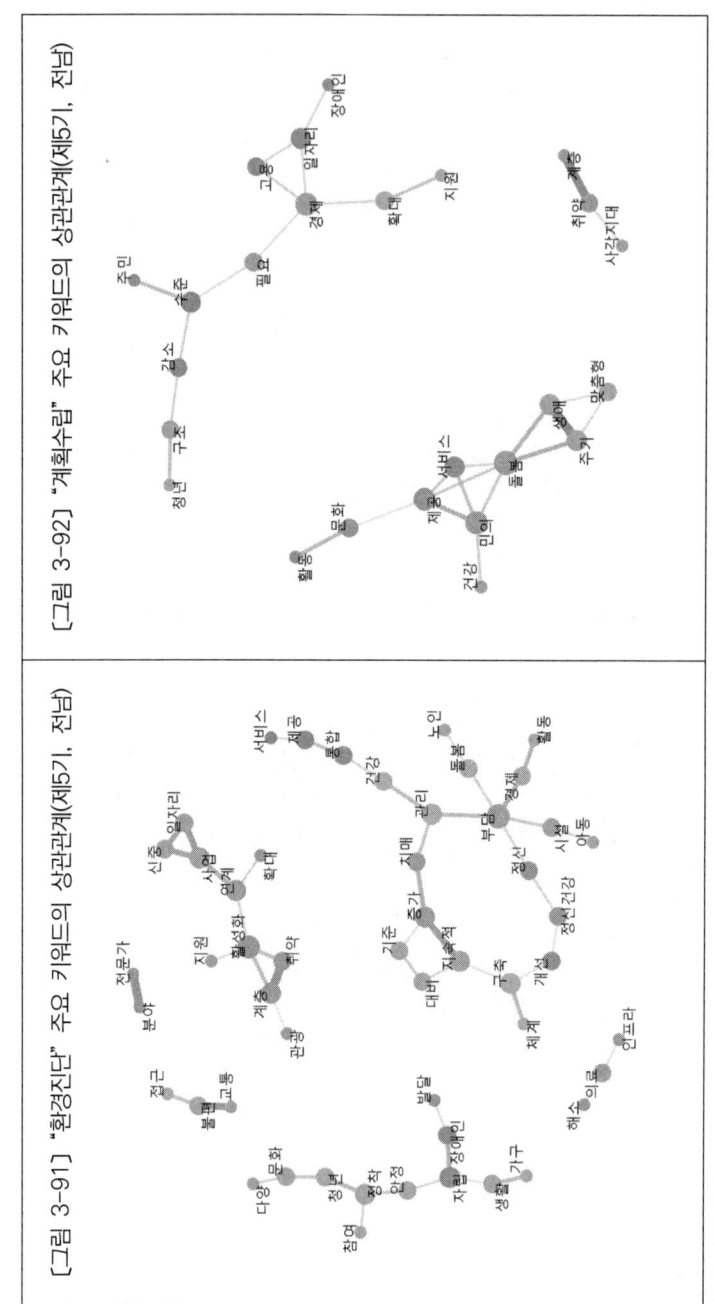

[그림 3-91] "환경진단" 주요 키워드의 상관관계(제5기, 전남)
[그림 3-92] "계획수립" 주요 키워드의 상관관계(제5기, 전남)

출처: 저자 작성

4) 결과 요약

  a. 환경진단과 계획수립 내용 간의 관계

제4기, 제5기 환경진단 영역에서는 지역사회보장조사나 전문가 의견을 통한 분야별 쟁점들이 논의되었다. 반면에 계획수립 영역에서는 취약계층, 주요 돌봄 대상에 대한 지원 강화 등에 초점이 맞추어졌다. 환경진단 내용에서 공통적으로 인구감소와 관련된 문제가 지적되었으며, 계획의 내용에서도 이와 관련된 내용들이 중요하게 다루어졌다. 다만, 실제 계획에서 언급되고 있는 다양한 형태의 가족 지원이 인구감소 문제에 대한 적절한 대응인지에 대한 사항은 환경진단 영역에서 구체적으로 다루어지고 있지는 못한 상황이다.

  b. 제4기와 제5기 간의 변화

제4기 계획과 제5기 계획에서 공통적으로 돌봄체계 강화와 각종 자원 부족에 대한 대응의 필요성이 강조되었다. 한편, 제5기 계획에서는 인구 고령화 문제에 대응하기 위한 정주 여건 개선에 초점을 두었다. 청년 등에 대한 주거·일자리 정책, 아동 돌봄 관련 지원 등이 이에 해당된다. 이와 유사한 맥락에서, 문화여가에 대한 자원 부족과 지역 격차에 대한 내용을 공통적으로 제시하고 있는데, 청년 대상의 지원을 강화하는 방안으로 문화복지 정책을 추진하는 것이 하나의 예가 될 수 있다.

거. 경북

1) 영역별 주요 키워드의 빈도 분석 결과(〈부록 표 15〉 참고)

제4기 지역사회보장계획 환경진단 영역에서 언급된 주요 키워드로는 "서비스", "지원", "지자체", "국가", "정보", "자원" 등이 있으며, 계획수립 영역에서 언급된 주요 키워드로는 "필요", "지원", "서비스", "주민", "돌봄", "체계" 등이다. 환경진단 영역에서는 욕구조사 결과 중 서비스 수요에 대한 시군 결과의 기술과 관련된 키워드의 등장 빈도가 높게 나타났다. 또한 조사 문항 중 '국가·지자체의 사회보장'이란 내용을 반복적으로 사용하여 이에 대한 키워드 출현 빈도가 높게 나타났다. 계획수립 영역에서는 계획 내 사업의 선정 사유와 필요한 서비스 및 지원의 내용 등이 빈번하게 나타났다. 특히 주민, 커뮤니티, 이웃사촌 등과 같이 지역 도민 간의 공동체 기능을 활성화하는 내용과 이를 통하여 지역 돌봄체계를 강화하는 내용 등이 계획수립 영역에 포함되어 있다.

한편, 제5기 환경진단 영역에서는 "지원", "가구", "서비스", "일자리", "노인", "부족" 등의 키워드의 등장 빈도가 높게 나타났으며, 제5기 계획수립 영역에서는 "지원", "서비스", "돌봄", "체계", "사업", "주민" 등의 키워드의 등장 빈도가 높게 나타났다. 환경진단 영역에서는 가구 특성별 복지 수요 비교(예. 독거노인 가구, 영유아 가구, 다문화 가구, 1인 가구 등)를 통하여 현황을 분석하였다. 또한 조사 결과에서 청년·여성·노인·취약계층·장애인 등 여러 집단에서 일자리 부족 문제가 크게 나타났다는 점을 강조하고 있다. 한편 계획수립 영역에서는 돌봄체계에 대한 강조와 복지공동체의 구축 및 복지 사각지대 해소 및 각종 지역 문제 대응을 위한 네트워크 구축을 강조하였다.

2) 영역별 주요 키워드의 상대적 중요도

각 영역에서 주요 키워드의 상대적 중요도를 살펴보면, 제4기 환경진단 영역에서는 설문조사 결과에서 '거리 교통문제', '서비스 이용자격 제한' 등에 대한 기술이 반복적으로 나타나 관련 키워드의 상대적 중요도가 높게 나타났다. 한편, 제4기 계획수립 영역에서는 '행복경북', '이웃사촌'이라는 키워드가 반복적으로 사용되어 그와 관련된 키워드의 상대적 중요도가 높게 나타났다.

제5기 환경진단 영역에서는 집단별·영역별 서비스 수요에 대한 내용을 기술하면서 일자리·서비스·시설 부족에 대한 결과를 강조한 특성을 보인다. 또한 각종 서비스의 부족과 취약계층 인구의 증가, 복지 사각지대의 중요성이 지속적으로 논의되고 있음을 강조하여, 그와 관련된 키워드의 상대적 중요도가 높게 나타났다. 제5기 계획수립 영역에서는 지역을 중심으로 하는 협력체계 구축의 필요성을 전 영역에서 강조한 특성을 보인다. 특히 거주지 기반의 돌봄체계 구축, 복지 공동체의 활성화, 민 중심의 능동적 복지로의 전환 등에 대한 중요성이 제시된 특성을 보인다.

156 지역사회 변화와 지역사회보장정책의 연관성 진단

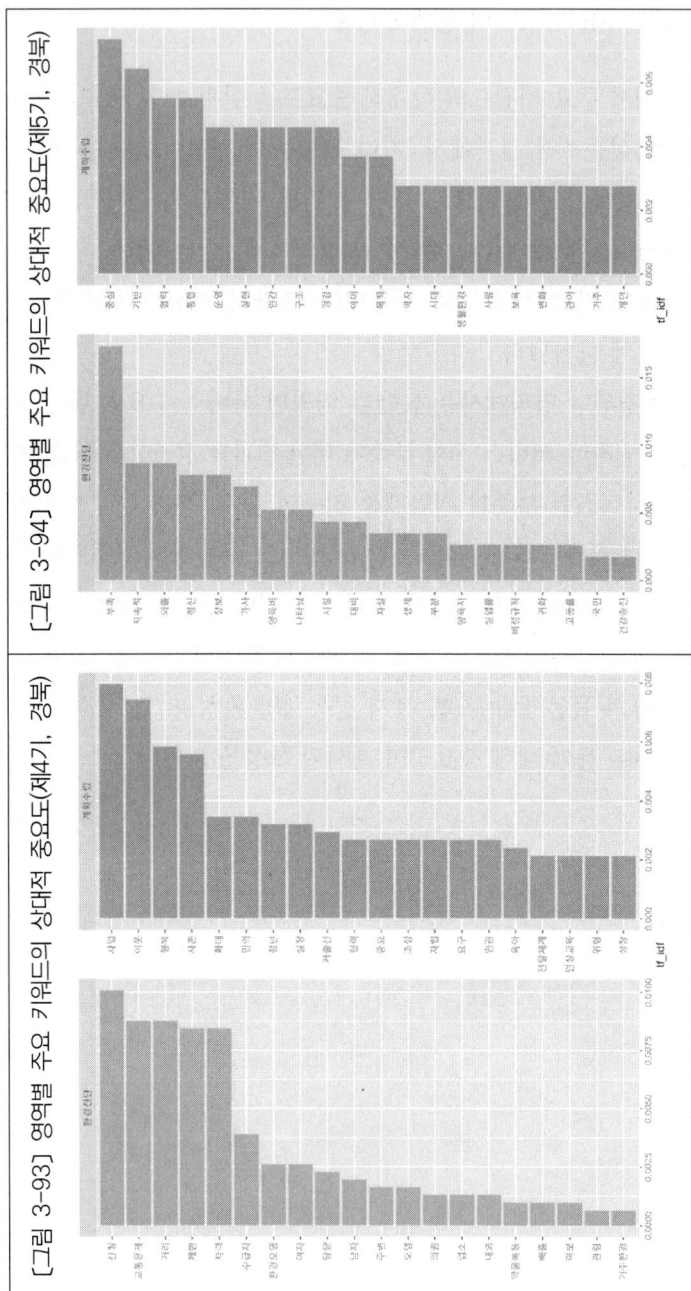

[그림 3-93] 영역별 주요 키워드의 상대적 중요도(제4기, 경북)

[그림 3-94] 영역별 주요 키워드의 상대적 중요도(제5기, 경북)

출처: 저자 작성

3) 주요 키워드의 상관관계(〈부록 표 32〉 참고)

제4기 환경진단 영역에서는 종합적 상담, 자격 제한, 불편 및 부족, 거리·교통문제 등 키워드의 상관관계가 높게 나타났다. 이는 지역사회보장조사의 문항을 반복적으로 기재한 결과라 볼 수 있다. 그 외에도 정신건강, 평생교육, 아동양육, 문화여가활동, 일자리 관련 키워드의 상관관계가 높게 나타났다. 한편, 제4기 계획수립 영역에서는 이웃사촌, 커뮤니티케어, 민관협력 등의 키워드의 상관관계가 높게 나타났다. 키워드의 네트워크 분석 결과를 살펴보면, 사회보장 전반에 대한 키워드 간 관계성을 확인할 수 있는데, 이는 해당 계획에서 9개의 추진전략을 수립하여 사회보장 전반 영역에 대한 사업의 필요성을 제시한 것이 반영된 결과라 볼 수 있다.

제5기 환경진단 영역에서는 정보 부족, 취약계층, 가사활동 및 외출 등의 키워드 간 상관관계가 높게 나타났다. 키워드의 네트워크 분석 결과를 살펴보면, 취약계층, 일자리 관련 사항, 외부 자원의 부족, 돌봄 부담 등에 관련된 키워드가 빈번하게 사용된 것으로 확인된다. 한편, 제5기 계획수립 영역에서는 양육 부담 경감, 건강 안전, 주민공동체, 취약계층 등의 키워드 간 상관관계가 높게 나타났다.

158 지역사회 변화와 지역사회보장정책의 연관성 진단

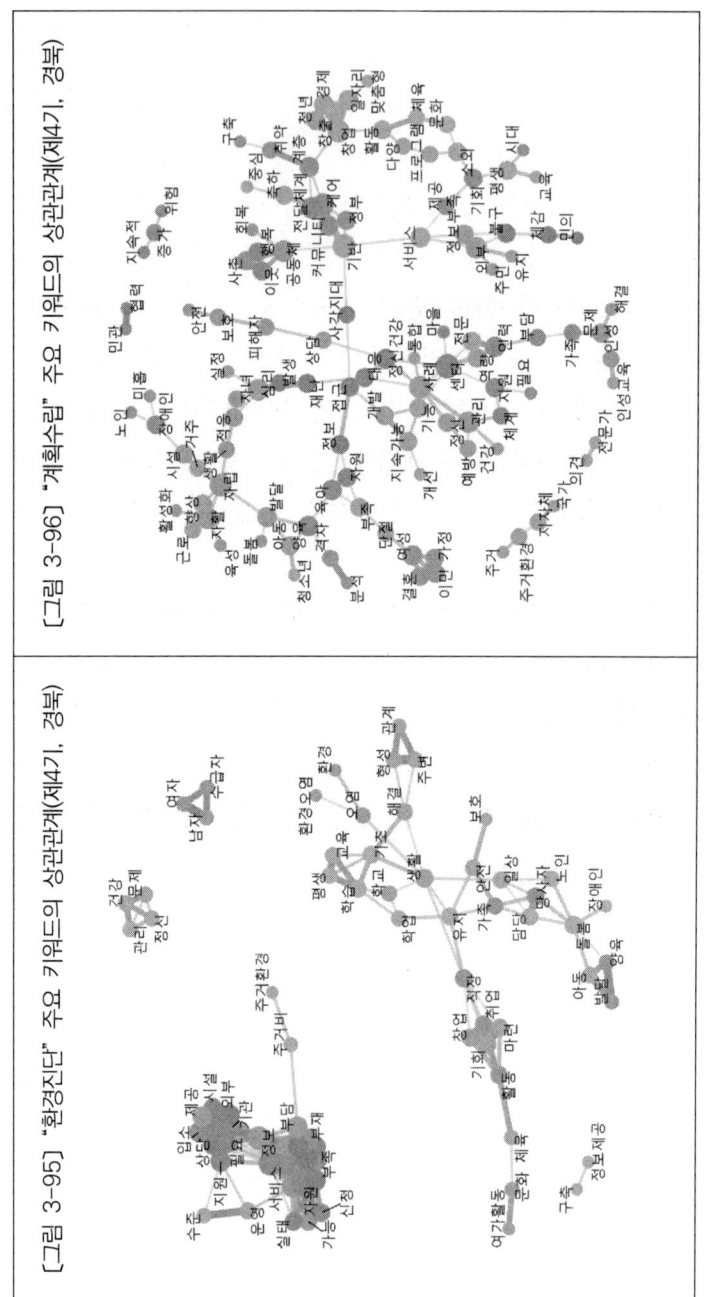

[그림 3-95] "환경진단" 주요 키워드의 상관관계(제4기, 경북)

[그림 3-96] "계획수립" 주요 키워드의 상관관계(제4기, 경북)

출처: 저자 작성

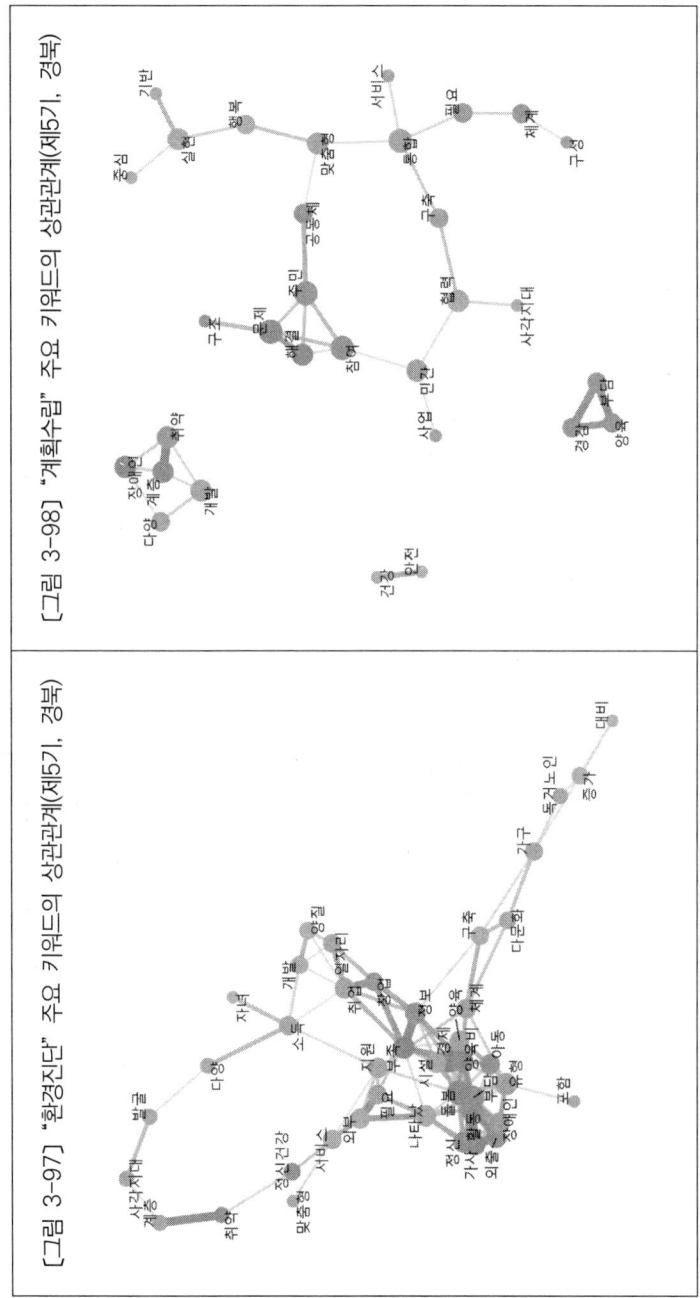

[그림 3-97] "환경진단" 주요 키워드의 상관관계(제5기, 경북)

[그림 3-98] "계획수립" 주요 키워드의 상관관계(제5기, 경북)

출처: 저자 작성

4) 결과 요약

　a. 환경진단과 계획수립 내용 간의 관계

제4기, 제5기 환경진단 영역에서는 지역사회보장조사의 내용을 바탕으로, 영역별 복지 수요 조사와 집단 간의 주요 쟁점을 파악하고 있다. 그러나 계획수립에서는 조사 결과에 대한 전반적 영역을 각 추진전략에 반영하고자 하였으나 집단별 특성이나 지역 간 차이 등에 대한 내용이 적절하게 반영되지 못한 한계를 가진다. 특히 제4기, 제5기 영역에서 강조하고 있는 공동체의 필요성은 환경진단 영역의 분석 결과를 통하여 도출하기 어렵다고 볼 수 있다.

　b. 제4기와 제5기 간의 변화

제4기 환경진단과 제5기 환경진단 영역에서는 공통적으로 지역사회보장조사의 결과를 바탕으로 분석하여 조사 영역별 지역의 특성에 제시하고 있으나, 제5기에서는 주요 대상별 복지 수요를 제시하여 환경진단 결과 기술에 대한 변화가 이루어졌다. 한편, 제4기 계획과 제5기 계획에서는 공통적으로 지역 공동체에 대한 중요성과 민간 참여에 대한 필요성을 강조하고 있다. 제4기에서는 사회보장 전 영역에서의 공동체 활성화를 강조하고 있는 반면, 제5기에서는 돌봄, 복지 사각지대 해소에 초점이 맞추어졌다. 다만, 초점의 변화에도 불구하고 공동체를 활용한 복지 전달체계 강화가 가지는 의미에 대해서는 제4기, 제5기 계획 모두에서 명확하게 드러나고 있지는 않다.

너. 경남

1) 영역별 주요 키워드의 빈도 분석 결과(〈부록 표 16〉 참고)

제4기 지역사회보장계획 환경진단 영역에서 언급된 주요 키워드로는 "서비스", "지원", "노인", "돌봄", "아동", "장애인" 등이 있으며, 계획수립 영역에서 언급된 주요 키워드로는 "서비스", "사업", "지원", "장애인", "행복" 등이다. 환경진단 영역에서는 노인, 장애인, 아동 등 주요 돌봄 대상과 관련된 정책 수요의 필요성에 대하여 설명하였다. 제4기 계획수립 영역에서는 '행복한 경남복지'라는 키워드에 따라 차별 없는 지원과 생애주기별 맞춤형 복지 전략에 대한 키워드의 등장 빈도가 높게 나타났다.

한편, 제5기 환경진단 영역에서는 "서비스", "지원", "가구", "노인", "주민" 등의 키워드의 빈도가 높게 나타났으며, 제5기 계획수립 영역에서는 "서비스", "돌봄", "건강", "지원" 등의 키워드의 빈도가 높게 나타났다. 환경진단 영역에서는 1인 가구 및 고독사 위험 등 위기가구에 대한 지원의 필요성이 강조되었다. 한편 제5기 계획수립 영역에서는 장애인·노인·아동에 대한 돌봄 문제의 적극적 대응과 보건의료 자원의 격차 대응에 대한 필요성이 강조되었다. 그 밖에 자체적인 조사 결과를 바탕으로 저출생 및 청년 인구 유출에 대응하기 위한 산업·일자리 정책의 필요성을 제시하고 있다.

2) 영역별 주요 키워드의 상대적 중요도

각 영역에서 주요 키워드의 상대적 중요도를 살펴보면, 제4기 환경진단 영역에서는 각종 통계데이터의 비교 결과와 관련된 키워드(예. 특정 연월 기준), 지역사회보장조사에서 응답한 이용 경험 관련 키워드(예. 횟수, 의료기관 등)의 상대적 중요도가 높게 나타났다. 제4기 계획수립 영역에서는 '풍요로운 삶의 질'과 '틈새 없는 맞춤형 복지'에 대한 강조로 인하여 관련 키워드의 상대적 우선순위가 높게 나타났다.

제5기 환경진단 영역에서도 마찬가지로 각종 통계데이터의 비교 결과와 관련된 키워드(예. 특정 연월 기준, 대처 등), 지역사회보장조사에서 응답 관련 키워드(예. 취창업 정보 부족 등)의 상대적 중요도가 높게 나타났다. 그 외에도 사업장 규모에 따른 건강검진 수검률 비교 관련 키워드의 중요도가 높게 나타났다 제5기 계획수립 영역에서는 통합돌봄체계에 대한 설명과 삶의 질·복지 체감도 향상의 중요성에 대한 설명으로 인하여 관련 키워드의 상대적 중요도가 높게 나타났다. 또한 대부분의 추진전략의 설정 근거로, 변화되는 사회 및 정책 수요에 대한 대응의 필요성이 강조되고 있다.

제3장 지역사회 변화와 지역사회보장정책 연관성 진단 163

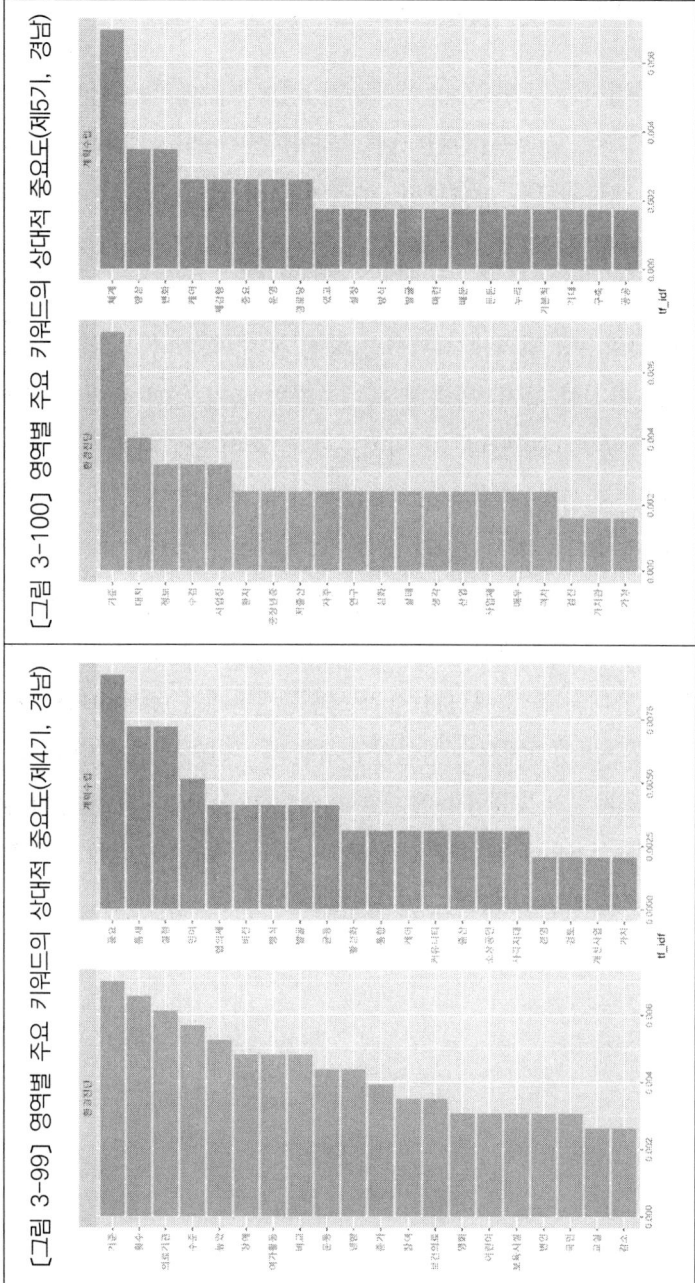

[그림 3-99] 영역별 주요 키워드의 상대적 중요도(제4기, 경남)

[그림 3-100] 영역별 주요 키워드의 상대적 중요도(제5기, 경남)

출처: 저자 작성

3) 주요 키워드의 상관관계(〈부록 표 33〉 참고)

제4기 환경진단 영역에서는 생애주기, 정보 부족에 따른 불편사항, 문화 활동 참여, 아동 교·보육 관련 키워드의 상관관계가 높게 나타났다. 또한 키워드 간 네트워크를 살펴보면, 보건의료 및 건강관리, 기초생활 유지, 문화여가 활동 참여, 아동돌봄 등에 관련된 키워드의 상관관계가 높게 나타났다.

제4기 계획수립 영역에서는 사람 중심 복지, 복지국가 관련 국정과제, 틈새 없는 안전한 복지, 맞춤형 생애주기별 복지 등과 관련된 키워드의 상관관계가 높게 나타났다. 그 외에도 공정 서비스의 제공, 장애인·아동·노인에 대한 돌봄환경 구축 및 확대 등의 주제와 관련된 키워드의 상관관계가 높게 나타났다.

제5기 환경진단 영역에서는 복지 체감도 제고를 위한 노력과 정책적 시급성, 청년 유출에 대한 대응, 장애인 및 노인의 자립, 건강관리와 응급상황에 대한 대처 등에 관련된 키워드의 상관관계가 높게 나타났다. 한편 제5기 계획수립 영역에서는 청년인구 유출과 주민의 건강 관련 문제, 복지 사각지대 및 자원의 불균형 등에 대한 키워드 간 상관관계가 높게 나타났다. 그 외에도 복지자원에 대한 접근성 문제, 아동·장애인·노인에 대한 통합적 돌봄체계 등과 관련된 키워드 간 상관관계가 높게 나타났다.

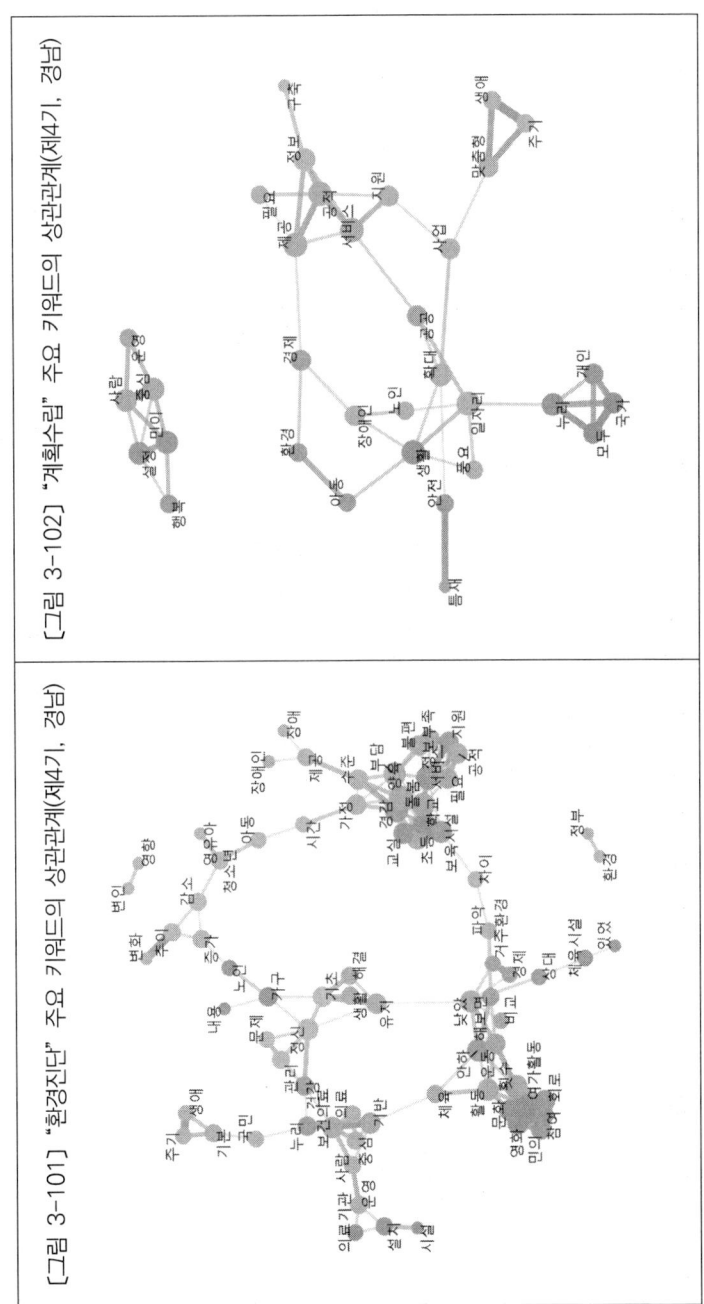

[그림 3-101] "환경진단" 주요 키워드의 상관관계(제4기, 경남)

[그림 3-102] "계획수립" 주요 키워드의 상관관계(제4기, 경남)

출처: 저자 작성

166 지역사회 변화와 지역사회보장정책의 연관성 진단

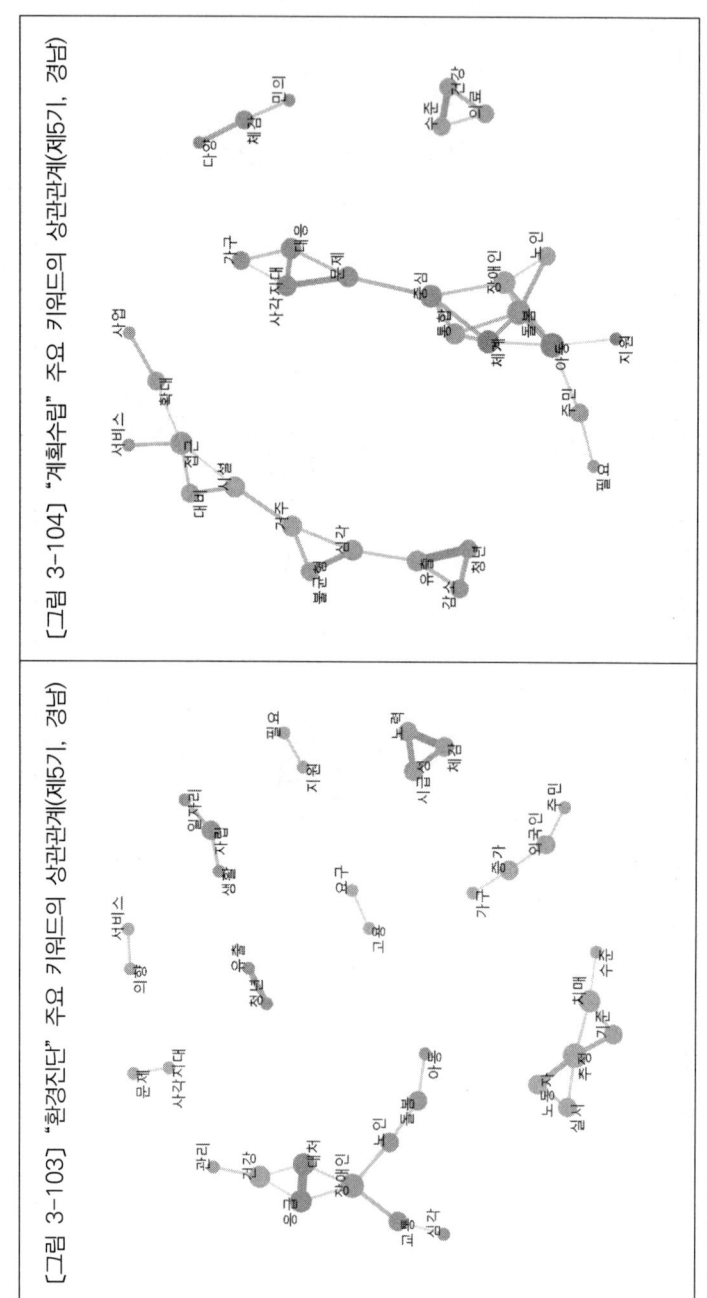

[그림 3-103] "환경진단" 주요 키워드의 상관관계(제5기, 경남)

[그림 3-104] "계획수립" 주요 키워드의 상관관계(제5기, 경남)

출처: 저자 작성

4) 결과 요약

　a. 환경진단과 계획수립 내용 간의 관계

　제4기, 제5기 환경진단 영역에서는 지역사회보장조사의 내용과 각종 통계자료를 바탕으로 영역별·대상별 현안에 대하여 기술하고 있다. 한편, 계획수립 영역에서는 복지 체감도를 제고할 수 있는 복지, 풍요로운 삶의 질, 틈새 없는 지원 등 보편성을 강조하는 전략들이 설정되었다. 이를 바탕으로 취약계층에 대한 지원 강화를 복지정책의 보편성 강화로 설명하고자 하는 측면을 보인다. 각 전략에 포함된 주요 사업의 내용은 취약계층에 대한 지원 확대의 성격이 강하므로 전략별 목적과 사업 간 내용의 관련성이 적절하게 설명되었는지에 대한 검토가 요구된다.

　b. 제4기와 제5기 간의 변화

　제4기 계획과 제5기 계획에서는 공통적으로 주요 돌봄 대상에 대한 정책으로 돌봄체계의 강화가 제시되었다. 이 가운데 제5기 계획에서는 1인 가구, 고독사 위험 가구 등 위기 가구에 대한 지원의 필요성이 강조된 측면이 강하다. 또한 청년 인구에 대한 적극적 대응이 이전 계획과의 차별성이라 볼 수 있다. 이러한 변화는 새로운 복지 수요에 대한 선제적 대응 또한 미래 세대에 대한 지원의 필요성과 관련이 있다고 볼 수 있다.

더. 제주

1) 영역별 주요 키워드의 빈도 분석 결과(〈부록 표 17〉 참고)

제4기 지역사회보장계획 환경진단 영역에서 언급된 주요 키워드로는 "증가", "기준", "가구", "여성", "지원", "아동" 등이 있으며, 계획수립 영역에서 언급된 주요 키워드로는 "사업", "서비스", "지원", "돌봄", "필요" 등이 있다. 환경진단 영역에서는 주요 인구지표의 변화(특정 인구집단의 증감, 가구별 특성 변화, 성별 인구 변화 등)에 대한 내용이 반영되어 관련 키워드의 빈도가 높게 나타났다. 그 외에도 경제사회적 여건의 변화에 대한 논의가 이루어졌으며, 지역사회 복지 욕구에 대한 조사 결과나 읍면동 지역 주민에 대한 인터뷰 결과에 대한 결과 등이 요약적으로 제시되었다. 제4기 계획수립 영역에서는 계획 운영을 통한 필요 정책을 중심으로 관련 내용을 기술하고 있으며, 앞에서 제시된 환경진단 결과의 반영 여부에 대한 사항을 주로 언급하였다.

한편, 제5기 환경진단 영역에서는 "필요", "돌봄", "소득", "분균형", "청년", "교육" 등의 키워드의 등장 빈도가 높게 나타났으며, 제5기 계획수립 영역에서는 "시스템", "돌봄", "구축", "필요", "안전", "지원" 등의 키워드의 등장 빈도가 높게 나타났다. 환경진단 영역에서는 돌봄, 지역 불균형, 인구 고령화에 대응하는 정책의 필요 배경을 중심으로 주요 내용을 구성하였다. 제5기 계획수립 영역에서는 돌봄·교육·안전망 등 사회보장 시스템의 구축에 대한 필요성이 강조되었다. 또한 돌봄과 건강관리, 사각지대 발굴 영역에서의 예방적 시스템이 가지는 의미에 대하여 강조하고 있다.

2) 영역별 주요 키워드의 상대적 중요도

영역별 주요 키워드의 상대적 중요도를 살펴보면, 제4기 환경진단 영역에서는 주요 지표의 변화에 대한 설명과 관련된 키워드(기준 시점, 인구 구성, 집계 결과 등)의 상대적 중요도가 높게 나타났다. 제4기 계획수립 영역에서는 환경 변화의 반영과 신규 사업의 도입 및 발굴에 대한 키워드가 중요하게 다루어졌다.

제5기 환경진단 영역에서는 지역 불균형 수준에 대한 평가와 관련된 키워드, 저출생 고령화 관련 키워드, 장애 친화 도시 관련 정책 내용에 대한 키워드의 상대적 중요도가 높게 나타났다. 한편, 계획수립 영역에서는 도민의 복지 체감도 향상 및 정주 여건 조성과 관련된 키워드의 상대적 중요도가 높게 나타났다. 또한 계획 내에서 강조되고 있는 주요 키워드(예. 체감하는 복지로의 견인, 든든한 일자리 지원, 유니버셜 안전도시 등)의 중요도가 높게 나타나는 특성을 보인다.

170 지역사회 변화와 지역사회보장정책의 연관성 진단

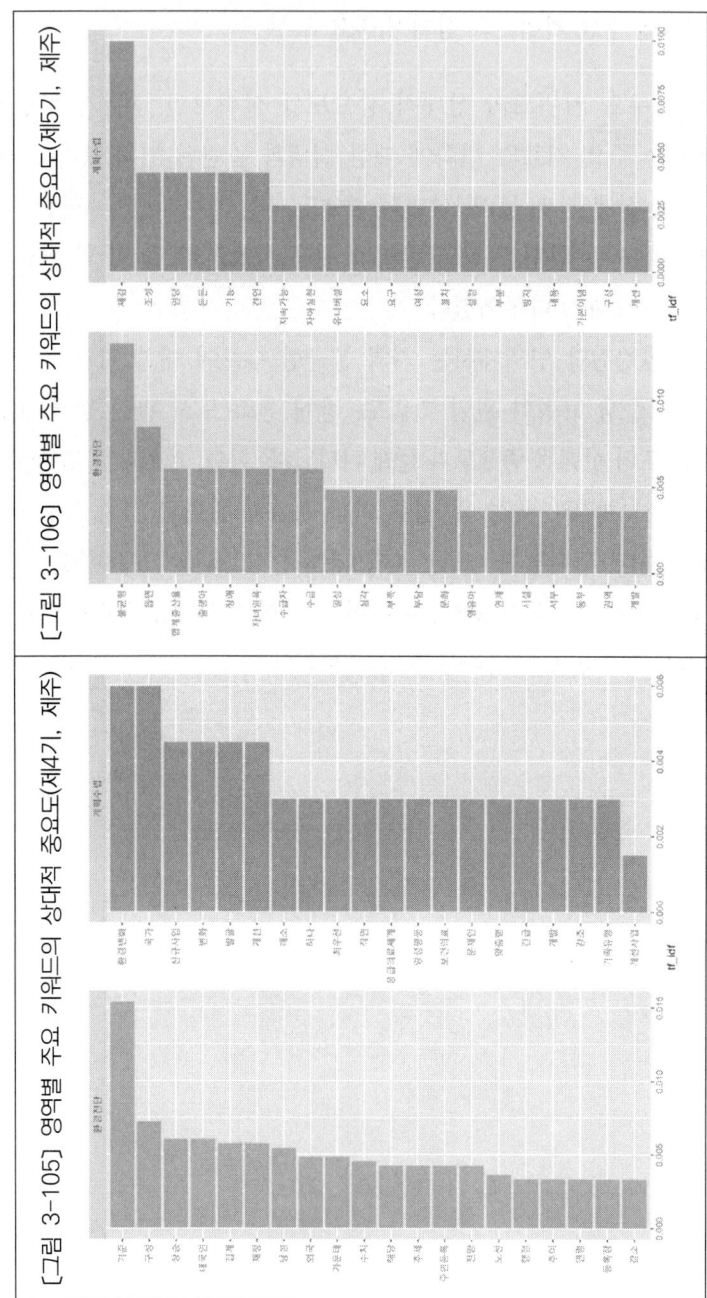

출처: 저자 작성

3) 주요 키워드의 상관관계(〈부록 표 34〉 참고)

제4기 환경진단 영역에서는 주거비 부담, 재정자립, 내·외국인, 출생 인구 추계 결과 등의 키워드 간 상관관계가 높게 나타났다. 키워드의 네트워크를 살펴보면, 아동·장애인·노인의 돌봄과 건강, 기초생활보장 등의 키워드가 주로 등장하는 것을 알 수 있다. 제4기 계획수립 영역에서는 취약계층, 가족 친화, 아동돌봄, 안전망 구축에 관련된 키워드 간의 상관관계가 높은 것으로 나타났다. 키워드 간 네트워크 또한 이와 마찬가지로 지역복지 안전망 구축, 취약계층에 대한 지원, 아동 돌봄의 확대, 가족 친화 문화 확산을 위한 행복제주 구현에 대한 내용이 주로 제시되었다.

제5기 환경진단 영역에서는 읍면 지역 간 자녀 양육 및 교육에 대한 비교 결과, 수급 기준, 취약계층 대상 정책의 확대에 관련된 키워드 간의 상관관계가 높게 나타났다. 그 외에도 지역 간 불균형, 돌봄 시스템 구축 등에 대한 키워드 간의 상관관계가 높게 나타났다. 제5기 계획수립 영역에서는 취약계층, 시스템의 구축, 사각지대 증가에 대응하는 내용의 키워드 간 상관관계가 높게 나타났다. 키워드의 네트워크를 살펴보면, 돌봄 및 사각지대 대응을 위한 시스템 활용, 청년 대상 지원 활성화, 주거·소득·안전 등 정주 여건 개선 등의 내용에 대한 키워드가 주로 제시되었다.

172 지역사회 변화와 지역사회보장정책의 연관성 진단

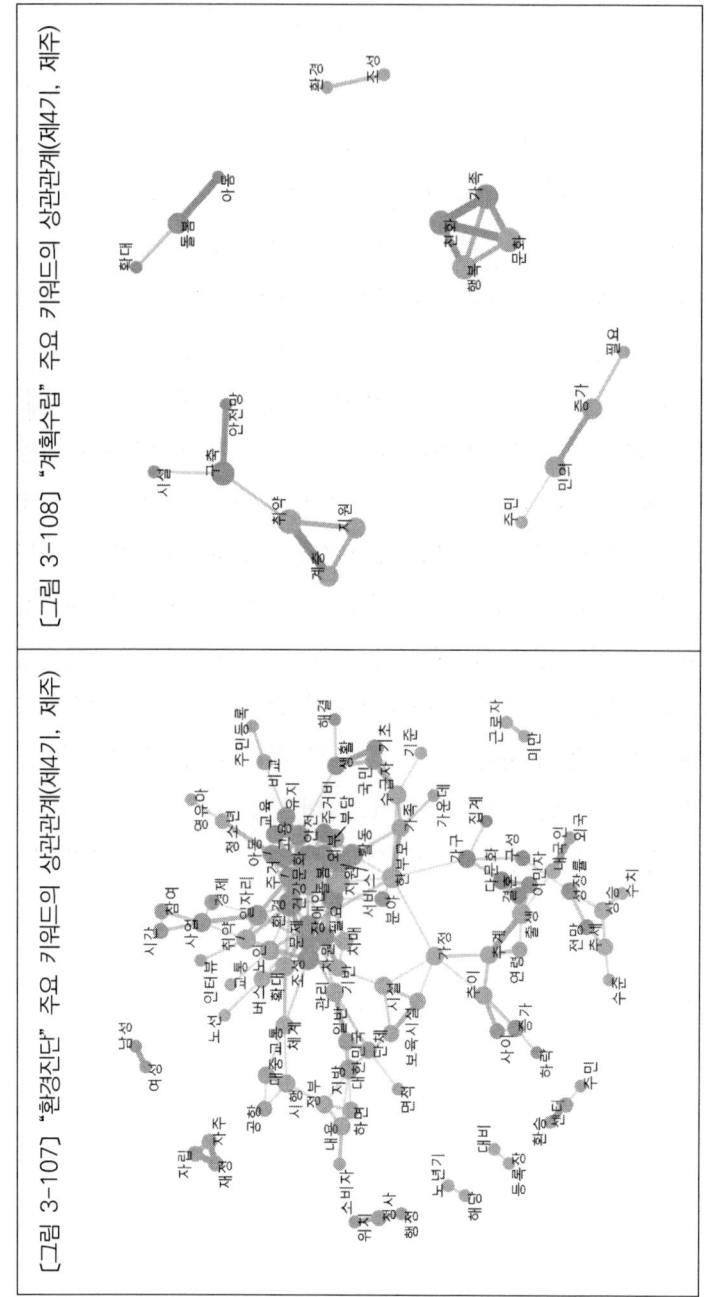

[그림 3-107] "환경진단" 주요 키워드의 상관관계(제4기, 제주)

[그림 3-108] "계획수립" 주요 키워드의 상관관계(제4기, 제주)

출처: 저자 작성

제3장 지역사회 변화와 지역사회보장정책 연관성 진단 173

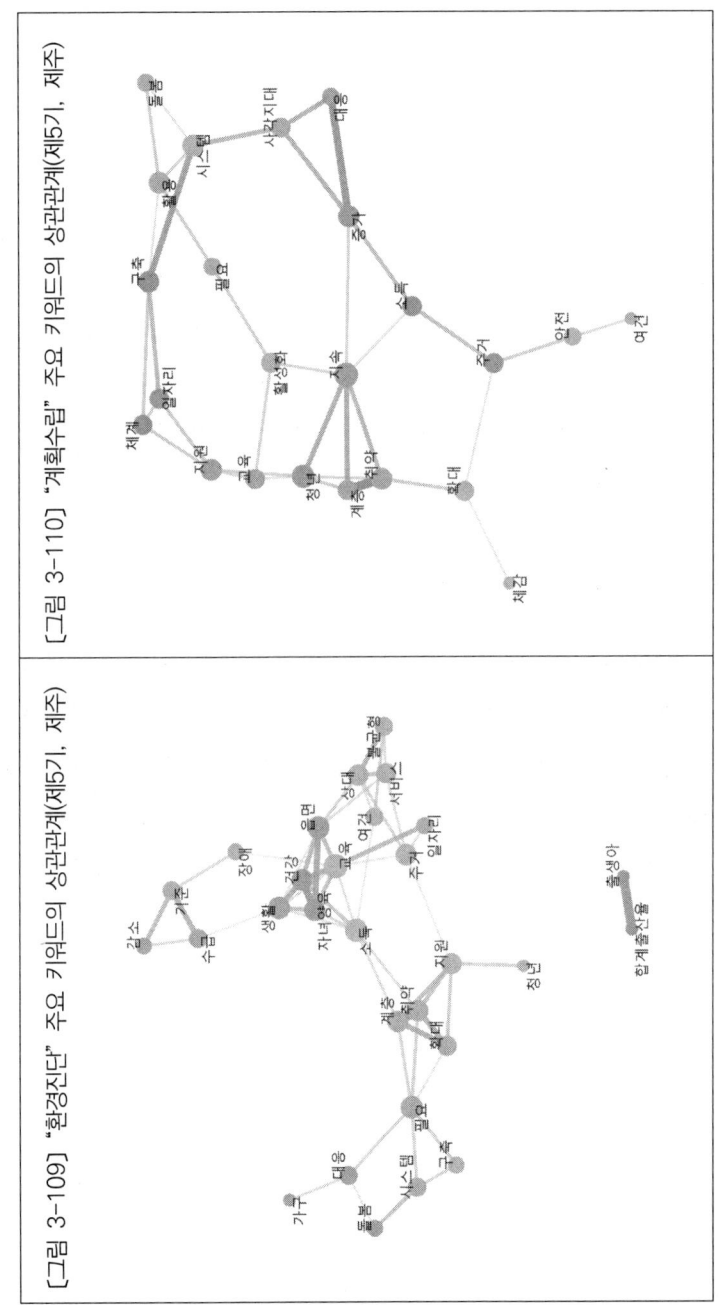

[그림 3-109] "환경진단" 주요 키워드의 상관관계(제5기), 제주

[그림 3-110] "계획수립" 주요 키워드의 상관관계(제5기), 제주

출처: 저자 작성

4) 결과 요약

   a. 환경진단과 계획수립 내용 간의 관계

 제4기, 제5기 환경진단 영역에서는 타지역에 비하여 지역사회보장조사를 기술한 비중이 높지 않으며, 지역별 주요 지표의 변화에 대한 사항이 주로 검토되다. 계획수립 영역에서 제시된 세부적인 정책 내용은 욕구조사 또는 이해관계자 인터뷰를 통하여 도출된 내용을 반영하였다고 볼 수 있다. 계획수립의 배경에 대한 설명에서, 환경진단 내용에 대한 반복적 기술보다는 계획을 통하여 추진하고자 하는 바에 대한 연결성을 중심으로 관련 사항을 요약하여 제시한 측면이 있다.

   b. 제4기와 제5기 간의 변화

 제4기 계획에 비하여 제5기 계획에서는 지역 불균형, 저출생 고령화 등 쟁점에 대한 사항이 강조되었으며, 복지 체감도 향상과 정주 여건 개선을 통한 인구정책의 필요성이 중요하게 논의되었다. 특히 제5기 계획에서는 청년에 대한 정책적 중요도가 높은 것으로 확인된다. 그뿐만 아니라 각종 영역에서의 체계 도입과 더불어 전 영역에서의 '예방적' 접근의 필요성이 제안되었다.

3. 소결

가. 지역별 결과 요약

지역별 분석 결과는 환경진단과 계획수립 간의 관계, 제4기와 제5기 계획 간의 변화를 기준으로 비교해볼 수 있다. 그 결과는 다음 표와 같다.

〈표 3-4〉 시도별 분석 결과 요약-1

지역	환경진단과 계획수립 내용 간의 관계	제4기와 제5기 간의 변화
서울	· 지역 내 주요 이슈에 대한 분석 결과, 정책 대상 및 영역별 자원 부족 등의 문제를 중심으로 논의 · (환경진단)지역 내 사회보장 관련 수요에 대한 파악과 자원의 부족 문제 등을 강조 · (계획수립)지자체의 관련 부서나 기관에서 제공 가능한 서비스 중심	· (제4기)일자리, 건강, 소득보장 등에 대한 논의와 계획 중심 · (제5기)지역사회보장 영역에서의 지원체계 구축 등에 초점 · 시정 방향과 관련된 정책(예. 안심소득 등)이 제5기 계획 내용에 포함됨
부산	· (환경진단)지역 자원의 연계와 협의체를 통한 자원 발굴, 취약계층에 대한 현황 분석 등 · (계획수립)커뮤니티케어, 지역 공동체의 활성화, 지역 기반의 돌봄체계 강화	· (공통)취약계층에 대한 지원과 돌봄체계 강화, 건강 관련 연계 강화 등을 강조 · 환경 및 수요 변화 반영에 한계
대구	· (환경진단)조사 내용 기술, 인구구조 특성에 대한 설명 중심 · (계획수립)지자체의 중점 정책 기조 및 사업의 내용을 강조	· (제4기)인프라 구축과 관련된 내용과 해당 자원을 활용한 사업추진 중심 · (제5기)주요 인구 변화와 주요 정책 대상에 대한 설명이 강조
인천	· (환경진단)조사 내용 기술, 주요 지표 변화 분석 중심 · (계획수립)주요 사회적 이슈와 관련된 전략 수립	· 기수별 작성 방식에 따라 강조되는 내용이 변화

출처: 저자 작성

〈표 3-5〉 시도별 분석 결과 요약-2

지역	환경진단과 계획수립 내용 간의 관계	제4기와 제5기 간의 변화
광주	· 환경진단의 결과와 계획수립 중 전략 수립 사유 내용상 유사성 높음 · 특정 인구 대상에 대한 중요성 강조	· (제4기)주요 사회보장 쟁점 및 정책 대상 중심의 사업 설정 · (제5기)1인 가구, 청년 가구에 대한 지원 강화
대전	· 전략 수립 사유 내용 작성 시 환경진단 결과 요약 활용 · 지역의 추진사업 및 주요 정책 대상 등에 대한 추가적 검토	· (제4기)돌봄 대상에 대한 지원과 각 영역의 모니터링 강화를 강조 · (제5기) 정주 여건 개선, 문화 인프라 확대, 경제활동 지원 등의 내용에 대한 추가적 논의
울산	· (환경진단)지역사회보장조사 결과의 기술 내용 강조 · (계획수립)지역 내 중요 쟁점과 정책 수요 등에 대한 설명 중심	· (제4기)지역사회보장조사 중심의 내용 검토와 근거 설정 · (제5기)계획 영역 확대와 조사 결과 축소에 따라 전략 배경을 기술한 내용이 변화됨
세종	· (환경진단)지역사회보장 영역에 대한 병렬적 기술 · (계획수립)실제 추진하고자 하는 사업 중심의 내용 설정	· (제4기)지역사회 공동체의 활성화를 강조 · (제5기)지역 밀착형 돌봄을 강조, 교육·문화·여가 영역에 대한 사업의 필요성을 강조
경기	· (환경진단)지역 간 격차에 대한 설명 및 인구 변화 등 기술 · (계획수립)환경진단 내용 및 구조상 유사성 높음. 지역 격차에 대한 논의	· (제4기)취약계층, 주거 및 교육 지원 등 강조 · (제5기)청년정책, 일자리 정책의 필요성 강조
강원	· (환경진단)지역 간 격차, 주요 자원의 부족 등 다양한 영역에서의 내용 검토 · (계획수립)특정 사업에 국한된 사업 내용 구성	· 각 시기의 환경 변화를 고려한 사업구성보다는 정책 방향에 따라 강조된 사업 중심으로 전략 수립 · (공통)지역 간 격차, 자원 부족 문제에 대한 검토, 이를 반영한 사업 내용 부족

출처: 저자 작성

〈표 3-6〉 시도별 분석 결과 요약-3

지역	환경진단과 계획수립 내용 간의 관계	제4기와 제5기 간의 변화
충북	· (환경진단)주민의 기본권 강화의 관점에서의 영역 간 연관성 논의 · (계획수립)사업 수행 여부에 따른 제한적 전략 수립	· (제5기)교통 관련 정책과 정보기술 관련 사업 내용 등을 보다 강조, 정주 여건 개선이 목표
충남	· (환경진단)지역사회보장 영역 전반에 대한 내용 검토 · (계획수립)취약계층 지원, 주요 돌봄 대상에 대한 정책에 초점	· (공통)집단별 특성 분석, 아동·노인·장애인에 대한 돌봄 정책 강화 · (제5기)주요 정책 대상을 청년과 중장년층까지 확대
전북	· (환경진단)계획수립 시점에 주목해야 할 주요 정책 대상 논의 · (계획수립)지역 내 돌봄체계의 내용을 설정, 영역별 재정적 여건 한계를 설명	· (공통)돌봄체계 강화의 필요성 논의 · (제5기)생애주기 돌봄의 관점에서 아동 돌봄에 대한 사항을 강조, 사회서비스원을 중심으로 한 복지공동체의 역할 강화
전남	· (환경진단)욕구조사, 전문가 의견수렴 등을 통한 분야별 쟁점 도출 · (계획수립)사업 내용 중심 구성, 인구감소에 대한 대응 내용 부족	· (공통)돌봄체계 강화, 각종 자원 부족 문제의 대응 강조 · (제5기)정주 여건 개선, 청년·주거·일자리, 문화복지 정책 등에 대한 지원 방안 제시
경북	· (환경진단)각 영역의 복지 수요 조사 및 집단 간 차이를 통한 쟁점 도출 · (계획수립) 지역 간 차이 대응 부족, 공동체성 강화 등에 대한 진단 불분명	· (제4기)욕구조사 결과를 바탕으로 한 분석, 공동체 활성화 강조 · (제5기)대상별 복지 수요 분석, 돌봄 및 사각지대 해소 강조
경남	· (환경진단)조사 결과 및 각종 통계자료를 통한 현안 검토 · (계획수립) 복지 체감도 제고를 위한 전략 구성, 취약계층에 대한 지원 확대 중심	· (공통)돌봄체계 강화 강조 · (제5기)1인 가구, 고독사, 청년 등에 대한 대응 논의
제주	· (환경진단)주요 지표에 대한 변화 중심 · (계획수립)욕구조사 및 의견수렴 등을 통하여 개획 내용과 분석 결과 간 연결성 제시	· (제5기)지역 불균형, 저출생 고령화 등 쟁점에 대한 사항을 강조, 정주 여건 개선, 청년 정책의 필요성 등 논의, 예방적 접근의 필요성 제시

출처: 저자 작성

나. 논의 사항

17개 시도의 제4기, 제5기 지역사회보장계획 내 지역 여건 분석 결과와 지역사회보장계획 전략 및 사업에 대한 내용 간의 연관성을 비교한 결과를 통하여 도출할 수 있는 논의 사항은 아래와 같다.

첫째, 지역사회보장계획 수립의 환경진단과 계획수립 간의 연관성 강화를 위해서는 지역사회보장조사의 구조에 대한 검토가 선행되어야 한다. 다수의 지역에 대한 분석 결과, 지역사회보장계획 수립을 위한 환경진단의 결과는 지역사회보장조사의 구조와 내용에 상당한 영향을 받는다는 사실을 알 수 있다. 각 지역에서는 지역 내 특성 분석을 위하여 다양한 자료를 활용하고 있으나, 제4기와 제5기에서 공통적으로 지역사회보장조사의 결과에 대한 활용도가 매우 높음을 알 수 있다. 지역의 변화나 주요 사회경제적 특성 비교를 위해서는 지역사회보장지표를 포함한 각종 통계자료들이 활용될 수 있으나, 대부분 각 사업에 대한 필요성 또는 중요도는 해당 조사 결과의 내용을 따르는 경우가 다수였다.

이로 인하여 지역사회 환경진단은 지역사회보장조사에서 제시하고 있는 조사 문항의 내용과 그 결과에 영향을 받게 된다. 특히 해당 조사의 특성상 지역사회보장 전 영역에 대하여 포괄적인 문항을 통해 관련 사항을 질의하게 된다. 각 지역에서는 해당 조사 결과에 대한 세부적인 내용을 분석하여 그에 대한 결과를 환경진단에 반영한 사례가 많지 않은 것으로 볼 수 있다. 그뿐만 아니라 지역사회보장조사의 영역별 내용은 지역의 특성에 따라 그 우선순위가 다르게 배정될 수 있으나 조사 결과를 단순하게 기술했기 때문에 주요 쟁점에 대한 선별적 접근이나 지역 특성을 반영한 대안 제시 등에 적절한 근거를 가지기 어렵다는 한계를 보인다.

둘째, 지역사회보장계획 수립의 환경진단에 기반을 둔 전략 수립과 주요 사업의 우선순위 설정이 요구된다. 분석 결과, 지역사회보장 전략 설정과 주요 사업의 내용 선정에 대한 우선순위가 불명확하다. 다수의 지역에서 지역사회보장 전략 설정의 배경과 주요 사업 선정의 이유로 환경진단 결과의 요약 내용을 활용하고 있다. 그러나 계획 내에서 제시한 환경진단 영역에서 쟁점의 우선순위가 명확하게 도출되지 못하였기 때문에 계획 내에서 다루는 정책 수요가 어떠한 중요도를 가지는지 확인하기에 어려움이 따를 수밖에 없다. 예를 들어 다수의 지역에서 일자리, 주거와 관련된 지원의 필요성 대두되었다고 설명하고 있으나, 그에 상응하는 사업 또는 전략 수립이 이루어진 지역은 많지 않은 것이 사실이다.

계획수립 과정에서 지역사회보장 영역 전반에 대해 검토하는 것이 중요하나 계획 작성의 결과는 이와 달리 특정 쟁점에 대한 대응일 수밖에 없다. 그렇다면 환경진단을 통하여 확인된 지역의 문제 가운데 계획 내에서 대응 가능한 문제가 어떠한 것이며, 이것이 어떠한 근거에 의하여 계획에 포함될 수 있는지에 대한 설명이 있어야 할 것이다. 환경진단을 통하여 도출된 지역 내 쟁점의 우선순위와 계획을 통하여 대응할 정책적 우선 순위가 다른 경우, 이에 대한 설명이 계획 내에서 검토될 필요가 있다.

셋째, 환경진단과 계획수립 간 연관성을 강화하기 위해서 계획수립 지침 또는 계획 구성에 대한 전반적 검토가 필요하다. 지역사회보장계획의 구성 변화가 환경진단 및 계획 내용 간의 연관성에 영향을 미칠 수 있다. 제4기 지역사회보장계획과 달리 제5기 지역사회보장계획에서는 지역사회 보장사업에 대한 전략체계와 균형발전 전략체계가 구분된다는 특성을 보인다. 이에 따라 물적 인프라의 확충이나 민관협력 활성화 등의 내용이 별도로 작성된다. 제4기 계획에서는 계획 내용에 위 사항을 모두 반영해야 하기 때문에 환경진단의 결과와 마찬가지로 다양한 영역에 대한 사업 제안이 요구되었다. 그러나 제5기에 이르러 계획의 내용은 주요 정책 대상에 대한 지원이나 주민 대상의 보편적 사업 등에 초점이 맞추어지게 되었다. 그 결과 지역사회보장사업체계 내에서는 주민 대상의 조사 결과를 주로 반영하게 되었다. 따라서 전략체계의 구분은 지역사회보장조사의 내용 구성과 활용의 가치에 더 많은 영향을 미친다고 볼 수 있다.

넷째, 환경 변화에 적절하게 대응할 수 있도록 계획 내용의 유연성, 변화 가능성 등이 지속적으로 강조될 필요가 있다. 계획수립 시점에 필요한 주요 정책 이슈에 맞게 사업의 내용이 변화되고 있다. 17개 시도 기준, 제5기 계획에서 중요하게 논의되고 있는 정책 대상은 고독사 위험군을 포함한 1인 가구, 청년 등이며, 또한 인구소멸 문제와 관련하여 정주 여건 개선을 위한 노력 등이 강조되고 있다. 이는 계획 수립 시점의 정책 이슈를 반영하기 위한 각 지역의 노력이라 볼 수 있다.

한편, 계획 수립 당시에 주로 논의되는 지역사회보장 관련 쟁점과 정책 대상의 선정 사유는 충분한 근거에 기반을 두어 제시되지 못한다는 한계를 보인다. 이는 앞에서 논의된 바와 같이 지역 환경진단의 틀이 가지는 한계와 관련이 있다. 그러므로 계획 및 전략의 내용은 해당 지역의 정책적 변화에 대응하고 있는 반면에 그에 맞는 환경진단이 이루어지고 있지 못하다고 평가할 수 있다. 즉, 주요 인구집단의 변화나 정책 대상의 변화, 욕구조사 결과에 대한 기술이 기수별 계획의 변화만큼 충분한 유연성을 가지지 못한다고 볼 수 있다. 이러한 상황은 해당 계획 내에서 환경진단 결과와 계획수립 내용 간의 일관성 확보에 부정적인 영향을 미칠 수 있다.

제2절 사회적 이슈의 변화와 지역사회보장계획 간의 연관성 진단

1. 연구 개요

본 절의 목적은 제4기(2018~2022)와 제5기(2023~2026) 지역사회보장계획 기간 동안 주요 사회적 이슈의 변화를 한국의 사회지표를 바탕으로 진단하고, 사회지표의 변화를 통해 드러난 지역사회의 변화에 대응하기 위한 노력으로서 지역사회보장계획의 지역사회 여건 진단, 지역사회보장을 위한 추진전략, 중점 추진사업, 세부사업 등에 어떻게 반영되었는지를 검토하는 데 있다.

이를 위해 2018년부터 2026년까지 한국 사회에서 주목할 만한 사회적 이슈를 사회지표를 통해 분석하고, 이러한 지표의 수준과 변화가 시·도별로 어떠한 차이를 보이는지 살펴보고자 한다. 이를 바탕으로 주요 사회적 이슈 관리의 필요성이 상대적으로 더 높은 지역을 선별하고, 해당 지역에서 주요 사회적 이슈 관리에 대한 적절한 지역사회 여건 진단이 이루어졌는지, 또한 이러한 진단을 반영한 적절한 추진전략과 세부사업이 수립되었는지 검토하고자 한다.

2. 연구 방법

가. 연구 대상 및 범위

본 연구는 17개 광역 시·도를 연구의 대상으로 설정하였다. 이들은 광역시, 특별시, 특별자치시, 도, 특별자치도를 포함하며, 각 광역 시·도는 독자적인 행정구역으로서 다양한 행정, 경제, 사회적 기능을 담당하고 있다. 구체적으로, 본 연구의 대상은 서울특별시, 부산광역시, 대구광역시, 인천광역시, 광주광역시, 대전광역시, 울산광역시, 세종특별자치시, 경기도, 강원도, 충청북도, 충청남도, 전라북도, 전라남도, 경상북도, 경상남도, 제주특별자치도이다.

나. 분석 자료

본 연구는 사회지표를 통해 드러난 지역사회의 사회적 이슈가 지역사회보장계획의 지역 진단과 세부사업 목록에 적절히 반영되고 있는지를 확인하고자 하였다. 사회적 이슈의 변화와 지역사회보장계획 간의 연관성을 진단하기 위하여 본 연구는 '한국의 사회지표'와 지역사회보장계획의 내용을 분석자료로 활용하였다.

'한국의 사회지표'는 우리나라 사회상을 종합적으로 살펴보고 국민 삶과 관련한 전반적인 경제·사회 변화를 쉽게 파악할 수 있도록 돕기 위해 통계청이 매년 발행하는 것으로, 통계작성기관에서 작성한 통계를 재분류·가공하여 1979년부터 매년 작성해 오고 있다(통계청, 2024). 한국의 사회지표는 1. 인구, 가구·가족, 2. 건강, 생활환경, 3. 교육·훈련, 노동, 4. 소득·소비·자산, 여가, 5. 주거, 범죄·안전, 6. 사회통합, 주관적 웰빙의 여섯 가지 영역에서 29가지 세부 내용를 종단적으로 조사하고 있다.

구체적으로, 1. 인구, 가구·가족 영역은 인구 변화와 가구 변화, 외국인 추이, 혼인 현황, 출산율과 출생아 수 등을 조사하고 있으며, 2. 건강, 생활환경은 기대수명, 조(粗)사망률, 유병률, 생활습관, 환경 상태 등을 조사하고 있다. 3. 교육·훈련, 노동 영역은 교육 기회, 학교 생활, 고용과 실업, 근로 형태 및 여건 등을 조사하고 있으며, 4. 소득·소비·자산, 여가 영역은 국민계정 및 물가, 가구소득 및 소득분배, 소비생활, 여가 활용, 여가 충족도 및 만족도, 5. 주거, 범죄·안전 영역은 주택보급, 주거 적절성, 주거지출, 범죄 현황, 사건·사고 현황, 6. 사회통합, 주관적 웰빙 영역은 국가기관 신뢰도, 사회갈등 인식, 사회적 관계망 및 고립감, 사회참여, 주관적 웰빙 등을 조사하고 있다.

지역사회보장계획은 지역 주민의 복지와 삶의 질을 향상시키기 위해서 지방자치단체가 수립하는 종합적인 계획으로, 지역사회의 특성과 욕구에 맞추어, 다양한 복지 서비스와 자원을 효율적으로 배분하고 제공하기 위해 수립된다. 지역사회보장계획의 수립 과정을 살펴보면, 먼저 지역 주민의 복지 욕구 및 현황 파악을 위한 실태조사를 수행하게 되며, 실태조사에서 수집한 자료를 분석하여 지역 사회의 문제점과 요구사항을 도출하기 위한 분석 및 평가를 수행한다. 이 과정에서 지역사회의 환경 및 여건 변화를 파악할 수 있다. 이러한 내용을 바탕으로 구체적인 지역사회보장계획을 수립하게 되는데, 이는 목표 설정, 전략 마련, 이를 달성하기 위한 세부사업 등 세부 실행 계획을 중심으로 작성된다.

원칙적으로 지역사회의 환경 및 여건 변화의 진단 과정에서 지역사회가 지니고 있는 사회적 문제 또는 이슈가 도출되어야 하며, 구체적으로 수립되는 지역사회보장계획의 세부사업은 이러한 문제와 이슈를 해결하기 위한 목표와 추진전략을 중심으로 구성되어야 한다. 이러한 점에 주목하여, 본 연구는 사회적 이슈를 지역사회보장계획의 환경 및 여건 진단 과정에서 얼마나 적절히 도출하고 있는가를 점검하고, 또한 진단 결과 도출된 지역사회의 현안을 다루기 위해 세부사업이 얼마나 적절히 구성되었는가를 검토하였다.

다. 변수의 선정

 사회적 변화의 정확한 진단은 중앙정부와 지방자치단체의 정책 결정에 기초 자료로 활용될 수 있다. 사회적 변화는 특정 지역과 국민의 삶의 질에 직·간접적인 영향을 미칠 수 있으며, 특히 급격한 변화가 발생하고 있는 사회적 문제는 신속하고 적절한 대응이 필요하다. 이러한 진단은 정책의 우선순위를 설정하고 효율적인 자원 배분에 있어 중요한 역할을 한다. 따라서 사회지표를 바탕으로 사회적 문제를 진단하고 변수로 선정하는 과정은 다양한 정책 수립의 첫걸음이라는 중요한 의미를 지닌다. 본 절에서는 2023년 한국의 사회지표를 분석하여, 절대적인 수준이 열악하거나 급격한 부정적인 변화가 관찰된 지표를 연구의 변수로 선정하였다. 이러한 변수를 선정한 이유는 중앙정부뿐만 아니라 지방자치단체에서도 관심을 가지고 대응해야 하는 사회적 문제이기 때문이다.

 2023년 한국의 사회지표에 따르면, 총인구는 감소하고 있으며 1인 가구는 꾸준히 증가하고 있다. 특히 1인 가구 비율은 2023년 34.5%에 달했다. 한국인의 기대수명은 증가하는 추세를 보였고, 흡연율과 음주율은 감소하는 경향을 나타냈다. 평균 가구 소득은 증가하였으며, 소득 불평등은 소폭 개선된 것으로 분석되었다. 이에 따라 한국인의 소비지출이 증가했으며, 소비생활 만족도 역시 상승하였다. 범죄율은 지속적인 감소세를 보이며, 사회 안전 측면에서 긍정적인 변화를 나타냈다. 반면, 사회 통합 및 주관적 웰빙과 관련하여서는 정치적, 경제적 요인으로 인한 사회 갈등이 심화되었으며, 주관적 웰빙 지표와 삶의 만족도는 전년도보다 감소한 것으로 나타났다.

 2023년 한국의 사회지표를 바탕으로 살펴보면, 고용률 증가, 소득 증가 및 소득 분배의 개선, 교육 기회 확대, 여가생활 만족도 증가, 범죄율 감소 등 긍정적인 변화가 관찰되었지만, 출산율 급감, 자살률 증가, 주거비 부담 증가, 사회 갈등 심화, 1인 가구 증가 등 부정적인 사회 변화도 눈에 띄었다.

특히 본 연구에서는 출산율 급감, 자살률 증가, 1인 가구 증가의 지표 변화에 주목하였다. 출산율의 급감은 인구감소와 고령화 문제를 심화시켜 사회·경제적 부담을 가중시킴과 동시에 사회의 지속가능성을 위협한다. 또한, 자살률의 증가는 사회 불안과 국민의 정신건강 문제를 방증하는 지표로, 사회보장체계가 미비한 상황이라는 것과 심리·사회적 지원의 필요성을 나타내고 있다. 1인 가구의 증가는 사회적 고립의 큰 요인이 될 수 있으며, 청년과 중장년, 노년층을 아우르는 1인 가구의 증가는 곧 복지 및 돌봄 서비스 수요의 증가를 의미한다. 따라서, 이러한 사회 변화의 관리와 극복의 중요성은 매우 크며 이를 위해 중앙정부뿐 아니라 지방자치단체의 역할 또한 매우 중요하므로, 그들이 어떤 방식으로 이러한 변화에 대응하고 있는지 분석하는 것이 본 연구의 목적이라고 할 수 있다.

라. 변수의 측정

1) 지역사회의 사회적 이슈

본 연구는 2018년부터 2026년까지 한국 사회에서 주목할 만한 사회적 이슈를 사회지표의 변화를 통해 분석하였다. 특히, 이러한 지표의 수준과 변화가 시·도별로 어떠한 차이를 보이는지 살펴보았다. 본 연구에서 선정한 세 가지 사회적 이슈는 출산율, 자살률, 1인 가구 비율이다.

① 출산율

합계출산율은 가임기(15~49세) 여성 1명이 낳을 것으로 기대되는 출생아의 수를 의미한다. 한국의 사회지표(통계청, 2024)에 따르면,

2023년 합계출산율은 0.72명ᵖ으로 전년보다 0.06명 감소했으며, 1970년 통계작성 이래 역대 최저치로 나타났다. 한국 사회에서 합계출산율은 꾸준히 감소하는 것으로 나타나는데, 2000년 1.48명이었던 것이 완만하게 꾸준히 감소하여 2023년에는 2000년의 1/2 수준에도 미치지 못하고 있다. 출산율 감소가 일어난 이유는 경제적 부담, 사회적 변화, 양육 및 돌봄 문제, 여성의 사회적 역할 변화 등 다양한 요인이 제시되고 있다. 출산율 감소를 막기 위한 다양한 노력이 있어 왔지만, 성공하지 못하고 있다.

② 자살률

통계청의 사망원인통계에서 집계하고 있는 자살률은 자살로 인한 사망자 수를 주민등록연앙인구로 나눈 후 10만을 곱한 것으로 인구 10만 명당 자살 사망자 수를 의미한다. 한국의 자살률은 2000년 13.7명으로 나타났는데 그때부터 꾸준히 증가하는 추세를 보여 2003년에는 22.7명, 2009년에는 31.0명으로 나타났으며, 2011년에는 31.7명으로 역사상 가장 높은 수치를 보였다. 그 이후 2017년(24.3명)까지 완만하게 감소하면서 25명 수준에서 등락을 거듭하고 있다. 2022년에 한국의 자살률은 25.2명으로 나타났다. 한국의 자살률은 매우 심각한 수준으로 OECD 국가 중에서 가장 높은 수준이다. 2022년 사망 원인 순위에서 암, 심장질환, 폐렴, 뇌혈관질환에 이어 다섯 번째 높은 원인으로 지목받았는데, 사망 원인에 포함된 대부분의 원인이 사고가 아닌 질병으로 구성되어 있는데, 유일하게 자살만이 질병이 아닌 사망 원인에 포함되어 있다.

③ 1인 가구 비중

한국의 사회지표(통계청, 2024)에 따르면, 한국의 1인 가구 비율은 꾸준히 증가하고 있다. 1인 가구의 비중은 2000년 15.5%에 불과하였는데, 꾸준히 상승하여 2005년에는 20%, 2019년에는 30.2%에 달했으며, 집계된 가장 최근인 2022년에는 34.5%인 것으로 나타났다. 2022년을 기준으로 50대 1인 가구주가 22.2%로 가장 많았으며, 60대가 19.4%, 40대가 19.3%로 분포하는 것으로 나타났다. 65세 이상인 노인 가구 수는 533.2만 가구로 전년(501.6만 가구)보다 31.6만 가구 증가하였는데, 이는 2000년(173.4만 가구)와 비교하였을 때 3.1배 증가한 수치이며, 앞으로도 노인 가구의 비율 및 가구 수는 꾸준히 증가할 것으로 예측된다.

2) 지역사회 여건 진단

지역사회 여건 진단은 17개 시·도의 제4기와 제5기 지역사회보장계획의 지역사회 여건 진단 파트를 출산율, 자살률, 1인 가구 비중을 중심으로 검토한 후, 해당 내용이 여건 진단에 포함되었을 경우 이항(binary)으로 "있음"과 "없음"으로 구분한 후, 진단이 포함된 경우 진단의 충분성에 따라 "상"과 "중"으로, 진단이 없는 경우 "하"로 재구분하였다.

3) 지역사회보장계획 세부사업

지역사회 여건 진단은 17개 시·도의 제4기와 제5기 지역사회보장계획의 전략체계에 포함된 세부사업을 출산율, 1인 가구 비중, 비만율, 자살률을 중심으로 검토한 후 해당 내용이 세부사업 목록에 포함되었을 경우 이항(binary)으로 "있음"과 "없음"으로 입력하였으며, 관련된 세부사업의 개수와 사업명을 함께 검토하였다.

마. 분석 방법

다음 [그림 3-103]은 본 연구의 모형을 나타내고 있다.

[그림 3-103] 연구 모형

바. 분석 방법

본 연구에서는 콘텐츠 분석(content analysis) 방법을 사용하여 한국 사회의 주요 사회적 이슈와 그에 따른 지방자치단체의 대응을 탐색적으로 분석하였다. 콘텐츠 분석은 텍스트 자료에 나타난 특정 주제나 현상의 빈도, 발생률 등을 수치화하여 그 패턴을 분석하는 데 적합한 방법으로, 본 연구에서는 이를 활용하여 한국 사회지표에서 나타난 사회의 변화와 지역사회보장계획에서 나타난 대응을 체계적으로 비교하고 분석하였다.

3. 분석 결과

가. 합계출산율

1) 시·도별 합계출산율 현황

다음 〈표 3-7〉은 통계청의 「인구동향조사」에서 나타난 2015년부터 2022년까지의 시·도별 합계출산율을 나타내고 있다. 전국의 합계출산율이 지속적으로 감소(-37.1%)하고 있는 가운데, 시·도별 합계출산율에 차이가 나타나고 있다.

서울은 전국에서 합계출산율이 가장 낮은 지역으로 2015년 1.00이던 것이 2022년 0.59로 감소하였다. 부산과 인천, 대구, 광주, 대전 같은 지역들도 상대적으로 합계출산율 수준이 낮은 것으로 나타났다.

한편, 세종시는 전국에서 합계출산율이 가장 높은 지역으로 2015년 1.89이던 것이 2022년 1.12수준으로 감소하였으나 여전히 전국에서 가장 높은 합계출산율을 보이고 있다. 전남이나 제주, 경북, 충남, 울산 같은 지역들도 상대적으로 합계출산율 수준이 높은 것으로 나타났다. 특히, 울산은 광역시 중에서는 유일하게 합계출산율이 1보다 높은 지역인 점이 특이점이다.

감소율을 기준으로 살펴보면 지난 2015년부터 2022년까지 합계출산율의 감소가 가장 가파르게 나타난 지역은 울산광역시(43.0%), 경상남도(41.7%), 서울특별시(41.0%) 순으로 나타났으며, 가장 완만하게 감소한 지역은 강원도(26.0%), 광주시(30.6%), 경기도(33.9%) 순으로 나타났다.

〈표 3-7〉 시·도별 합계출산율

(단위: 명, %)

시·도별	2015	2016	2017	2018	2019	2020	2021	2022	변화율*
전국	1.24	1.17	1.05	0.98	0.92	0.84	0.81	0.78	-37.1
서울	1	0.94	0.84	0.76	0.72	0.64	0.63	0.59	-41.0
부산	1.14	1.1	0.98	0.9	0.83	0.75	0.73	0.72	-36.8
대구	1.22	1.19	1.07	0.99	0.93	0.81	0.79	0.76	-37.7
인천	1.22	1.14	1.01	1.01	0.94	0.83	0.78	0.75	-38.5
광주	1.21	1.17	1.05	0.97	0.91	0.81	0.9	0.84	-30.6
대전	1.28	1.19	1.08	0.95	0.88	0.81	0.81	0.84	-34.4
울산	1.49	1.42	1.26	1.13	1.08	0.98	0.94	0.85	-43.0
세종	1.89	1.82	1.67	1.57	1.47	1.28	1.28	1.12	-40.7
경기	1.27	1.19	1.07	1	0.94	0.88	0.85	0.84	-33.9
강원	1.31	1.24	1.12	1.07	1.08	1.04	0.98	0.97	-26.0
충북	1.41	1.36	1.24	1.17	1.05	0.98	0.95	0.87	-38.3
충남	1.48	1.4	1.28	1.19	1.11	1.03	0.96	0.91	-38.5
전북	1.35	1.25	1.15	1.04	0.97	0.91	0.85	0.82	-39.3
전남	1.55	1.47	1.33	1.24	1.23	1.15	1.02	0.97	-37.4
경북	1.46	1.4	1.26	1.17	1.09	1	0.97	0.93	-36.3
경남	1.44	1.36	1.23	1.12	1.05	0.95	0.9	0.84	-41.7
제주	1.48	1.43	1.31	1.22	1.15	1.02	0.95	0.92	-37.8

주: 변화율=((2022년 출산율-2015년 출산율)/2015년 출산률)*100
출처: "인구동향조사", 통계청, 각 연도, 국가통계포털, 시도별 합계출산율, 2024.6.10. 검색, https://kosis.kr/statHtml/statHtml.do?orgId=101&tblId=INH_1B81A17&conn_path=I3

2) 시·도별 합계출산율에 대한 지역 여건 진단

다음 〈표 3-8〉은 제4기와 제5기 지역사회보장계획의 합계출산율과 관련된 지역 진단 내용을 검토한 결과를 요약한 것이다. 진단의 유무를 이항으로 ○/×로 구분하였으며, 계획 내 "출생"과 "출산" 진단 수준에 따라 상, 중, 하로 구분하였다.

서울시의 제4기 지역사회보장계획의 지역사회보장의 여건 진단 및 전망에서는 인구구조의 변화에 관한 진단, 즉 가구의 소규모화와 인구 고령화, 가구 형태의 다양화, 인구 유입 및 유출 등과 관련한 진단은 있었으나, 직접적으로 출산 또는 출생과 관련된 검토는 없었다. 하지만 제5기 지역사회보장계획에서는 저출산에 관한 직접적인 언급이 있었는데, 2000년 이후의 서울의 출생아 수 감소, 2010년부터 전국 시·도 중 최하위에 머무르고 있는 점을 밝혔다. 다만, 이러한 저출산 상황에도 불구하고 직접적으로 출산율을 끌어올리기 위한 노력의 필요성을 언급하기보다는, 인구구조를 중심으로 1인 가구, 한부모 가족 등 변화하고 있는 가구 유형에 따른 공공 돌봄 확대 필요성을 진단하는 한계를 보였다.

부산시의 제4기 지역사회보장계획의 여건 진단 및 전망에서도 서울시의 사례와 마찬가지로 인구구조의 변화에 관한 진단은 있었으며, 직접적으로 저출산 또는 저출생과 관련한 진단은 포함되지 않았다. 그럼에도 보고서 전체에 걸쳐 저출산·고령화라는 신사회적 위험에 대한 수사적 언급은 반복되고 있었다. 부산시 제5기 계획 또한 제4기와 크게 다르지 않았다.

대구시의 제4기 계획에서는 제3기 진단 및 평가에서 저출산에 대한 대응이 부족하였으며, 제4기에서는 이에 관한 대응력을 높여야 한다는 진단이 있었으나, 지역 여건 진단에서는 저출산과 관련한 직접적인 내용이 포함되지 못하였다. 제5기 계획에서는 복지 수요 분석 및 전망에서 낮은 합계출산율에 관한 자료가 제시되어 있었지만, 문제의 심각성에 대한 진단이 포함되었다고 보기에는 어렵고, 저출산을 극복하고 개선해야 할 필요가 있는 사회적 위험이기보다는 지역사회에 주어진 조건으로 인식하고 있었다.

　인천시의 제4기 계획은 지역 사회보장의 여건 진단과 복지 수요 분석 및 전망에서 전국 및 인천의 합계출산율 자료를 바탕으로 지속적인 하락이 관찰됨을 보여주면서 이를 인천을 포함한 전국적 현상으로 진단하였다. 이와 함께 출산율 증가를 위한 정책의 필요성을 적절히 제기하였다. 그러나 제5기 계획에서는 복지 수요 분석 및 전망에서 이러한 내용이 제외되어 있었다. 그럼에도, 보고서 전반에 걸쳐 저출산·고령화에 관한 언급은 부분적으로 찾아볼 수 있었다.

　광주시의 제4기 계획은 지역 여건 진단에서 합계출산율이 제시되었으며, 합계출산율이 미세하게 증가하는 추세에 있다고 진단하였다. 광주시는 전국과 비슷한 수준의 합계출산율로 진단하였으나, 인구가 감소하므로 이에 대한 대응책의 필요성을 언급하였다. 그럼에도 보고서 전후로 출산율 관련 내용에 충돌이 발생한 것은 아쉬운 지점으로 지적할 수 있다. 제5기 계획은 복지 수요 분석 및 전망에서 감소하는 합계출산율이 진단되었으며, 추진전략과 관련한 본문에서 지역사회 영유아 돌봄 시스템과 보육정책의 불충분을 원인으로 제시하였다.

　대전시는 제4기 계획의 여건 진단에서 출생아 수의 감소 및 인구구조의 변화에 대한 언급이 있었으나, 직접적인 출산율에 관한 언급은 없었기 때문에, 대전시의 저출산 문제에 대한 진단이 직접적으로 이루어졌다고 보기는 어렵다. 그럼에도, 보고서 전반에 걸쳐 저출산·고령화에 관한 언급은 반복적으로 이루어졌다. 제5기 계획의 여건 진단에서는 낮은 출산율을 직접적으로 진단하였으며, 주요 사회보장 욕구 및 핵심과제 도출 부분에서도 저출산 문제에 대한 대응 필요성을 언급하였다.

울산시의 제4기 계획은 여건 진단에서 낮은 합계출산율에 관한 진단이 이루어졌으며, 계획의 기본 방향을 설정함에 있어서 저출산 문제에 대한 대응 필요성을 명확히 제시하였다. 5기 계획의 여건 진단에서는 출산율 등과 관련한 직접적인 자료 제시가 이루어지지 않았지만, 인구구성의 변화를 검토하는 과정에서 간접적인 진단이 이루어졌으며, FGI 결과에서 저출산 문제에 관한 직접적인 언급이 있었다.

세종시의 제4기 계획에서는 지역 진단에서 합계출산율에 대한 제시가 되어 있었으나, 타 시·도에 비하여 출산율 수준이 높은 상황에 있었으므로 저출산에 관한 문제인식 수준은 높지 않았다. 이러한 맥락에 따라 제5기 계획에서도 출산율과 저출산에 관한 언급은 이루어지지 않은 것으로 보인다.

경기도의 제4기 계획의 지역 진단에서는 낮은 출산율에 관한 언급이 간접적으로 이루어지기는 하였으나, 직접적인 합계출산율 수치나 도 차원의 저출산 문제의 해결 필요성에 관한 언급은 이루어지지 않았다. 하지만 제5기 계획에서는 주요 사회보장 욕구 및 핵심과제 도출 과정에서 낮은 합계출산율에 대한 검토, 타 시·도에 비하여 낮은 수준인 상황에 대한 진단이 직접적으로 이루어졌다.

강원도의 제4기와 제5기 계획에서는 모두 출산율과 저출산에 관한 진단이 적절하게 이루어졌다. 여건 진단에서 출산율 추이를 적절히 제시하였을 뿐 아니라 이를 바탕으로 저출산 및 저출생에 대한 대응이 필요하다는 점을 도출하였다.

충청북도의 경우 제4기는 여건 진단에 출산율에 관한 검토가 이루어졌지만, 저출산 문제 대응의 필요성에 관한 진단은 이루어지지 않았는데, 이는 타 시·도에 비하여 상대적으로 높은 수준에 있었던 충청북도의 상황을 반영한 것으로 보인다. 제5기의 진단에서도 출산율을 제시하였으며, 제

4기와 마찬가지로 타 시·도보다 상대적으로 높은 수준을 보이기는 하지만 출산율이 1 미만으로 떨어져, 저출산 문제 대응의 필요성에 관한 진단이 직접적으로 이루어졌다.

충청남도의 제4기 계획은 충청남도뿐 아니라 도내 시군구의 출산율에 대한 진단이 있었으며, 여건 진단에서 저출산에 대한 직접적 언급은 없는 편이었으나, 전반적으로 합계출산율과 관련한 상세한 분석을 수행하였다고 평가할 수 있다. 제5기 계획에서는 감소하는 출산율에 대한 검토가 이루어졌으며, 이를 바탕으로 저출산 문제의 심각성을 진단하고 이에 대한 대응이 필요함을 직접적으로 밝혔다.

전라북도는 제4기와 제5기에 걸쳐 감소하는 출산율과 낮은 출산율 수준에 관하여 타 시·도와 비교하였을 때 굉장히 많은 분량을 할애하여 상세한 분석과 진단을 수행하였다. 또한, 저출산·고령화 추세에 따른 인구구조의 변화에 대하여 상세한 분석 결과를 제시하였다.

전라남도의 제4기 계획에서는 출산율과 관련한 진단이 이루어졌으나, 낮은 출산율 수준에도 불구하고 전국 평균보다 높은 수준으로 나타났다. 이러한 배경에서 저출산 문제에 관한 심각성이나 대응 필요성에 대한 직접적인 언급은 없었다. 제5기 계획에서는 인구구조 변화와 저출산 문제에 관한 언급은 있었으나, 직접적으로 합계출산율과 관련한 진단은 이루어지지 못하였다.

경상북도의 제4기 계획은 여건 분석에 출산율과 관련한 진단이 포함되지 않았으나, 제3기의 평가 과정에서 낮은 출산율에 대한 인식과 이에 대한 대응의 필요성에 관한 언급이 있었다. 반면 제5기 계획에서는 출산율과 저출산과 관련된 내용이 지역사회 여건 진단에 포함되지 않았다.

경상남도의 경우 제4기에는 여건 분석에서 출산율과 저출산 관련 내용이 포함되지 않았다. 제5기에는 복지 수요 분석에 경남의 급격한 출산율 감소를 진단하였다는 점에서 긍정적이지만, 정책 방향성이나 핵심과제 내용에 저출산과 관련한 대응의 필요성이 포함되지는 못하였다.

제주도의 경우 제4기 계획의 지역사회 여건 분석에 출산율과 관련한 적절한 진단이 포함되었으나, 출산율이 상대적으로 높은 지역 특성으로 인하여 저출산에 대한 문제 인식은 낮은 것으로 나타났다. 제5기 계획에서도 출산율과 관련한 진단이 상세히 이루어졌고, 여전히 출산율은 상대적으로 높은 수준에 있었음에도 저출산 문제에 대한 문제 인식은 제4기보다 높아진 것을 확인할 수 있었다.

〈표 3-8〉 시·도별 합계출산율 지역 진단

시·도별	제4기			제5기		
	유무	수준	내용	유무	수준	내용
서울	△	하	제4기 수립 방향에서 저출산이 언급되었으나 여건 진단에 불포함.	○	중	출생아 수의 감소, 합계출산율의 감소를 진단하였으며 2010년부터 전국에서 가장 낮은 지역임을 밝힘.
부산	×	하	없음	×	하	없음
대구	△	중	제3기 진단 과정에서 낮은 출산율과 이에 대한 대응이 부족했음을 평가하고 제4기 개선 사항으로 제시. 그러나 제4기 여건 진단에 불포함.	○	중	전국과 대구의 합계출산율을 비교하여 제시함.
인천	○	상	여건 및 전망에서 합계출산율을 진단하고, 한국과 인천 모두 출산율 증가를 위한 정책이 필요함을 진단함.	×	하	없음
광주	○	중	합계출산율이 제시되었으며, 향후 과제로 진단되었으나, 보고서 전후로 내용의 충돌이 발생	○	중	복지 수요 분석 및 전망에서 합계출산율 감소를 진단하였음.

시·도별	제4기			제5기		
	유무	수준	내용	유무	수준	내용
대전	×	하	적어지는 출생아 수에 관한 언급은 있으나 출산율 진단은 포함되지 않음. 보고서 전반에 걸쳐 저출산 상황에 관한 언급은 있음.	○	상	지역 여건 진단에서 낮은 출산율을 진단하였으며, 주요 사회보장 욕구 및 핵심과제 도출에서도 언급되었음.
울산	○	상	합계출산율 진단이 이루어졌으며, 저출산 문제에 대하여 명확히 인식하고 제시하였음.	○	중	출산율 등 자료 제시는 없으나, 인구 구성의 변화 FGI 결과 저출산 진단이 언급되었음.
세종	○	중	합계출산율 제시가 이루어졌으나, 상대적으로 높은 수준에 있으므로 저출산에 관한 언급 빈도는 낮은 편에 속함.	×	하	없음
경기	○	중	낮은 출산율에 관한 언급이 간접적으로 이루어졌으나, 직접적인 합계출산율 수치나 저출산 문제 해결 필요성은 언급되지 않음.	○	상	주요 사회보장 욕구 및 핵심과제 도출 과정에서 낮은 합계출산율과 타시·도에 비해 저조한 상황을 직접적으로 제시
강원	○	상	강원도의 합계출산율 및 저출산 상황에 관한 진단이 매우 우수하게 이루어졌음.	○	상	제4기와 마찬가지로 출산율과 저출산에 관한 진단이 적절하게 이루어짐.
충북	○	중	상대적으로 높은 수준의 출산율 수치를 제시하였으며, 저출산 문제 대응에 관한 언급은 없음.	○	상	낮은 출산율 수준을 제시하며 저출산 문제 극복을 위한 체계적 지원의 필요성을 제시하였음.
충남	○	상	충남을 포함 시군구의 출산율 검토가 있었음. 저출산에 관한 직접적 언급은 없으나 출산율 통계를 바탕으로 상세한 분석을 수행하였음.	○	상	감소하는 출산율에 대한 진단이 이루어졌으며, 이를 바탕으로 저출산 문제의 심각성과 대응의 필요성을 적절히 제시하였음.
전북	○	상	출산율 감소에 대하여 굉장히 상세한 분석을 수행하고, 저출산 문제의 심각성과 관련한 적극적 진단을 수행	○	상	출산율 감소에 대한 상세한 분석을 수행하고 문제의 심각성과 관련한 적극적 진단을 수행

시·도별	제4기			제5기		
	유무	수준	내용	유무	수준	내용
전남	○	중	전남과 도내 시군구의 출산율 감소에 대한 분석을 적절히 수행하였으나, 수준이 평균보다 높아 저출산 문제에 대한 인식이 높지는 않았음.	×	하	인구구조의 변화와 저출산 문제에 대한 언급은 있었으나, 출산율과 관련한 직접적인 통계 제시가 이루어지지 않았음.
경북	△	중	제3기 평가 과정에서 낮은 출산율과 이에 대한 대응의 필요성과 관련한 언급은 있었으나, 여건 분석에서 출산율 통계 제시가 이루어지지 않음.	×	하	없음
경남	×	하	여건 분석에서 출산율과 저출산과 관련한 내용이 포함되지 않았음.	○	중	복지 수요 분석에서 지역사회의 급격한 출산율 감소를 진단하였으나, 정책 방향성이나 핵심과제에 포함되지는 못하였음.
제주	○	중	출산율에 관한 진단이 있었으나, 전국 평균보다 높은 수준으로 나타나, 저출산 문제에 대한 대응 필요성에 관한 언급이 부족함.	○	상	합계출산율의 감소에 대한 심각성을 적절히 분석하였으며, 저출산 문제에 대한 대응의 시급성을 언급하였음.

출처: 저자 작성

　지역사회보장계획에서 나타난 전국 17개 시·도별 합계출산율 지역 진단을 검토해본 결과, 제4기 계획의 지역 여건 분석에 출산율이 높은 수준으로 분석되어 포함된 사례는 5건으로 나타났으며, 제5기 계획에는 7건으로 나타났다. 전국적으로 저출산 문제가 심각한 상황임에도 출산율과 관련한 여건 진단 수준이 낮은 사례는 제4기에서 4건, 제5기에서 5건으로 분류되었다. 하지만 지역사회보장계획의 지역사회 여건 진단 및 복지 수요 분석에서 출산율과 관련한 적절한 분석이 포함되지 않았더라도, 대부분 보고서 전반에 걸쳐 저출산과 관련한 언급이 포함되었으며, 특히 제5기 계획에서는 복지 수요-공급 분석에서 출산율 또는 저출산 관련 내용이 포함되지 않았다고 하더라도, 보고서의 구조가 각 파트에 사업의 배경을 작성하게 짜여진 관계로 보고서의 본문에 대부분 내용이 포함되는 것도 특징으로 볼 수 있었다.

3) 시·도별 저출산에 대응하기 위한 세부사업 운영

지역사회보장계획에 담긴 저출산과 관련된 사업을 검토한 결과는 〈표 3-9〉와 같다. 저출산과 관련된 세부사업은 직접적으로 출산 전·후의 개입이 이루어지는 사업만을 분류하였으며, 유아동 돌봄과 관련한 사업은 분류에 포함하지 않았다. 검토 결과, 대부분 시·도가 저출산과 관련한 세부사업을 지역사회보장계획의 추진전략 구성에 포함하고 있었으며, 일부 지역은 중점 추진사업으로 포함하였고, 소수의 시·도는 추진전략을 저출산과 관련한 전략으로 설정하였다.

저출산과 관련한 세부사업은 대부분의 시·도가 최소 1개부터 최대 4개까지 포함하고 있었는데, 일부 지역은 저출산 관련 사업을 전략체계에 포함하지 않은 경우도 있었다. 예를 들어, 부산시와 세종시의 경우 제4기에는 저출산 관련 사업이 포함되지 않았으며, 제5기에는 사업이 추가되었으나 1개 사업에 불과하였다. 광주시와 경기도, 강원도의 경우에는 제4기에는 저출산 관련 사업을 1개 포함하고 있었으나, 제5기에는 관련 사업을 찾아볼 수 없었다. 충청북도와 제주도의 경우 제4기와 제5기 모두 저출산 관련 사업이 전략체계에 포함되지 않았다.

사업의 단위와 규모가 지역별로 차이가 있기 때문에, 사업의 개수가 저출산 대응 수준을 대표한다고 할 수는 없겠으나, 단순한 사업 빈도를 기준으로 보면, 제4기와 제5기에 걸쳐 서울과 전라북도, 전라남도가 세부사업 5건으로 저출산과 관련한 사업을 전략체계에 가장 많이 포함하고 있었다. 중점 추진사업으로 분류한 사업의 개수는 전라북도가 4건으로 가장 많았다. 전체적으로 보았을 때에는 전국 17개 시·도의 제4기 지역사회보장계획에서는 총 27건의 저출산 관련 사업이 포함되어 있었으나, 제5기에서는 총 19건의 저출산 관련 세부사업이 포함되어 있어, 절대빈도를 기준으로 보았을 때 지역사회보장계획에서 나타난 시·도의 저출산 대응 노력 수준은 제4기와 비교하면 제5기에서 감소하였다고 볼 수 있다.

〈표 3-9〉 시·도별 합계출산율 관련 세부사업 분류

시·도별	제4기			제5기		
	유무	사업수	사업명	유무	사업수	사업명
서울	○	3	1-8. 출생 축하용품 지급 1-10. 모든 출산 가정 산후조리 도우미 지원 확대 1-18. 서울형 건강 임신·출생 지원모형 개발 등 맞춤형 공공서비스 확대	○	2	1-10. 모든 출산가정 산모·신생아 건강관리 서비스 지원 강화 1-18. 서울시 남녀 임신출산 지원사업
부산	×	0	없음	○	1	3-6. 부산아가맘센터 및 난임지원 활성화
대구	○	2	(중점) 3-3. 공공산후조리원 설치 3-7. 출산가정 마더박스 지급	○	2	2-3. 산모·신생아 지원 강화 3-3. 난임부부 맞춤형 지원
인천	○	3	2-7. 모성 영유아 건강교실 운영 2-8. I-Mom 방문건강관리 지원 (중점) 3-1. 임신출산육아 종합인프라 구축 - 다기능 종합센터 건립	○	1	(중점) 3-1. 산모신생아 건강관리 지원사업
광주	○	1	(중점) 1-1. 광주형 출산지원	○	1	없음
대전	○	2	(중점) 2-4. 산모와 아이가 행복한 공공 산후조리 지원 3-12. 출산부담 경감을 위한 출산장려금 증액	○	1	3-5. 대전형 임신·출산 지원사업
울산	○	1	(중점) 2-1. 울산형 출산장려정책 강화 2-7. 다자녀 상하수도요금 감면 확대	○	2	(중점) 1-2. 산후조리비 지원사업 1-5. 장애인가정 출산지원금

시·도별	제4기			제5기		
	유무	사업수	사업명	유무	사업수	사업명
세종	×	0	없음	○	1	2-5. 장애인 출산·양육 지원
경기	○	1	(중점) 5-1. 공공산후조리원 확충	×	0	없음
강원	○	1	2-5. 저출산 극복 네트워크 활성화	×	0	없음
충북	×	0	없음	×	0	없음
충남	○	2	(중점) 1-1. 충남아기수당	○	2	(중점) 1-1. 충남형 공공산후조리원 확대 운영
			1-6. 산후조리 도우미 사업 비용 지원 확대			1-4. 산모 신생아 건강관리 지원
전북	○	3	(중점) 1-3. 농촌지역 출산여성 농가도우미 지원	○	2	(중점) 5-2. 전북형 난임부부 시술 지원
			(중점) 1-7. 출산지원 토탈 Care			5-3. 공공산후조리원 건립 운영
			(중점) 1-8. 출산취약지역 임산부 지원 확대			
전남	○	4	(중점) 4-1. 신생아 양육비 지원	○	1	5-4. 건강한 임신·출산 지원
			(중점) 4-2. 찾아가는 산부인과 운영			
			4-7. 공공산후조리원 감면료 지원			
			4-14. 산모 신생아 건강관리 지원			
경북	○	1	5-4. 산모·신생아 건강서비스 확대	○	1	(중점) 5-2. 공공산후조리원 설치 및 운영
경남	○	2	(중점) 1-1. 경남 공공산후조리원 권역별 설치	○	2	2-5. 공공산후조리원 운영
			3-7. 산모·신생아 건강관리 지원사업			(중점) 4-2. 산후조리비 지원
제주	×	0	없음	×	0	없음
총			27개			19개

출처: 저자 작성

4) 이슈-진단-대응 분석

다음 〈표 3-10〉은 앞선 지역사회보장계획 분석 내용을 종합하여 묶은 것이다. 저출산에 있어 시·도 지역 간 차이가 있으나 전반적으로 저출산 문제가 심각한 가운데, 2015년부터 2022년의 기간 동안 합계출산율은 매우 빠른 속도로 감소하였다.

서울시는 2022년 전국에서 합계출산율이 가장 낮은 시·도(0.59)에 해당하며, 감소율(41.0%) 또한 평균(37.1%) 이상의 높은 수준임에도 불구하고, 지역사회보장계획에서 발견되는 저출산 진단의 수준은 낮은 수준으로 나타났다. 하지만 진단 수준과 상관없이 저출산 대응을 위한 세부 사업이 전략체계에 상당한 빈도로 포함된 것으로 나타났다.

부산시는 2022년에 서울 다음으로 합계출산율이 낮은 지역(0.72)이며, 감소율 또한 평균 수준으로 나타났다. 하지만 저출산과 관련한 지역 진단 수준은 매우 낮은 것으로 나타났으며, 저출산 문제에 대응하기 위한 지자체의 노력 수준도 미미한 것으로 분석되었다.

인천시는 서울과 부산 다음으로 합계출산율이 낮은 지역(0.75)으로 감소율(38.5%) 또한 평균 이상의 수준이었다. 저출산과 관련한 지역 진단 수준은 제4기 때는 높았으며, 제5기에는 낮은 수준으로 나타났으며, 저출산에 대한 대응도 제4기에는 높은 수준이었으나, 제5기의 대응은 제4기에 미치지 못하는 것으로 나타났다.

한편, 세종시는 2022년 전국에서 합계출산율이 가장 높은(1.12) 시·도 지역이지만, 출산율의 감소는 높은 수준(40.7%)으로 나타났다. 세종시의 지역사회보장계획에서의 출산율과 관련한 지역 진단 수준은 상대적으로 낮은 것으로 나타났으며, 저출산 문제에 대응하기 위한 노력 수준 또한 매우 낮았다. 세종시의 경우 전국에서 합계출산율이 가장 높은 시·도 임은 틀림없으나 이것은 상대적인 것으로, 세종시에 저출산 문제가 발생하지 않고 있다는 것을 의미하는 것은 아님에도 불구하고, 관심과 대응이 부족했다고 평가할 수 있다.

　전라남도 또한 세종시와 유사하게 상대적으로 합계출산율이 높은 지역이면서 출산율의 감소율이 높은 지역으로 분류할 수 있다. 전라남도의 지역사회보장계획에서 제4기에는 중간 정도의 진단 수준과 높은 수준의 대응 수준을 보이던 것이 제5기에서 사라진 양상을 관찰할 수 있어, 관심과 대응이 부족하다고 볼 수 있다.

　강원도는 세종시와 전라남도 다음으로 2022년 합계출산율이 높은 지역이며, 동 기간 출산율의 감소가 26.0%로 타지역에 비하여 가장 낮은 수준의 출산율 감소가 발생한 지역으로 나타났다. 이러한 완만한 감소로 인하여 2015년에는 합계출산율이 상대적으로 높은 지역이 아니었음에도 불구하고, 2022년에는 상대적으로 높은 지역으로 개선된 모습을 보였다. 강원도는 제4기와 제5기에 걸쳐 저출산과 관련한 지역 진단 수준이 매우 높은 것으로 분류되었으나, 이러한 높은 진단 수준에도 불구하고 저출산 대응 수준은 매우 낮은 것으로 파악되었다.

　그 외 충청남도와 전라북도는 제4기와 제5기에 걸쳐 저출산과 관련한 지역 진단 수준이 매우 높은 것으로 나타났으며, 저출산 대응을 위한 사업의 구성 수준 또한 높은 지역으로 분류할 수 있다. 그럼에도 불구하고, 출산율의 가파른 감소를 막을 수는 없었던 것으로 나타난다. 하지만 충청남도와 전라북도는 저출산이라는 심각한 사회적 이슈가 각 지역에서도 발생하고 있음을 지역 진단을 통하여 정확하게 인지하였으며, 이를 개선하기 위해 상대적으로 높은 수준의 노력을 기울였음은 인정할 수 있다.

<표 3-10> 합계출산율 이슈-진단-대응

(단위: 명, %, 개)

시·도별	출산율			제4기		제5기	
	2015	2022	감소율	진단 수준	사업 수	진단 수준	사업 수
서울	1	0.59	41.0	하	3	중	2
부산	1.14	0.72	36.8	하	0	하	1
대구	1.22	0.76	37.7	중	2	중	2
인천	1.22	0.75	38.5	상	3	하	1
광주	1.21	0.84	30.6	중	1	중	1
대전	1.28	0.84	34.4	하	2	상	1
울산	1.49	0.85	43.0	상	1	중	2
세종	1.89	1.12	40.7	중	0	하	1
경기	1.27	0.84	33.9	중	1	상	0
강원	1.31	0.97	26.0	상	1	상	0
충북	1.41	0.87	38.3	중	0	상	0
충남	1.48	0.91	38.5	상	2	상	2
전북	1.35	0.82	39.3	상	3	상	2
전남	1.55	0.97	37.4	중	4	하	1
경북	1.46	0.93	36.3	중	1	하	1
경남	1.44	0.84	41.7	하	2	중	2
제주	1.48	0.92	37.8	중	0	상	0

출처: 저자 작성

나. 자살률

1) 시·도별 자살률 현황

다음 <표 3-11>은 시·도별 자살률을 나타낸 것이다. 지역별 현황을 살펴보면, 충남은 2022년 기준으로 자살률이 33.2로 전국에서 가장 높은 지역으로 나타났다. 강원은 2022년 자살률이 33.1로 전국에서 두 번째로 높은 지역으로 나타났다. 충남과 강원은 자살률 수준이 비슷하지만, 강원은 2015년 35.3에서 2022년 33.1로, 충남은 2015년 35.1에서 2022년 33.2로 개선되는 양상을 보였다. 충북은 2022년 자살률이 29로 세 번째로 높은 것으로 나타났으며, 2015년(자살률: 30.4)과 비교하였을 때 일정 수준 감소한 것으로 나타났다. 한편, 서울은 2022년 자살률이 21.4로 전국에서 가장 낮은 수준으로 보였으며, 경기가 23.1, 세종이 23.3 순으로 다른 지역보다 상대적으로 자살률이 낮은 것으로 나타났다.

자살률의 증감을 비율로 살펴보면, 전국의 자살률은 2015년부터 2022년까지 4.91% 감소한 것으로 나타났다. 그러한 가운데, 광주는 2022년을 기준으로 전국 평균과 비슷한 자살률 수준을 보였으나 2015년보다 16.82% 증가하여 가장 높은 수준의 변화율을 보였다. 그 뒤로는 울산 8.23%, 세종 3.56% 순으로 높은 변화율을 보여 자살률 수준이 나빠진 것으로 나타났다. 반면, 전남 -13.64%, 경기 -8.70%, 서울 -7.76% 순으로 나타나 자살률의 개선이 있었다.

시·도별 자살률 추이의 검토를 통해 살펴본 수 있는 점은 지난 8년간 자살률이 악화된 지역은 초기 연도(2015년)의 자살률이 전국 평균 이하로 상대적으로 자살률 수준이 낮은 지역이라는 것이다. 예를 들어, 광주는 2015년 전국 시·중에서 가장 낮은 수준의 자살률을 보고하였으나, 2022년까지 가장 높은 증가율을 보였다. 세종이나 울산도 2015년을 기준으로 상대적으로 낮은 수준의 자살률을 보였으나 상대적으로 높은 증가율을 보였다. 반면, 강원과 충남, 전남, 충북, 부산, 인천 등 2015년 기준으로 상대적으로 높은 수준의 자살률을 보였던 지역은 대부분 2022년까지 감소 추이를 보였다.

〈표 3-11〉 시·도별 자살률

(단위: 인구 십만 명당, %)

시·도별	2015	2016	2017	2018	2019	2020	2021	2022	변화율*
전국	26.5	25.6	24.3	26.6	26.9	25.7	26	25.2	-4.91
서울	23.2	23	21.3	22.5	22.5	22.7	22.6	21.4	-7.76
부산	29	27.2	26.3	27.9	30.1	27.4	27.7	27.3	-5.86
대구	26.8	24.2	24.9	26.8	28.7	26.1	26.3	27	0.75
인천	27.4	26.5	24	27.9	25.9	26.5	25.9	25.8	-5.84
광주	21.4	23.2	22.6	25.7	23.9	22.6	26.4	25	16.82
대전	27	24.8	22.5	28.3	28.7	27.2	29.3	25.7	-4.81
울산	24.3	23.5	24.4	27.1	28.2	26.4	28.5	26.3	8.23
세종	22.5	23.9	17.7	26	22.4	18.4	19	23.3	3.56
경기	25.3	23	22.9	24.2	25.4	23.7	23.6	23.1	-8.70
강원	35.3	32.2	30.6	33.1	33.3	33.2	32.7	33.1	-6.23
충북	30.4	32.8	28.2	31.1	31.1	27.1	31.8	29	-4.61
충남	35.1	32.1	31.7	35.5	35.2	34.7	32.2	33.2	-5.41
전북	26.6	28.5	28.4	29.7	30.2	27.8	28.5	26.1	-1.88
전남	30.8	29.7	25.1	28	25.4	28.5	30.2	26.6	-13.64
경북	27.5	28.8	26	29.6	29.4	28.6	29	26.8	-2.55
경남	26.3	27.2	24.9	28.9	28	25.3	26.3	26.7	1.52
제주	24.5	24	26.7	30.6	31.7	30	26.1	26	-6.12%

주: 변화율=((2022년 자살률-2015년 자살률)/2015년 자살률)*100
출처: "사망원인통계", 통계청, 각 연도, 국가통계포털, 인구십만명당 자살률, 2024.6.10. 검색, https://kosis.kr/statHtml/statHtml.do?orgId=101&tblId=DT_1YL21121E&conn_path=I3

2) 시·도별 자살률에 대한 지역 여건 진단

다음 〈표 3-12〉는 시·도별 지역사회보장계획의 지역 진단 과정에서 자살률과 관련한 진단이 이루어졌는지를 확인한 결과를 종합한 것이다.

그 결과 의외로 많은 지역에서 자살률에 대한 진단이 이루어지지 않았음을 확인할 수 있었다. 전국 17개 시도 중에서 서울과 부산, 광주, 울산, 경남, 제주 6개 시·도는 제4기와 제5기에서 자살률과 관련한 진단이 확인되지 않았으며, 상당수의 지역에서 최소 하나의 계획에서 자살률을 진단하지 않은 사례가 발견되었다.

대구는 제4기와 제5기에 걸쳐 지역사회의 자살률과 관련한 진단이 이루어졌다. 제4기에서는 여건 진단에 타 시·도 대비 대구의 자살률 수준에 관한 진단이 이루어졌다. 제5기에서는 아동·청소년 자살률에 관한 언급만 포함되었으며, 공무원 의견 조회 결과 자살률 증가에 대한 대응의 필요성을 진단하였음을 확인하였다. 그 외에 계획의 본문에서 자살률에 관한 직접적 진단에 대해서는 분리하여 진단하고 있었다.

인천은 제4기 계획에서는 자살률과 관련한 지역 진단이 확인되지 않았다. 다만, 일부 자살 관련 세부사업에서 추진 배경으로서 자살률 추이에 대한 확인이 이루어졌다. 제5기 계획에서는 전국 평균 수준의 자살률 상황을 확인하고 성별에 따른 변화 추이를 확인하였다.

대전은 인천과 마찬가지로 제4기 계획에서는 자살률에 대한 진단이 이루어지지 않았으나, 제5기에서는 전국 평균보다 높은 수준의 자살률과 광역시 중 가장 높은 수준의 자살률이라고 진단하였으며, 대전시 내 구(區)별 자살률 수준에 대해서도 확인하였다.

세종은 제4기 계획에서 연도별 자살률 추이를 확인하고, 다른 대도시와의 자살률 차이를 비교하여 수준을 진단하였다. 하지만 제5기에서는 자살률에 대한 진단이 수행되지 않았다.

경기는 제4기와 제5기 계획에 걸쳐 자살률에 관한 진단을 적절히 수행한 것으로 판단된다. 제4기에서는 경기도와 도내 시군구의 자살률 추이를 진단하였고, 전국에 비해서 낮은 수준임을 확인하였으며, 제5기에서는 제4기보다 간소화된 형태로 자살률에 대한 진단을 수행하였다. 경기도는 지역 진단을 통하여 타 시도에 비하여 자살률이 양호한 수준이지만, 여전히 대응이 필요한 영역임을 확인하였다.

강원은 제4기 계획의 지역 여건 진단에서 강원도의 자살률을 상세하게 진단하였다. 타지역 대비 매우 높은 수준에 있음을 진단하고, 도내 시·군의 자살률 추이와 연령별 자살률 추이를 확인하여 대응의 필요성을 제시하였다. 반면, 제5기 계획에서는 자살률에 대한 진단이 이루어지지 않았는데, 지역 여건 및 사회보장 욕구 분석에서는 진단이 이루어지지 않았으나, 보고서의 본문에서 분리되어 내용이 기술된 것을 확인할 수 있었다.

충북은 제4기와 제5기에서 모두 자살률을 진단하였으나 타 시도와 비교하였을 때 통계표를 활용하지 않은 것이 특징이었다. 제4기는 노인 등 자살위험군에 대한 대응의 필요성이 있다고 진단하였고, 제5기는 충북의 상대적으로 높은 자살률 수준을 요약적으로 기술하고, 20~30대 자살에 대한 대응의 필요성이 높음을 진단하였다.

충남은 제4기에서는 자살률에 대한 깊은 진단이 이루어지지 않았지만, 제5기에서는 자살률 문제의 심각성과 대응 필요성, 특히 노인인구 집단의 자살 문제 심각성을 세밀하게 진단하였다.

전북은 제4기의 지역 여건 진단에서 타 시·도 대비 전북과 도내 시·군의 자살률 분포와 10년이 넘는 기간 동안의 자살률 추이를 대단히 상세하게 분석하고 진단하였으나, 제5기에서는 자살률에 대한 진단과 분석이 이루어지지 않았다.

전남은 제4기 여건 분석에서는 전국 대비 높은 수준의 자살률을 확인하였으며, 도내 시·군의 자살률 분포와 추이를 상세한 수준에서 진단 및 분석하였다. 하지만 제5기의 지역 여건 분석에서는 자살률에 대한 직접적인 진단을 하지 않았으며, 대응이 필요한 과제 도출 과정에서 간접적인 언급만이 있었다. 그러나 부분적으로 보고서의 본문에서 자살률 통계를 인용하고 있었다.

경북은 제4기의 지역 여건 분석에서 전국 대비 높은 수준의 자살률을 진단하고 자살률의 도내 지역 간 차이와 연령별 차이를 상세한 수준에서 분석하였다. 하지만 제5기에는 지역 여건 분석에서 직접적인 내용 분석 및 진단이 이루어지지 않았으며, 계획 수립 배경과 본문의 내용에서 언급하고 있었다.

〈표 3-12〉 시·도별 자살률 지역 진단

시·도별	제4기			제5기		
	유무	수준	내용	유무	수준	내용
서울	×	하	없음	×	하	없음
부산	×	하	없음	×	하	없음
대구	○	상	여건 진단에서 타 시·도 대비 대구의 자살률 수준을 진단	○	중	아동·청소년의 자살률 수준을 언급하였으며, 다양한 채널을 통해 자살률 대응 필요성을 언급
인천	×	하	없음	○	중	전국 평균 수준의 자살률을 진단하고 성별 자살률 상황을 진단하였음.
광주	×	하	없음	×	하	없음
대전	×	하	없음	○	상	전국 평균보다 높은 자살률을 확인하였으며 특히 광역시 중 가장 높은 수준임을 진단. 구(區)별 자살률 수준도 확인함.
울산	×	하	없음	×	하	없음
세종	○	상	연도별 자살률 추이를 확인하고, 타지역과 자살률 수준을 비교 분석하였음.	×	하	없음

시·도별	제4기			제5기		
	유무	수준	내용	유무	수준	내용
경기	○	상	경기도와 도내 시군구의 자살률 추이를 진단하고, 전국에 비해 낮은수준이며 감소 중임을 진단하였음.	○	상	제4기보다 간소화된 수준에서 타 시도 대비 자살률 수준과 연령별 자살률 심각성을 적절히 진단하였음.
강원	○	상	전국 평균 대비 매우 높은 수준의 자살률을 진단하였으며, 도내 시·군에 대한 진단도 수행하였음.	×	하	없음
충북	○	중	자살률 통계를 활용하지 않았으나, 노인 자살률 문제 등에 대한 대응 필요성을 진단하였음.	○	상	충북의 자살률 진단 결과를 요약적으로 제시함. 높은 수준의 자살률을 확인하였으며, 특히 20~30대에 대한 대응 필요성을 진단하였음.
충남	○	하	10대 이상 30대 미만 아동·청소년의 사망 원인 2순위로서 자살 문제를 진단하였음.	○	상	전국에서 가장 높은 수준의 자살률을 상세히 진단하였으며, 특히 노인 자살률 문제의 대응 필요성을 확인함.
전북	○	상	전국 대비 높은 수준의 자살률을 진단하고 2005년 이후의 전북과 도내 시·군의 자살률 추이를 상세하게 분석하였음.	×	하	없음
전남	○	상	전국 대비 높은 수준의 자살률을 확인하고 도내 시·군의 자살률 분포와 추이를 진단하였음.	○	하	과제 도출 과정에서 자살에 대한 언급은 있으나 지역 진단은 이루어지지 않음.
경북	○	상	경북의 자살률 추이를 전국 대비, 도내 지역 간, 연령별로 구분하여 상세하게 분석하였음.	○	하	계획 수립 배경에서 자살률 추이가 언급되었음.
경남	×	하	없음	×	하	없음
제주	×	하	없음	×	하	없음

출처: 저자 작성

3) 시·도별 자살률에 대응하기 위한 세부사업 운영

지역사회보장계획에 담긴 자살률과 관련된 사업을 검토한 결과는 다음 〈표 3-13〉과 같다. 자살률 관련 세부사업은 자살 예방 등 직접적으로 자살과 관련한 명칭이 명확하게 표현되어 있는 경우에 관련 사업으로 인정하였으며, 정신건강 서비스, 고독사, 복지 사각지대 등 자살률에 영향을 미칠 수 있는 영향 요인과 관련한 사업은 분류에 포함하지 않았다. 그러나 사업 내용에 자살 예방과 관련된 내용이 포함된 경우에는 자살 예방사업 범주로 인정하였다.

검토 결과, 의외로 많은 지역에서 자살 관련 사업을 지역사회보장 전략 체계에 포함하지 않은 것으로 나타났다. 부산과 울산, 경남의 경우 제4기와 제5기에 걸쳐 자살 예방과 관련한 세부사업이 지역사회보장계획에 포함되지 않았다. 서울과 광주, 세종, 경기, 전북, 제주의 경우 제4기와 제5기 중 하나의 계획에만 자살 예방 사업이 포함되어 있었다.

대구와 인천, 대전, 강원, 충북, 충남, 전남, 경북의 경우 제4기와 제5기에 모두 자살 예방사업을 포함하였다. 특히 인천과 대전의 경우 제5기 계획에서 중점 추진사업으로 자살 예방 관련 세부사업을 포함하여 집중적인 관리의 의지를 보였으며, 강원의 경우 제5기에는 중점 추진사업으로 포함되지는 않았지만 제4기에서는 중점 추진사업으로 포함하여 관리하였던 이력을 주목해 볼 만하다.

충남의 경우 제4기와 제5기에 모두 자살 예방 관련 세부사업을 중점 추진사업으로 분류하여 관리하고 있어 자살 예방에 대한 지역사회의 관심 수준이 상대적으로 높음을 알 수 있었다.

〈표 3-13〉 시·도별 자살률 관련 세부사업 분류

시·도별	제4기			제5기		
	유무	사업수	사업명	유무	사업수	사업명
서울	○	1	7-2 마음을 잇는 자살예방 치유도시 조성	×	0	없음
부산	×	0	없음	×	0	없음
대구	○	1	3-12. 광역자살예방센터 운영	○	1	3-4. 대구광역자살예방센터 운영
			5-7. 행복링크사업: 독거노인 및 독거장년 고독사제로 (자살예방) 프로젝트			
			5-11. 정신장애인(이동)위기 개입팀 구성 및 운영			
인천	○	2	1-6. 자살예방 위기관리 체계 구축(지)	○	1	(중점) 3-2. 정신건강 및 자살예방 관리체계 구축
			2-8. I-Mom 방문건강관리 지원			
광주	×	0	없음	○	1	6-5. 취약지 열린마음상담센터 운영
대전	○	2	2-11. 노인 생명존중 및 정신건강증진 프로그램	○	2	(중점) 3-1. 대전형 심리·정서 지원사업
			2-14. 정신건강증진 실무자 역량강화			(중점) 3-2. 자살예방 지원체계 강화
울산	×	0	없음	×	0	없음
세종	○	1	3-2. 맞춤형 상담프로그램 운영	×	0	없음
경기	○	1	(중점) 2-1. 생애주기별 자살 취약계층 관리 확대	×	0	없음
강원	○	2	(중점) 7-1. 자살예방 및 생명존중 사업	○	1	5-6. 보다 촘촘한 정신건강 안전망 구축
			(중점) 7-2. 정신재활시설 인프라 확충			
충북	○	1	3-3. 자살예방사업 확대	○	1	1-9. 정신건강 활성화를 위한 민관 네트워크 운영

시·도별	제4기			제5기		
	유무	사업수	사업명	유무	사업수	사업명
충남	○	1	(중점) 4-1. 보건복지연계 자살예방사업 추진	○	2	(중점) 2-1. 인적안전망을 활용한 자살 고위험군 발굴
						4-6. 보건복지연계 자살예방사업 추진
전북	○	1	(중점) 3-7. 자살예방 지역사회네트워크 구축	×	0	없음
전남	○	1	1-4. 병원선과 함께하는 광역정신건강복지센터 운영	○	1	3-5. 통합정신건강 증진사업 운영
경북	○	1	8-8. 생명안전망 구축을 위한 자살예방 게이트키퍼 양성	○	1	5-6. 자살고위험군 등록관리
경남	×	0	없음	×	0	없음
제주	×	0	없음	○	1	2-5. 고위기 청소년 지원 프로그램 운영
총			17개			12개

출처: 저자 작성

4) 이슈-진단-대응 분석

〈표 3-14〉는 자살률에 대한 지역사회의 이슈 및 진단, 대응을 자살률 추이와 지역 진단 수준, 계획에 포함된 세부사업의 개수를 종합하여 제시한 것이다.

전반적으로 높은 자살률을 보이는 지역(예. 충남, 강원, 충북 등)은 자살률과 관련한 지역 진단도 적절한 수준이며 자살 예방사업을 지속적으로 포함하고 있는 경향을 보였다. 또한, 앞에서 언급된 바와 같이 중점 추진 사업을 지정하는 등의 적극적인 대응을 한 것으로 나타났다.

충남은 2022년 자살률이 33.2로 전국 최고 수준이었는데, 그럼에도 불구하고 2015년의 35.1에서 감소한 것으로 나타났다. 충남은 제5기 계획에서 상세한 진단을 수행하였으며, 제4기와 제5기에서 모두 중점 추진사업으로 자살 예방사업을 포함하여 지역사회의 높은 관심을 보였다.

강원은 2022년 자살률이 33.1로 전국에서 두 번째로 높은 수준을 보였지만, 2015년의 35.3과 비교하였을 때 감소한 추세를 보였다. 제4기 계획에서는 자살률과 관련한 상세한 진단을 수행했지만, 제5기에서는 적절한 진단이 이루어지지 못하였다. 하지만 충남과 같이 두 기수 모두에서 자살 예방사업을 포함했으며, 제4기에서는 중점 추진사업으로 지정하여 적절한 관리가 이루어졌다.

충북은 2022년에 자살률이 29로 전국에서 세 번째로 높았지만, 2015년 30.4에서 감소한 추이를 보였으며, 제4기와 제5기 모두 자살률 진단을 수행하였고 또한 두 기수에서 모두 자살 예방사업을 전략체계에 포함하여 자살률 감소를 위한 지속적인 관심을 기울였다.

반면, 자살률이 증가한 지역(광주, 울산, 세종 등)은 상대적으로 자살률 관련한 지역 진단과 예방사업이 전략체계 내에 포함되지 않는 등 지역사회의 관심이 미흡한 것으로 나타났다.

광주는 초기 자살률 수준은 낮았지만 2015년 대비 2022년에 16.82%가 증가하여 가장 큰 증가율을 보였다. 자살률 진단이 제4기와 제5기에서 모두 이루어지지 않았고, 자살 예방사업 또한 두 기수 중 하나의 계획에만 포함되어 있어 상대적으로 대응이 부족한 것으로 나타났다.

울산 또한 2015년 대비 2022년에 자살률이 8.23% 증가하여 자살률이 악화된 것으로 나타났다. 자살률 진단은 광주와 마찬가지로 제4기와 제5기에서 모두 이루어지지 못하였고, 두 기수 모두 전략체계에 자살 예방과 관련한 세부사업이 포함되지 못한 한계를 보였다.

세종은 2022년 자살률이 23.3으로 낮은 수준으로 나타났지만, 2015년 대비 3.56% 증가했는데, 이는 대부분 지역에서 감소한 추세와 상반되는 것이다. 세종시는 자살률 진단을 제4기 계획에서만 수행하였고, 전략 체계에 자살률 관련 사업을 한 기수에만 포함하여 상대적으로 자살과 관련한 지역사회의 관심과 대응이 부족하다고 볼 수 있다.

〈표 3-14〉 자살률 이슈-진단-대응

(단위: 인구 십만 명당, %, 개)

시·도별	자살률			제4기		제5기	
	2015	2022	증가율	진단 수준	사업 수	진단 수준	사업 수
서울	23.2	21.4	-7.76	하	1	하	0
부산	29	27.3	-5.86	하	0	하	0
대구	26.8	27	0.75	상	1	중	1
인천	27.4	25.8	-5.84	하	2	중	1
광주	21.4	25	16.82	하	0	하	1
대전	27	25.7	-4.81	하	2	상	2
울산	24.3	26.3	8.23	하	0	하	0
세종	22.5	23.3	3.56	상	1	하	0
경기	25.3	23.1	-8.70	상	1	상	0
강원	35.3	33.1	-6.23	상	2	하	1
충북	30.4	29	-4.61	중	1	상	1
충남	35.1	33.2	-5.41	하	1	상	2
전북	26.6	26.1	-1.88	상	1	하	0
전남	30.8	26.6	-13.64	상	1	하	1
경북	27.5	26.8	-2.55	상	1	하	1
경남	26.3	26.7	1.52	하	0	하	0
제주	24.5	26	-6.12	하	0	하	1

출처: 저자 작성

다. 1인 가구 비중

1) 시·도별 1인 가구 비중 현황

다음 〈표 3-15〉는 시·도별 1인 가구 비중을 나타낸 것이다. 전국 평균을 보면 2015년 27.2%의 1인 가구 비중이 2022년 34.5%로 약 26.8% 상승한 것으로 나타났다. 이러한 추세는 정도의 차이는 있으나 대부분의 지역에서 확인된다.

서울(29.5%), 부산(30.3%), 대구(31%), 대전(32.3%) 등 대도시의 경우 1인 가구 비중이 전반적으로 빠르게 증가한 것으로 나타났다. 반면, 전남(18.8%), 강원(19.2%), 전북(22.8%) 등 상대적으로 중소도시 및 농촌 지역에 해당하는 지역은 1인 가구 비중이 꾸준히 상승하였지만, 증가율이 대도시 지역과 비교하였을 때 완만한 것으로 나타났다.

이러한 가운데 대도시 지역에서도 인천과 울산은 상대적으로 낮은 1인 가구 비중 증가율을 보였는데, 타지역과 비교했을 때 전반적으로 1인 가구 비중이 낮은 것으로 나타났다. 중소도시 및 농촌 지역 중에서는 경기가 상대적으로 낮은 1인 가구 비중을 보였으나, 타지역에 비해 높은 증가율을 보였다.

한편, 세종(12.7%)과 같이 상대적으로 새롭게 개발된 지역은 1인 가구 증가율이 비교적 낮게 나타났다.

전체적으로 2015년부터 2022년까지 1인 가구의 비중은 전국적으로 증가하였으며, 이는 1인 가구의 비중 증가에 따라 발생할 수 있는 사회적 고립 등의 사회적 위험에 대한 대응의 필요성이 높아졌다고 볼 수 있다.

<표 3-15> 시도별 1인 가구 비중

(단위: %)

시도별	2015	2016	2017	2018	2019	2020	2021	2022	변화율*
전국	27.2	27.9	28.6	29.3	30.2	31.7	33.4	34.5	26.8
서울	29.5	30.1	31	32	33.4	34.9	36.8	38.2	29.5
부산	27.1	27.7	28.7	29.7	30.7	32.4	34	35.3	30.3
대구	25.8	26.4	27.4	28.2	29.4	30.9	32.7	33.8	31.0
인천	23.3	23.9	24.7	25.2	26.6	28.3	30	31	33.0
광주	28.8	29	29.8	30.2	31.1	32.4	34.5	35.5	23.3
대전	29.1	30.4	31.5	32.5	33.7	36.3	37.6	38.5	32.3
울산	24.5	24.6	25.1	25.6	26.5	27.7	29.5	30.2	23.3
세종	29.1	30.6	30.2	30	30.1	31.3	31.5	32.8	12.7
경기	23.4	23.8	24.4	25.2	26.3	27.6	29.2	30.2	29.1
강원	31.2	32.1	32.2	32.8	32.9	35	36.3	37.2	19.2
충북	28.8	30.3	31	31.8	32.9	34.8	36.3	37	28.5
충남	29.5	30.4	31.1	31.8	32.5	34.2	35.8	36.6	24.1
전북	29.8	30.7	31.2	31.7	32.3	33.8	35.7	36.6	22.8
전남	30.4	31.2	31.6	31.9	32.1	33.7	35.3	36.1	18.8
경북	30.4	31.3	31.9	32.3	32.7	34.4	36	37	21.7
경남	27.6	28.1	28.6	29.1	29.6	30.9	32.7	33.7	22.1
제주	26.5	27.4	28.6	29.4	29.7	31.1	32.7	33.4	26.0

주: 변화율=((2022년 1인 가구 비중-2015년 1인 가구 비중)/2015년 1인 가구 비중)*100
출처: "인구총조사", 통계청, 각 연도, 국가통계포털, 1인 가구 비율, 2024.6.10. 검색, https://kosis.kr/statHtml/statHtml.do?orgId=101&tblId=DT_1YL21161&conn_path=I3

2) 시·도별 1인 가구 비중에 대한 지역 여건 진단

다음 〈표 3-16〉은 시·도별 지역사회보장계획의 지역 진단 과정에서 1인 가구 비중과 관련한 진단이 이루어졌는지를 확인한 결과를 종합한 것이다. 1인 가구의 비중이 제4기 지역사회보장계획에서부터 제5기로 이어지면서 어떻게 달라졌는지를 살펴보았다. 그 결과 많은 시·도에서 제4기보다 제5기에서 1인 가구 비중과 관련하여 더 심층적인 분석을 수행한 것을 확인할 수 있었다. 하지만 일부 1인 가구와 관련한 분석이 미흡한 지역도 발견되고 있었다.

서울과 부산, 대구, 충남 등의 지역은 지속적인 심층 분석형으로 분류할 수 있다. 제4기와 제5기에서 모두 1인 가구와 관련하여 상대적으로 상세한 분석을 수행한 지역으로, 주로 1인 가구의 증가와 특성, 변화 요인 등을 상세하게 다루고 있었다.

광주와 대전, 울산, 경북 등의 지역은 분석 발전형으로 분류할 수 있다. 제4기에서는 분석이 부족하거나 미흡하였지만, 제5기에 이르러 분석 수준이 높아진 지역으로, 제4기보다 제5기에 들어 1인 가구의 중요성을 인식하고, 좀 더 심도 있는 분석을 수행한 것으로 볼 수 있다. 이는 1인 가구의 비중이 높아짐에 따라 지역의 높아진 관심도를 반영한 것으로 추측할 수 있다.

인천, 전북, 전남, 경남 등의 지역은 제4기보다 제5기에서의 분석이 미흡한 분석 후퇴형으로 분류할 수 있다. 이 유형에 포함된 지역에서는 1인 가구의 증가가 큰 사회적 이슈임에도 불구하고, 분석과 진단이 부족한 상황으로 이해할 수 있다. 한편, 제주에서는 제4기와 제5기 모두 미흡한 수준의 분석과 진단이 이루어졌다.

<표 3-16> 시·도별 1인 가구 비중 지역 진단

시·도별	제4기			제5기		
	유무	수준	내용	유무	수준	내용
서울	○	상	연령별, 성별 1인 가구 분포를 상세하게 분석하였음.	○	상	연령별, 지역별 1인 가구 분포를 상세히 분석하였으며 1인 가구의 욕구 또한 파악하였음.
부산	○	상	성별, 연령별, 지역별 1인 가구 비중을 충실히 분석함.	○	상	연령별, 지역별 1인 가구 비중을 충실히 분석함.
대구	○	상	1인 가구 비중에 대한 분석이 충실히 수행되었으며, 대응 필요성을 명확히 지적하였음.	○	상	연령별 1인 가구 비중을 전국 통계와 비교하여 상세히 분석하였음.
인천	○	중	독거노인 가구 비중만 분석되었으며 타 연령층을 포함하지 못함.	×	하	1인 가구 비중과 관련한 지역 진단이 이루어지지 않음.
광주	×	하	1인 가구 비중과 관련한 지역 진단이 이루어지지 않음.	○	중	노인 1인 가구 중심의 분석만이 수행되었음.
대전	×	하	1인 가구 비중과 관련한 지역 진단이 이루어지지 않음.	○	상	대도시 중심 지역별, 대전시 지역 내 종단적 1인 가구 비중 및 변화를 충실히 분석함.
울산	×	하	1인 가구 비중과 관련한 지역 진단이 이루어지지 않음.	○	상	1인 가구와 관련한 통계 이외에도 별도의 설문을 통한 조사를 수행함.
세종	×	하	1인 가구 비중과 관련한 지역 진단이 이루어지지 않음.	○	상	지역 내 1인 가구 분포와 특성에 대하여 상세히 분석함.
경기	○	중	전국 대비 1인 가구 비율에 대하여 적절히 분석함.	○	중	특성별 1인 가구 빈도를 제시하였으며, 대응 필요성에 대하여 언급함.
강원	○	중	1인 가구 증가세를 진단하고, 정책 대응의 필요성을 언급함.	○	중	1인 가구 증가세를 진단하고, 정책 대응의 필요성을 언급함.
충북	○	상	1인 가구의 증가세와 1인 가구 특성 등을 비교적 상세히 분석함.	○	중	지역의 1인 가구 증가세와 연령별 증가 수준을 적절히 분석함.
충남	○	상	지역 내 1인 가구 분포와 특성을 상세히 분석함.	○	상	연령별 1인 가구 분포 및 증가세와 1인 가구의 욕구 등을 분석함.
전북	○	상	시도별, 연령별 1인 가구 현황과 추세를 상세히 분석하였음.	×	하	지역 여건 분석에서 1인 가구를 다루지 않음.

시·도별	제4기			제5기		
	유무	수준	내용	유무	수준	내용
전남	○	상	지역별 1인 가구 현황과 독거노인 현황을 비교적 상세히 분석함.	○	중	상대적으로 높은 1인 가구 비율을 진단하였고, 은둔형 외톨이 실태 및 특성에 대해서 파악함.
경북	○	중	지역별 1인 가구 현황을 적절히 비교분석하였음.	○	상	1인 가구 비율을 독거 노인 등 다양한 접근으로 비교적 상세하게 분석하였음.
경남	○	상	인구집단별 1인 가구 현황을 상세하게 분석하였음.	○	중	노인 1인 가구에 초점을 맞추어 분석을 수행
제주	×	하	1인 가구 비중과 관련한 지역 진단이 이루어지지 않음.	×	하	1인 가구 대응 필요성과 관련한 언급은 있으나 분석은 이루어지지 못함.

출처: 저자 작성

3) 시·도별 1인 가구 비중에 대응하기 위한 세부사업 운영

지역사회보장계획에 담긴 1인 가구와 관련한 사업을 검토한 결과는 다음 〈표 3-17〉과 같다. 1인 가구와 관련한 세부사업은 1인 가구와 관련한 명칭이 명확하게 표현되어 있는 경우뿐만 아니라, 명칭이 명확하게 포함되지 않았다고 하더라도, 1인 가구를 대상으로 한 사업인 경우 관련 사업으로 인정하였다.

검토 결과 제4기 계획에서는 의외로 많은 지역에서 1인 가구와 관련한 세부사업을 전략체계에 포함하지 않은 것으로 나타났지만, 제5기 계획에 들어서는 대부분의 지역이 1인 가구와 관련한 세부사업을 지역사회보장계획의 전략체계에 포함하고 있는 것으로 나타났다. 총사업의 개수로 제4기에서는 17개 시도에서 11개 사업을 관리하고 있었으나, 제5기에 들어서는 17개 시도에서 관리하는 사업의 수가 23개로 증가하였다.

서울과 부산, 대구, 인천, 전북, 전남, 제주는 제4기와 제5기 계획에서 모두 1인 가구 대응 사업을 포함하고 있었다. 특히, 서울과 부산, 전북은 제4기와 제5기에서 모두 중점 추진사업으로서 1인 가구의 증가로 인한 문제에 대응하고 있으며, 대구와 전북은 지역사회보장계획을 통해 관리하고 있는 사업의 수가 타 시도보다 많은 것으로 나타났다.

대전과 울산, 세종, 경기, 강원, 충북, 충남, 경북, 경남은 제4기에서는 1인 가구 대응 사업을 포함하지 않았으나, 제5기에 들어 1인 가구 대응 사업을 전략체계에 포함하였다. 특히, 대전과 울산, 충남, 경북, 경남은 제5기에서 처음 1인 가구 대응 사업을 전략체계에 포함하였음에도 중점 추진사업으로 관리하고 있어, 1인 가구와 관련한 지역사회의 높은 관심을 반영했다고 이해할 수 있다.

한편, 광주의 경우에는 제4기와 제5기에 모두 1인 가구 증가에 따라 발생할 수 있는 문제에 대응하기 위한 세부사업을 전략체계에 포함하지 않았다.

〈표 3-17〉 시·도별 1인 가구 관련 세부사업 분류

시·도별	제4기			제5기		
	유무	사업 수	사업명	유무	사업 수	사업명
서울	○	3	(중점) 1-2. 고독사 예방사업 (중점) 1-5. 독거어르신건강안전관리솔루션(IoT)사업 1-15. 최중증 독거장애인 24시간 활동지원	○	1	(중점) 사회적 고립가구 지원센터 설치·운영
부산	○	1	(중점) 2-3. 1인 가구 지원 서비스 기능 강화	○	1	(중점) 고독사 예방관리체계 구축
대구	○	2	1-7. 독거노인 마음 잇기 사업 5-7. 행복링크 사업: 독거노인 및 독거장년 고독사 제로 프로젝트	○	3	(중점) 2-2. 독거노인·중장년 고독사 제로 프로젝트 2-7. 독거노인 마음 잇기 사업 6-4. 여성 1인 가구 안전환경 조성
인천	○	1	1-12. 독거노인 안전보호강화	○	1	(중점) 2-1. 안심폰 지원사업

시·도별	제4기			제5기		
	유무	사업수	사업명	유무	사업수	사업명
광주	×	0	없음	×	0	없음
대전	×	0	없음	○	1	(중점) 3-1. 대전형 심리·정서 지원사업
울산	×	0	없음	○	1	(중점) 1-1. 고독사 맞춤형 사례관리사업 지원
세종	×	0	없음	○	1	4-4. 1인 가구 임대주택 공급
경기	×	0	없음	○	1	3-6. 1인 가구 지원사업
강원	×	0	없음	○	1	4-2. 1인 가구 지원 확대
충북	×	0	없음	○	1	1-3. 저소득층 돌봄관리확대
충남	×	0	없음	○	2	(중점) 2-2. 1인 가구 발굴 및 지원 2-3. 고독사 예방·관리 사업 추진
전북	○	1	(중점) 4-1. 독거노인 통합 돌봄체계 구축	○	4	3-5. 독거치매노인 돌봄안전망 구축 3-11. 고독사 예방 및 지원 서비스 제공 (중점) 5-1. 은둔형 외톨이 지원기반 마련 5-8. 1인 가구 안전관리체계 구축
전남	○	2	(중점) 2-2. 대학생 "고독사 지킴이단" 운영 2-8. IoT 활용 독거노인 안전확인 사업	○	1	2-5. 전남 은둔형 외톨이 지원 추진
경북	×	0	없음	○	1	(중점) 2-1. 고독사 예방 및 관리 시범사업
경남	×	0	없음	○	2	(중점) 5-2. ICT 연계 인공지능 통합돌봄 사업 5-4. 찾아가는 빨래방 서비스
제주	○	1	1-14. 홀로 사는 노인 돌봄 서비스 지원체계 구축	○	1	(중점) 1인 가구 안전망 확충
총			11개			23개

출처: 저자 작성

4) 이슈-진단-대응 분석

다음 〈표 3-18〉은 1인 가구에 대한 지역사회의 이슈 및 진단, 대응을 1인 가구 비중의 추이와 지역 진단 수준, 계획에 포함된 세부사업의 개수를 종합하여 제시한 것이다.

먼저 1인 가구의 비중은 2015년부터 2022년까지 전국의 모든 시도에서 증가한 것으로 나타났다. 이에 따른 지역의 진단의 수준은 약간 높아진 경향을 보였다. 지역에서 수행하고 있는 1인 가구와 관련된 사업의 수는 11개에서 23개로 두 배 이상 증가한 것으로 나타나, 지역의 차이는 있으나 전반적으로 1인 가구 비중의 증가에 따른 지역 진단과 대응의 수준이 적절히 이루어지고 있는 것으로 나타났다.

하지만 1인 가구 비중의 수준과 증가율에 따른 진단 수준이나 사업 수, 진단 수준에 따른 사업의 개수 등과 관련한 관련성은 뚜렷하게 관찰되지 않았다. 이를 바탕으로 보았을 때 1인 가구 비중의 증가는 지역의 특수한 문제라기보다는 전국의 보편적인 문제로 이해할 수 있다.

〈표 3-18〉 1인 가구 이슈-진단-대응

(단위: %, 개)

시·도별	1인 가구 비중			제4기		제5기	
	2015	2022	증가율	진단 수준	사업 수	진단 수준	사업 수
서울	29.5	38.2	29.5	상	3	상	1
부산	27.1	35.3	30.3	상	1	상	1
대구	25.8	33.8	31.0	상	2	상	3
인천	23.3	31	33.0	중	1	하	1
광주	28.8	35.5	23.3	하	0	중	0
대전	29.1	38.5	32.3	하	0	상	1
울산	24.5	30.2	23.3	하	0	상	1

시·도별	1인 가구 비중			제4기		제5기	
	2015	2022	증가율	진단 수준	사업 수	진단 수준	사업 수
세종	29.1	32.8	12.7	하	0	상	1
경기	23.4	30.2	29.1	중	0	중	1
강원	31.2	37.2	19.2	중	0	중	1
충북	28.8	37	28.5	상	0	중	1
충남	29.5	36.6	24.1	상	0	상	2
전북	29.8	36.6	22.8	상	1	하	4
전남	30.4	36.1	18.8	상	2	중	1
경북	30.4	37	21.7	중	0	상	1
경남	27.6	33.7	22.1	상	0	중	2
제주	26.5	33.4	26.0	하	1	하	1

출처: 저자 작성

3. 소결

본 연구의 목적은 2018년부터 2022년까지의 사회적 이슈의 변화와 제4기, 제5기 지역사회보장계획 간의 연관성을 분석하고, 그 결과를 바탕으로 향후 지역사회보장정책의 방향성을 점검하는 것이다. 한국 사회에서 특히 중요한 사회적 이슈로, 사회지표의 변화를 바탕으로 출산율 감소, 자살률 증가, 1인 가구 증가에 주목하였으며, 이러한 이슈들이 지역사회보장계획에서 어떻게 다루어졌는가 점검하였다.

지난 기간 동안 출산율은 지속적으로 감소하였으며, 저출산 문제에 대한 대응은 일부 지역에서는 적극적으로 이루어졌으나, 여전히 대부분의 지역사회보장계획에서 실질적인 대응 방안이 부족한 상황이었다. 특히, 일부 지역은 출산율 문제를 정확히 진단하였음에도 불구하고, 지역사회보장계획 내에서 구체적인 해결책의 제시는 미흡하였다.

자살률은 한국의 심각한 사회문제로 지난 기간 동안 일부 개선은 있었으나, 여전히 심각한 수준에 머물러 있다. 자살률과 관련한 대응은 지역별로 편차가 발견되었다. 자살률이 상대적으로 심각한 지역은 지역사회보장계획 내에서 상대적으로 적극적인 대응을 하였지만, 자살률이 상대적으로 심각하지 않은 지역은 지역사회보장계획 내에서 적극적인 대응이 발견되지 않은 점은 매우 흥미롭다.

1인 가구 비중은 지속적으로 증가하고 있는 것으로 보인다. 지역 간에 약간의 차이가 있으나 이러한 경향성은 전국 시도에서 공통적으로 발생하는 문제인 것으로 보인다. 지난 8년간 1인 가구 비중은 지속적으로 증가하였으며, 이에 따른 지역의 대응 또한 적극적으로 이루어지고 있는 것으로 판단할 수 있다.

결론적으로, 본 연구는 한국 사회에서 급변하는 사회적 이슈들은 편차가 있지만, 그 심각성 수준에 따라서 지역사회보장계획에 충분히 반영되는 것으로 판단되며, 이에 따른 지표의 개선도 관찰되었다. 따라서 지역별 맞춤형 정책의 수립과 장기적인 시각에서 사회적 이슈에 대응하도록 촉진할 수 있는 정책적 지원이 필요할 것이다. 이로써 지역사회보장계획이 지역사회보장을 위해서 보다 실효성 있고 효과적으로 역할을 할 수 있을 것이다.

제3절 중앙부처의 정책과 지역사회보장계획 간의 연관성 진단

1. 들어가며

가. 연구 개요(배경 및 목적)

사회보장정책을 수립하는 중앙부처와 지방자치단체는 다양한 정책 수요, 여건 등 다양한 정책환경에 의해 영향을 받고 있다. 하지만, 사회보장정책 추진 주체인 국가와 지방자치단체는 상호 정책 연계와 보완을 위한 다양한 노력이 필요하다. 물론 국가 단위의 정책 지향성에 따라 지방자치단체의 보완적 정책 추진이 필요하기도 하지만, 각 지역에서도 지역의 특성을 고려한 다양한 정책 개발이 요구된다. 정책 주체 간 연계(Jointed-up government)를 통한 총체적인 사회보장정책 설계와 집행을 강조하는 것이다. 최근 들어 강조하고는 있지만, 사회보장정책이 부문적으로 추진된 것에 대한 문제점을 보완하고, 상호 정책 주체 간 협업을 증진하고 중첩 및 갈등의 소지를 해소하기 위한 노력으로 정책 주체 간의 연계가 중요하다. 사회보장 체계를 구축하고 복지 수요에 대응하는 적절한 복지정책을 제공한다는 궁극적인 목적이 같다고 하더라도, 서로 다른 정책 주체 간에 정책 수립과 집행 그리고 방향성을 공유하는지 살펴보는 것은 정책 연구의 주요 관심사이기도 하다. 물론 중앙부처와 지방자치단체 간의 관계를 수직적으로 바라보면 정책 수립도 상명하달로 이해할 수 있겠지만, 지방자치제도가 시행되고 지역별 특성을 반영한 다양한 자체 복지사업이 수립되면서 복지정책 주체 간의 수평적 관리가 중요해졌다.

사회보장기본법 제19조(2021)에 따라 지역사회보장계획은 중앙부처의 사회보장기본계획을 고려하여 수립해야 한다. 즉, 지역사회보장계획은 중앙 사회보장기본계획의 내용을 반영하여 설정한다. 중앙과 지방 간의 연계를 통해 국가 복지계획의 연관성을 확보해야 한다는 취지이다. 그럼에도 불구하고 사회보장기본계획은 제3차에 이르렀고, 지역사회보장계획은 제5차에 이르는 동안 두 계획 간의 관계를 살피는 연구는 부족하였다. 이에, 이 절에서는 중앙부처의 주요 정책 이슈의 집한체인 사회보장기본계획과 17개 시도 지역사회보장계획 간의 연관성을 살펴본다.

[그림 3-104] 연구 체계

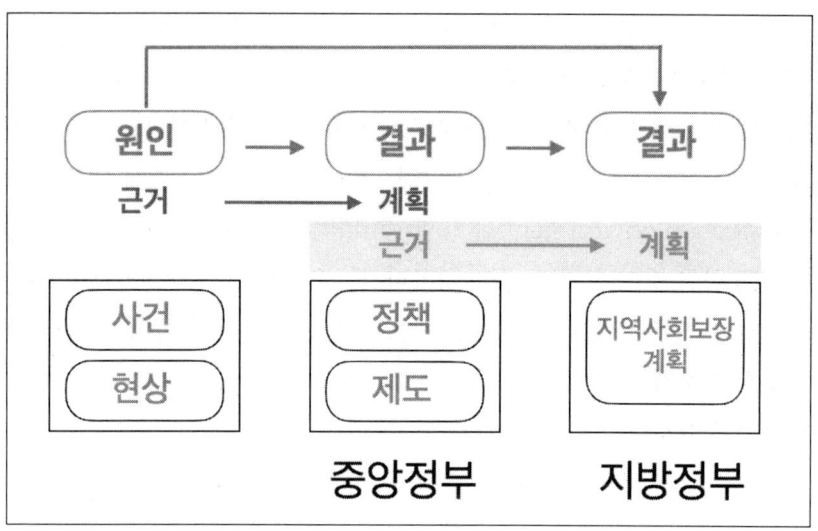

나. 연구 방법 및 자료

중앙부처의 사회보장정책 관련 이슈를 살펴보기 위한 자료는 다음과 같다. 제3차 사회보장기본계획 등 중앙부처의 사회보장기본계획이다. 지역사회보장계획은 광역자치단체의 제5기 지역사회보장계획 보고서를 활용하였다.

　사회보장위원회의 '사회보장기본계획'과 이를 토대로 각 지자체에서 수립하는 지역사회보장계획 간의 관계성을 살펴보기 위해서 두 문서 간의 유사도 분석을 시행하였다. 문서는 사회보장기본계획에서 각 세부과제의 과제 설명 내용을 하나의 문서로 하였고, 지역사회보장계획에서는 세부사업별 세부사업명, 사업 배경, 사업 목적, 추진 근거를 하나의 문서로 설정하였다. 문서 간의 유사도 분석은 TF-IDF를 이용하여 중요 단어들을 각 문서에서 추출하고, 이 단어들의 코사인 유사도를 이용하여 문서 유사도를 구하였다. TF-IDF(Term Frequency-Inverse Document Frequency)는 자료 내에서 특정 단어가 얼마만큼 중요하게 작용하는지를 측정하기 위한 통계 방법이다. TF(Term Frequency)는 특정 자료 내에 특정 단어가 얼마만큼 빈번하게 등장하는지를 의미한다. 이의 산식은 자료의 총단어 대비 해당 특정 단어의 등장 빈도값이다. IDF(Inverse Document Frequency)는 전체 자료에서 특정 단어가 얼마만큼 빈번하게 등장하는지를 의미한다. 특정 단어의 노출 빈도가 낮을수록 단어의 IDF 값은 커진다.

　두 의미를 합한 TF-IDF는 TF와 IDF의 곱으로 계산된다. 이는 특정 문서에서 해당 단어의 중요성을 의미하며, 특정 문서에서 얼마나 자주 등장하는지와 전체 문서에서 등장하는 빈도를 계산한 값이다. 예를 들면, 특정 문서에서 해당 단어의 노출 빈도가 높지만, 전체 문서에서는 해당 단어의 노출 빈도가 낮으면 TF-IDF 값은 상대적으로 커지는 것이다.

　TF-IDF는 전체 자료에서 빈번하게 등장하는 단어보다는 특정 문서에서 빈번하게 나타나는 단어의 중요성이 높음을 의미하다. 따라서 전체 문서에서 빈번하게 나타나는 단어의 중요도는 낮고, 특정 문서에서만 빈번하게 나타나는 단어의 중요도 값이 크다. 이를 통해 자료 간에 특정 단어가 얼마만큼 중요한지와 유사한가를 측정할 수 있다. 이는 코사인 유사도(Cosine Similarity)를 활용하여 두 문서 A와 B 간의 특정 단어의 유사도를 계산한다.

Cosine Similarity(A, B) = (A 벡터와 B 벡터의 내적) / (A 벡터의 크기 * B 벡터의 크기)

문서의 유사도를 구하는 방식은 TF-IDF 외에도 Jaccard, Word2Vec, Doc2Vec, Latent Semantic Analysis(LSA), Latent Dirichlet Allocation(LDA) 방법 등이 있다. 각각의 방법들은 한 단어가 아니라 한 문서 내에서 단어와 단어 간의 관계, 문장과 단어 간의 관계 등을 기준으로 유사도를 계산한다. 한편, 본 분석에 사용된 문서들은 개괄식으로 주요 내용만을 열거한 문서이기 때문에 문맥보다는 주요 단어들이 사용 빈도가 더 중요하다고 판단하였기 때문에 TF-IDF 방식을 사용하였다. 단어 사용의 유사성을 통해 두 자료 간의 연관성을 살펴보았다.

2. 중앙부처의 정책 및 지역사회보장계획의 키워드 분석

가. 중앙부처의 전략 대비 핵심 키워드 분석

사회보장기본계획의 핵심 분야를 중심으로 주요 키워드를 도출하고, 이와 관련된 지역사회보장계획 사업의 빈도를 살펴본다. 사회보장기본계획의 핵심 분야는 영유아, 아동청소년, 청년, 중장년, 노인, 장애인, 빈곤, 부조, 사회서비스, 생계, 돌봄, 다문화 총 12개 핵심 분야이다. 이를 중심으로 지역사회보장계획에 수록된 사업의 빈도를 살펴보면, 아동청소년 98개, 청년 41개, 장애인 34개, 노인 20개 순으로 나타났다.

<표 3-19> 사회보장기본계획의 키워드 중심 지역사회보장계획

(단위: 개)

구분	사회보장기본계획의 핵심 분야		
핵심 키워드	영유아 (영아|유아|영유아)	아동청소년(아동|청소년)	청년
사업 수	11	98	41
구분	핵심 키워드		
핵심 키워드	중장년 (중년|장년|중장년|장중년)	노인 (노인|100세|노년|고령|어르신)	장애인 (장애인|장애)
사업 수	5	20	34
구분	핵심 키워드		
핵심 키워드	빈곤(빈곤|저소득)	부조(기초보장제도|기초생활보장|기초연금|장애인연금)	사회서비스
사업 수	8	4	17
구분	핵심 키워드		
핵심 키워드	생계	돌봄	다문화
사업 수	1	1	4

사회보장기본계획과 지역사회보장기본계획 간 관계를 살펴보면 다음과 같다. 시도별 관련 사업 현황을 살펴보면 충북 36개, 대전 28개, 대구와 전북 18개 순으로 높게 나타났다.

〈표 3-20〉 사회보장기본계획의 키워드 중심 지역사회보장계획

(단위: 개)

시도	영유아	아동청소년	청년	중장년	노인	장애인	빈곤	부조	사회서비스	생계	돌봄	다문화	총
서울	1	0	2	0	2	1	1	0	0	0	0	0	7
부산	0	1	0	0	0	1	0	0	1	0	0	0	3
대구	0	6	1	2	1	3	0	1	3	0	0	1	18
인천	3	1	1	0	1	3	0	0	0	0	0	0	9
광주	2	7	4	0	2	2	0	0	0	0	0	0	17
대전	1	14	4	0	2	3	2	1	1	0	0	0	28
울산	2	3	6	1	2	0	0	0	1	0	1	0	16
세종	0	2	3	0	1	1	1	1	1	1	0	0	11
경기	0	4	3	1	4	3	1	0	1	0	0	0	17
강원	0	5	0	0	0	0	0	0	1	0	0	1	7
충북	1	22	6	0	1	4	1	0	1	0	0	0	36
충남	0	4	6	0	1	2	0	0	0	0	0	0	13
전북	0	8	1	0	2	3	1	1	2	0	0	0	18
전남	1	6	0	1	0	4	0	0	2	0	0	1	15
경북	0	6	0	0	1	1	0	0	1	0	0	1	10
경남	0	2	3	0	0	2	1	0	0	0	0	0	8
제주	0	7	1	0	0	1	0	0	2	0	0	0	11
합	11	98	41	5	20	34	8	4	17	1	1	4	244

3. 중앙부처의 정책 이슈와 지역사회보장계획 간의 연관성

가. 유사성 분석

1) 영유아

사회보장기본계획 중 전략 2에 해당하는 전 생애 사회서비스 고도화 수요 맞춤형 사회서비스 실현 — 맞춤형 돌봄서비스 확충은 지역사회보장계획에서 영유아 관련 사업들과 연관성이 높게 나타났다. 사회보장

기본계획과 연계된 사업을 살펴보면 울산의 24시간 아이돌봄 어린이집 지원, 전남의 공공형 어린이집 운영지원 등이다. 또한 아이돌봄 관련 어린이집, 보육서비스 개편, 긴급보육지원 등이 중앙부처 사회보장기본계획과 지방자치단체 지역사회보장계획 간의 연관성이 높은 사업군으로 나타났다. 주요 특징을 살펴보면 보육, 민간, 어린이집, 서비스 확대 등이 중앙부처 사회보장기본계획과 지방자치단체 지역사회보장계획 간의 연관성이 높은 사업군으로 나타났다.

이와 같이 주요 특징과 단어를 중심으로 계획 간의 맥락을 살펴보면, 저출생 정책을 위한 영유아, 보육, 돌봄, 긴급돌봄과 관련된 정책으로 유추할 수 있다. 즉, 중앙부처 사회보장기본계획에서 강조한 영유아 돌봄 정책이 지역사회보장계획의 지역사회 돌봄, 영유아 보육지원, 24시간 맞춤형 돌봄 등과 연계되어 수립되고 있음을 알 수 있다(〈부록 표 35〉 참고).

[그림 3-105] 사회보장기본계획과 지역사회보장계획 간 연관성: 영유아 정책 관련

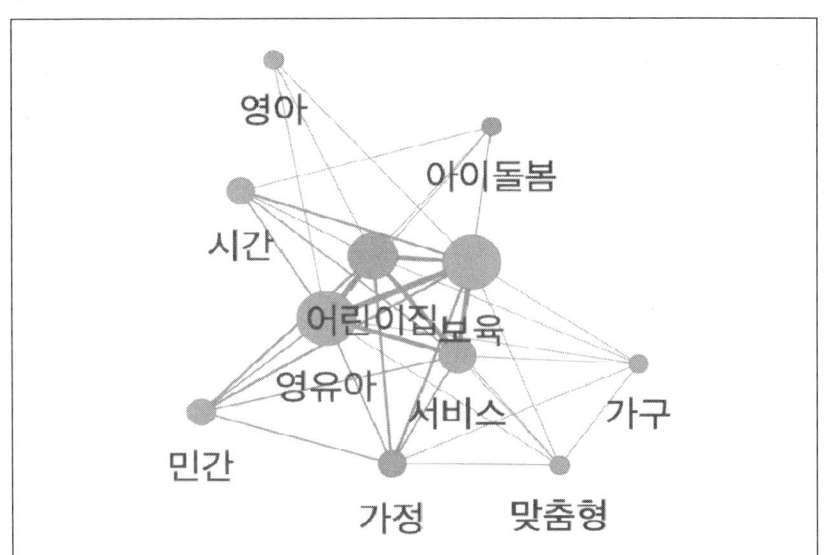

2) 아동·청소년

사회보장기본계획 중 전략 1에 해당하는 약자로부터 두터운 복지의 새로운 취약계층의 복지 수요 발굴·지원 중 소외된 약자 권익 보호·지원 강화는 지역사회보장계획의 아동 청소년 사업과 연관성이 높게 나타났다. 사회보장기본계획과 연계된 사업을 살펴보면 대전의 학대 피해 아동보호 지원체계, 대구의 학대피해아동 보호지원강화, 경북의 학대예방 및 방지 사업 지원 등이다. 주요 특징을 살펴보면 아동, 가정, 노인을 대상으로 한 학대 피해예방 및 보호체계 등이 중앙부처 사회보장기본계획과 지방자치단체 지역사회보장계획 간의 연관성이 높은 사업군으로 나타났다. 위기에 직면한 사회적 약자보호의 취약계층 생활안정 지원과 유사한 사업군은 충북의 아동의 가정 내 건강한 양육환경 조성을 위한 부모성장지원 사업, 경북의 청년 한부모 자녀양육비 지원 사업, 전북의 전북형 무상보육 사업 등이 사회보장기본계획과 연관성이 높은 지역사회보장계획의 사업군으로 나타났다. 전 생애 사회서비스 고도화의 수요 맞춤형 사회서비스 실현 중 맞춤형 돌봄서비스 확충 사업과 유사한 지역사회보장계획의 사업은 대전의 기초자치단체 청소년복지시설 확충 지원, 충북의 청소년 참여기구 활성화 등이다(〈부록 표 36〉 참고).

[그림 3-106] 사회보장기본계획과 지역사회보장계획 간 연관성: 아동청소년 정책 관련

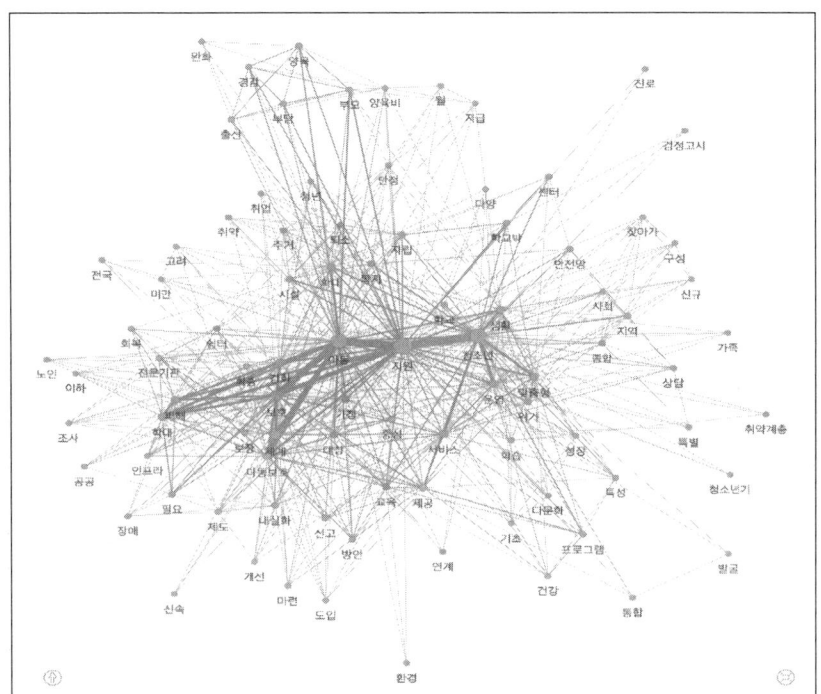

3) 청년

사회보장기본계획 중 전략 1에 해당하는 약자로부터 두터운 복지 ― 변화하는 사회적 위험 대응 강화 ― 노동시장 지속 참여 촉진과 지역사회보장계획 사업 간의 연관성이 나타났다. 사회보장기본계획과 연계된 지역사회보장계획의 사업을 살펴보면 경남의 청년일자리 창출 지원사업, 충남의 청년희망이음 프로젝트 운영, 충남의 충남 일자리 소통공간 운영 사업 등이다. 주요 특징을 살펴보면 청년, 기업, 고용, 취업 지원 등이 중앙부처 사회보장기본계획과 지방자치단체 지역사회보장계획 간 연관성이 높은 사업군으로 나타났다(〈부록 표 37〉 참고).

[그림 3-107] 사회보장기본계획과 지역사회보장계획 간 연관성: 청년 정책 관련

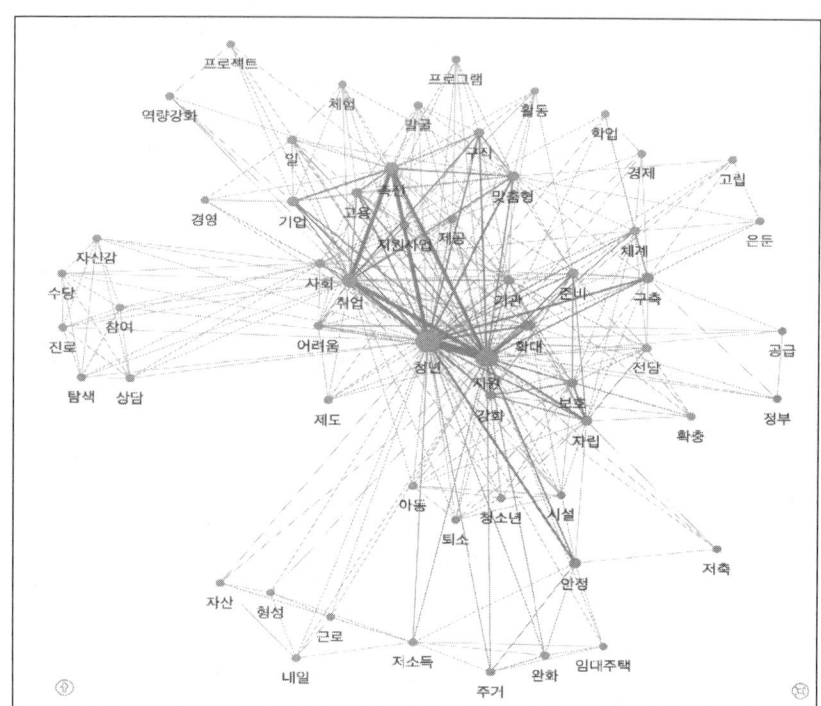

4) 중장년

사회보장기본계획 중 전략 1에 해당하는 약자로부터 두터운 복지 — 변화하는 사회적 위험 대응 강화의 노동시장 지속 참여 촉진과 지역사회보장계획 사업 간의 연관성이 나타났다. 사회보장기본계획과 연계된 지역사회보장계획 사업을 살펴보면, 경기의 4060 맞춤형 재취업지원 사업, 울산의 중장년 취업지원사업, 대구의 Re-start 4050 채용 연계 일자리 지원 사업 등이다. 주요 특징을 살펴보면 중장년, 재취업, 고용, 촉진, 연계지원 등이 중앙부처 사회보장기본계획과 지방자치단체 지역사회보장계획 간의 연관성이 높은 사업군으로 나타났다(〈부록 표 38〉 참고).

[그림 3-108] 사회보장기본계획과 지역사회보장계획 간 연관성: 중장년 정책 관련

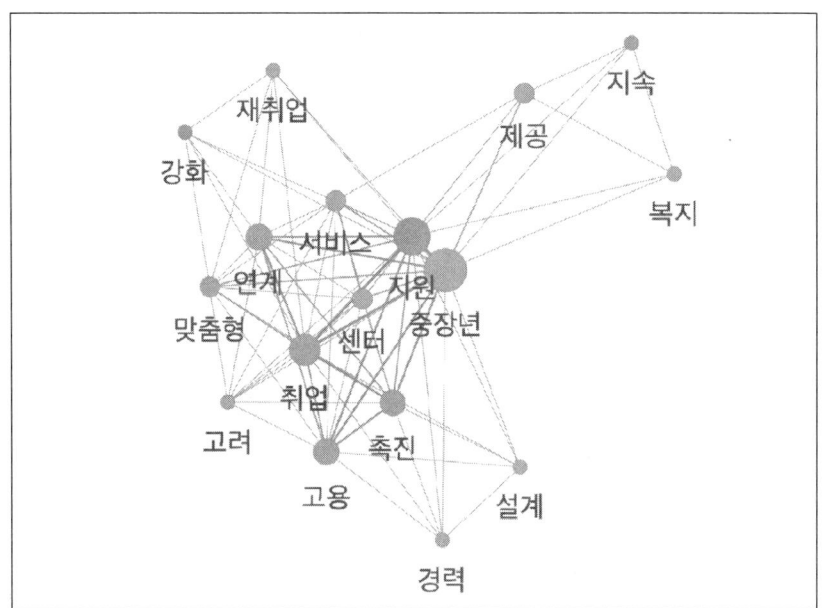

5) 노인

사회보장 대상층 중 중장년 정책을 중심으로 사회보장기본계획과 지역사회보장계획 간의 연관성은 전략 1 약자로부터 두터운 복지와 전략 2의 전 생애 사회서비스 고도화를 중심으로 살펴볼 수 있다. 이 중 전략 1에 해당하는 약자로부터 두터운 복지 ― 새로운 취약계층의 복지 수요 발굴 지원 ― 소외된 약자 권익 보호지원 강화와 관련성이 높다. 사회보장기본계획과 연계된 지역사회보장계획의 사업을 살펴보면 경북의 학대예방 및 방지사업 지원 사업과 경기의 노인학대 예방 및 보호 사업 등이다. 주요 특징을 살펴보면 학대, 노인, 피해, 보호 등이 중앙부처 사회보장기본계획과 지방자치단체 지역사회보장계획 간 연관성이 높은 사업군으로 나타났다.

전략 2의 전 생애 사회서비스 고도화 ― 수요 맞춤형 사회서비스 실현

─ 맞춤형 돌봄서비스 확충과 관련하여 지역사회보장계획과의 연관성이 높게 나타났다. 주요 연관된 사업을 살펴보면 세종의 가가호호 어르신 건강관리서비스, 울산의 장기요양요원지원센터 운영, 인천 종합재가센터 확충 등이다. 이와 관련된 주요 특징을 살펴보면 방문진료, 재가서비스, 거주지, 통합 돌봄 등이다(〈부록 표 39〉 참고).

[그림 3-109] 사회보장기본계획과 지역사회보장계획 간 연관성: 노인 정책 관련

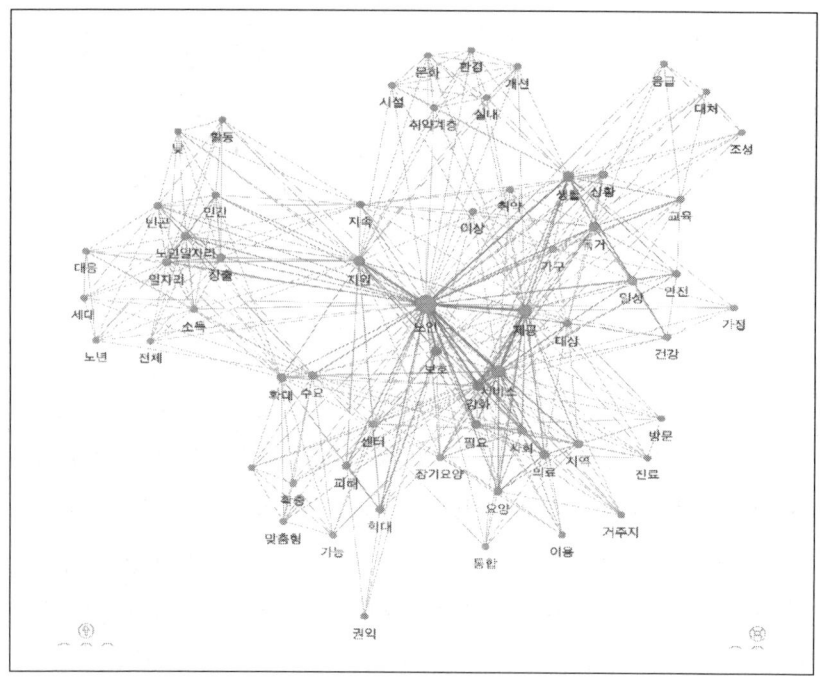

6) 장애인

장애인을 대상으로 한 정책을 중심으로 사회보장기본계획과 지역사회보장계획 간의 연관성은 전략 1 약자로부터 두터운 복지와 전략 2의 전 생애 사회서비스 고도화 부문에서 살펴볼 수 있다. 먼저 전략 1에 해당하는 약자로부터 두터운 복지에서 새로운 취약계층의 복지 수요 발굴지원 ― 소외된 약자 권익 보호지원 강화와 변화하는 사회적 위험 대응 강화 ― 노동시장 참여 촉진과 관련성이 높다. 사회보장기본계획과 연계된 지역사회보장계획 사업을 살펴보면 충북의 경계선 지적 기능 아동의 전문적 보호 및 치료서비스 확대 사업과 충남의 학대피해 장애인 쉼터 설치 사업 등이다. 그리고 경기의 장애인 맞춤형 일자리 공모사업, 부산 장애인 재정 일자리 창출, 전북의 장애인 공공형 일자리 확대 사업이다. 주요 특징을 살펴보면 교육, 학대, 일자리, 직업훈련, 일자리 촉진 등이 중앙부처 사회보장기본계획과 지방자치단체 지역사회보장계획 간의 연관성이 높은 사업군으로 나타났다.

전략 2의 전 생애 사회서비스 고도화에서 수요 맞춤형 사회서비스 실현의 건강의료 보장강화와 안전한 일상 구현 및 교육생활과 관련하여 지역사회보장계획과의 연관성이 높게 나타났다. 주요 연관된 사업을 살펴보면 충남의 지역 장애인 보건의료센터 운영, 대전의 장애인 의료지원 체계 강화, 인천의 베리어 프리 건물 확충으로 장애인 어른신 이동환경 개선, 전남의 장애인 활돌지원사업 지원 확대 등이다. 이와 관련된 주요 특징을 살펴보면 활동지원, 의료, 건강, 전문성, 서비스 등이다(〈부록 표 40〉 참고).

[그림 3-110] 사회보장기본계획과 지역사회보장계획 간 연관성: 장애인 정책 관련

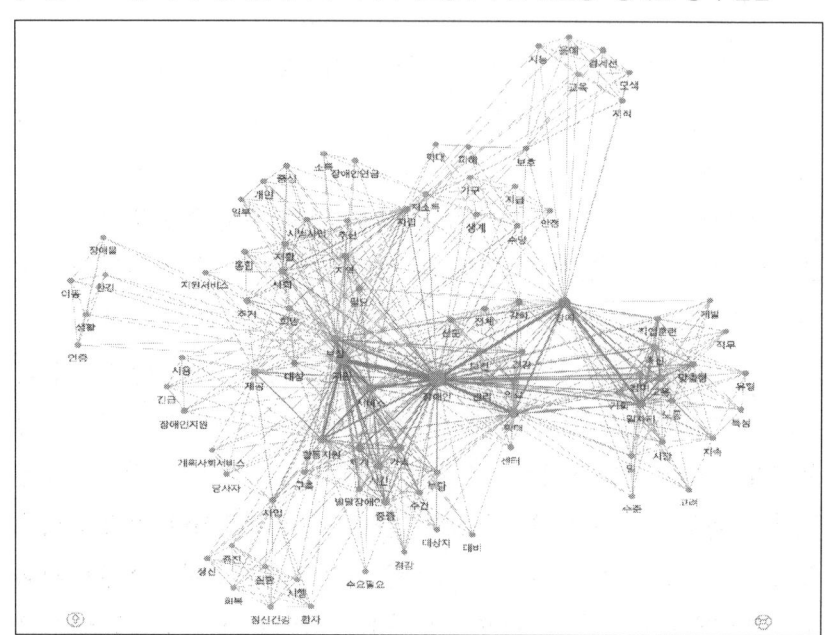

7) 취약계층

사회보장기본계획 중 전략 1에 해당하는 약자로부터 두터운 복지에서 새로운 취약계층의 복지 수요 발굴지원 ― 취약 청년 사회안전망 구축과 위기 직면한 사회적 약자 보호 ― 노인빈곤 완화, 장애인 소득돌봄 보장 강화, 취약계층 생활안정지원과 지역사회보장계획 사업 간의 연관성이 나타났다. 사회보장기본계획과 연계된 지역사회보장계획의 사업을 살펴보면 대전의 청년 경제활동 지원사업, 경기의 다양한 어르신 일자리 발굴 및 내실화, 대전의 장애인 소득보장지원 확대 사업, 부산의 자활사업 인프라 확충 사업 등이다. 주요 특징을 살펴보면 청년, 주거, 노일, 일자리, 장애인 소득, 자립 등이 중앙부처 사회보장기본계획과 지방자치단체 지역사회보장계획 간 연관성이 높은 사업군으로 나타났다(〈부록 표 41〉 참고).

[그림 3-111] 사회보장기본계획과 지역사회보장계획 간 연관성: 취약계층 정책 관련

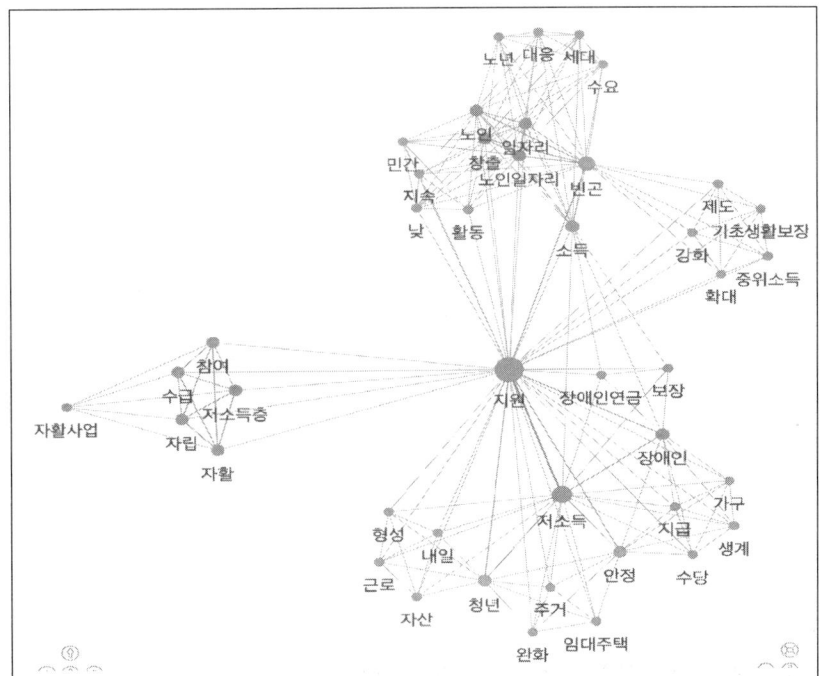

8) 다문화

　사회보장기본계획 중 전략 1에 해당하는 약자로부터 두터운 복지 ─ 위기 직면한 사회적 약자 보호 ─ 취약계층 생활안정 지원과 지역사회보장계획 사업 간의 연관성이 나타났다. 사회보장기본계획과 연계된 지역사회보장계획의 사업을 살펴보면 대구의 다문화가정 아동 학습 지원, 전남의 다문화 엄마학교 운영, 경북의 결혼이민여성 이중 언어 강사 일자리 창출 사업 등이다. 주요 특징을 살펴보면 다문화, 학습, 언어, 성장 등이 중앙부처 사회보장기본계획과 지방자치단체 지역사회보장계획 간의 연관성이 높은 사업군으로 나타났다(〈부록 표 46〉 참고).

[그림 3-112] 사회보장기본계획과 지역사회보장계획 간 연관성: 다문화 정책 관련

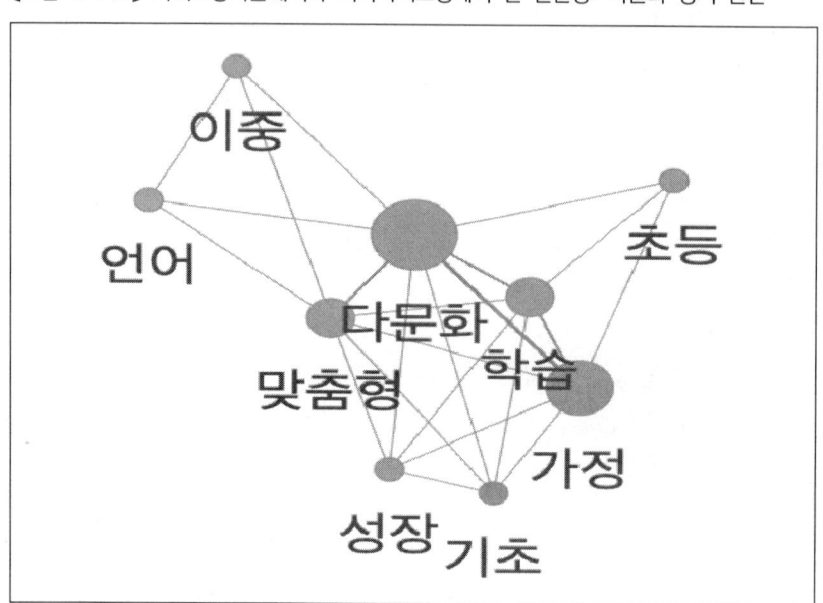

나. 핵심 정책 이슈 분석(토픽 모델 분석)

앞에서는 여러 계층별로 두 계획의 연관성이 높은 특정 사업을 살펴보았다면, 이 절에서는 해당 계층별로 특정 키워드를 도출하고 이의 연관성을 살펴본다. 즉, 사회보장기본계획과 지역사회보장계획의 연관성으로 도출된 주요 키워드를 시각화해 보면 [그림 3-113]과 같다.

영유아 관련 정책을 중심으로 두 계획을 살펴보면 어린이집, 보육, 시간, 아이돌봄이라는 단어를 중심으로 연관성이 높게 나타났다. 중앙부처에서 시행 중인 보육서비스 중 시간제 보육이 지자체의 사업과 연관성이 높게 나타났다. 아동청소년 관련 정책은 보호, 시설, 자립, 학교 밖 그리고 교육을 중심으로 연관성이 높다. 아동학대에 대한 보호정책이 중앙 및 지자체의 계획에서 강조되고 있었고, 학교 밖 청소년을 위한 지원정책도

양 계획에서 중요하게 다루어지고 있었다. 청년 관련 정책은 고용, 취업, 자립, 구직, 수당을 중심으로 연관성이 높게 나타났다. 중장년의 경우는 취업, 고용, 경력, 재취업을 중심으로 두 계획 간의 연관성이 높게 나타났다. 청년과 중장년 관련 정책은 고용과 취업을 중심으로 연관성이 높았고, 이는 양 계획에서 다양한 사업으로 나타났다. 생애주기인 영유아부터 중장년 계층을 위한 두 계획 간의 관계성을 살펴보면 영유아와 중장년 간에 아이돌봄, 취업 등 몇몇 정책을 중심으로 유사성이 높게 나타났으며, 아동청소년과 청년을 위한 정책은 다양한 분야에서 연관성이 높게 나타나고 있음을 알 수 있다.

[그림 3-113] 영유아, 아동청소년, 청년, 중장년 대상별 주제

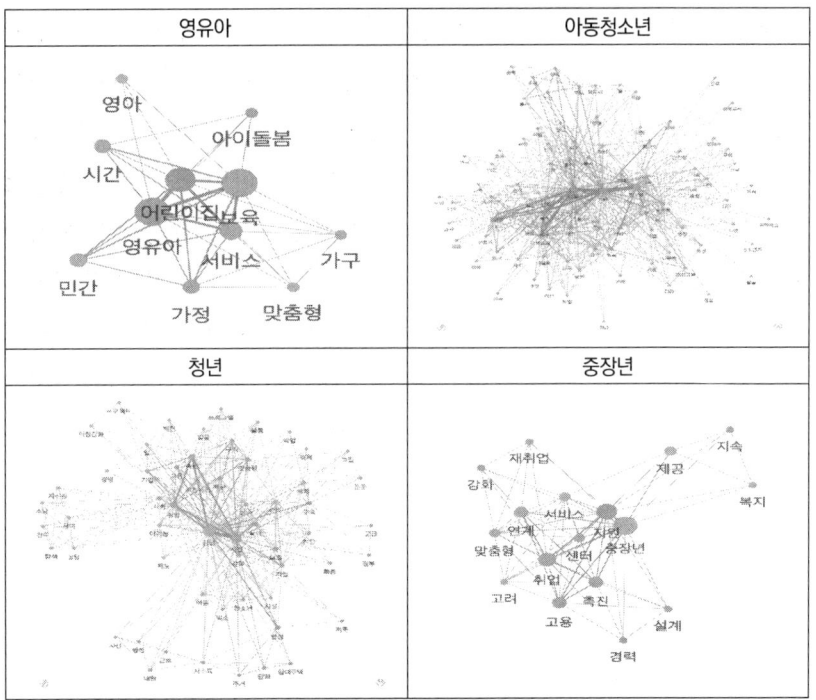

사회보장기본계획과 지역사회보장계획의 노인, 장애인, 취약계층, 다문화 계층과 관련하여 연관성으로 도출된 주요 키워드를 살펴보면 [그림 3-114]와 같다.

노인을 위한 정책은 다양한 관점에서 넓게 연관성이 나타났는데, 특히 보호, 독거, 건강, 방문진료, 일자리 등과 관련하여 두 계획 간의 연관성이 나타났다. 특히, 대표적인 노인 정책으로 일컬어지는 돌봄뿐만 아니라 독거생활과 관련하여 연관성이 높은 것은 고립 생활에 대한 해소가 중앙뿐만 아니라 지자체에서도 중요한 정책으로 대두되었다고 볼 수 있다. 그리고 노인 일자리와 관련하여서는 빈곤, 민간, 창출이라는 단어를 중심으로 정책군집이 형성되어 있음을 볼 수 있다. 장애인 정책과 관련하여서도 다양한 영역에서 연관성이 나타났는데, 특히 보건, 건강, 활동지원, 발달장애인, 고용, 일자리, 저소득 지원과 관련하여 연관성이 높게 나타났다. 정책 단어 군집을 살펴보면, 돌봄, 일자리, 저소득 수당, 건강의료를 중심으로 연관성이 높게 나타났다. 취약계층을 위한 두 계획의 정책은 크게 빈곤지원, 기초생활, 일자리, 자활을 중심으로 나타났다. 특히, 노인, 청소년, 장애인을 위한 정책의 빈도가 높게 나타난 것이 특징이다. 마지막으로 다문화와 관련하여 양 계획 간의 연관성을 살펴보면 가정, 학습, 언어를 중심으로 연관성이 높게 나타났다. 양 계획에서 다문화를 위한 특정 정책이 많지는 않았지만, 다문화 정책과 관련하여서는 다문화 가정을 위한 학습, 언어지원에 대한 연관성이 높았다.

[그림 3-114] 노인, 장애인, 취약계층, 다문화 관련 대상별 주제

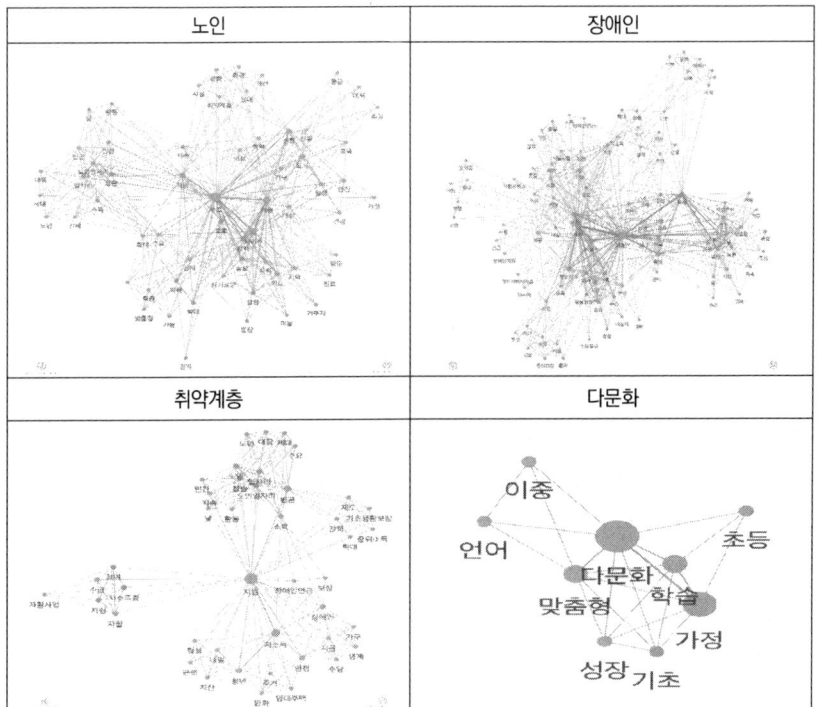

4. 소결

 사회보장기본법 제19조(2021)에 의거하여 지역사회보장계획은 사회보장기본계획과 연관성을 갖고 있어야 하는데, 실제로 사회보장기본계획과 지역사회보장계획 간의 관계성을 살펴본 것에 이 연구의 의의가 있다. 이 연구에서는 TF-IDF 분석 방법을 적용하여 사회보장기본계획과 지역사회보장계획의 사회보장 사업 내역을 중심으로 연관성을 분석하였다. 중앙부처 사회보장기본계획과 17개 시도 지역사회보장기본계획 간에 노출되는 특정 단어의 빈도를 살펴보고, 이를 통해 두 계획 간의 유사성을

살펴보았다. 즉, 사회보장기본계획에서 어떠한 단어들이 많이 노출되는지를 살펴보고, 해당 단어가 지역사회보장계획에서 얼마만큼 중요하게 여기는지를 노출 빈도를 통해 분석하여 두 계획 간의 관계성을 살펴보았다.

사회보장기본계획에서 핵심 영역으로 도출된 영유아, 아동청소년, 청년, 중장년, 노인, 장애인, 빈곤, 부조, 사회서비스, 생계, 돌봄, 다문화를 중심으로 지역사회보장계획에 수록된 사업의 빈도를 살펴보았다. 이를 중심으로 주요 연구 결과를 살펴보면 다음과 같다.

첫째, 이 연구에서 분석하기 위해 수집한 문서는 사회보장기본계획에 수록되어 있는 3대 전략, 7개 중점과제, 21개 추진과제 및 111개 세부과업과 함께 17개 지역사회보장계획에 수록된 세부 과업의 목적, 사업 내용 등이다. 해당 자료 분석 과정에서 동시적으로 등장하는 키워드 간의 관계를 포착하고, 이들의 노드를 확인하여 두 계획 간의 관계를 살펴보았다. 사회보장계획 중 영유아, 아동청소년, 청년, 중장년, 노인, 장애인, 빈곤, 부조, 사회서비스, 생계, 돌봄, 다문화 총 12개 핵심 키워드를 도출하였다. 이를 중심으로 지역사회보장계획에 수록된 사업의 빈도를 살펴보면 아동청소년 98개, 청년 41개, 장애인 34개, 노인 20개 순으로 나타났다. 이는 사회보장계획과 지역사회보장계획 간의 유사성을 살펴볼 때 아동청소년 관련 내용과 청년 관련 사회보장사업 간의 관계성이 높음을 의미한다.

둘째, TF-IDF 분석을 통해 키워드를 도출한 다음 12개 영역을 기준으로 사회보장계획과 지역사회보장계획 간에 관계성이 높은 상위 10개 사업을 살펴보았다. 이를 통해 살펴볼 수 있는 사안은 각 영역마다 사회보장기본계획과 시도 지역사회보장계획 간에 관계성이 있고, 주요 핵심 키워드를 중심으로 상호 연관되어 있음을 알 수 있다. 사회보장기본계획의 전략 1에 해당하는 '약자로부터 두터운 복지'의 경우 청년, 중장년을 위한 일자리 관련 사업과 아동 청소년 정책, 특히 학대예방, 생활안정 지원 등과 연관성이 높게 나타났다. 그리고 전략 2에 해당하는 사회보장기본계획의 '사회서비스 고도화'는 영유아 관련 사업과 연관성이 높게 나타났고, 이는 지역의 저출생 정책과 관련성이 높게 나타났다. 전략 1과 전략 2와 관계성이 높은 영역은 노인과 장애인 관련 지역 사업인데, 이는 빈곤 해소를 위한 소득지원과 일상생활 지원을 위한 지역돌봄 정책과 연관성이 높다고 나타났다.

셋째, TF-IDF 분석 결과를 바탕으로 도출한 토픽모델 시각화 결과를 살펴보면 다양한 측면에서 사회보장기본계획과 지역사회보장계획 간의 연관성을 알 수 있다. 영유아의 경우 어린이집, 보육, 아이돌봄 정책 간의 연관성이 높게 나타났고, 아동청소년의 경우는 소득지원 학대예방, 아동보호, 양육비, 출생 등과 연관되어 두 계획 간의 연관성이 높게 나타났다. 청년의 경우는 취업, 일자리, 고용, 자립 등을 중심으로 연관성이 높았다. 중장년도 청년과 비슷한 모습을 보였는데, 사회서비스, 취업, 경력, 고용 등을 중심으로 관계성이 높게 나타났다. 노인은 보호, 사회서비스, 생활, 건강, 일자리 등을 중심으로 연관성이 높았으며, 장애인도 노인과 비슷하게 건강, 자립, 소득, 돌봄, 활동지원 등을 중심으로 연관성이 높게 나타났다. 다문화는 가정, 학습, 성장, 언어 등을 중심으로 두 사업 간의 연관성이 높았다.

사회보장기본법(2021)에 근거하여 지역사회보장계획은 사회보장기본계획과의 연관성을 유지해야 함을 강조하고 있지만, 어떠한 부분에 연관성이 있는지를 살펴보는 연구는 그간 부족하였다. 이 연구는 TF-IDF 연구방법을 적용하여 두 계획 간의 연관성을 실증적으로 살펴본 데 의미가 있다. 특히, 사회보장기본계획과 지역사회보장계획에서 높은 등장 빈도를 차지하고 있는 영유아, 아동청소년 등 12개 키워드를 도출하고, 이를 중심으로 두 계획에서 사회보장사업 설계의 연관성이 있음을 살펴본 데 의의가 있다.

제4장

지역사회 변화와 지역사회보장정책 수립 과정 진단

제1절 전문가 FGI 개요
제2절 전문가 FGI 분석 결과
제3절 소결

제4장 지역사회 변화와 지역사회보장정책 수립 과정 진단

제1절 전문가 FGI 개요

본 장에서는 지역사회와 지역사회보장정책의 연관성 진단의 일환으로 실시한 전문가 FGI 결과를 제시한다. FGI의 목적은 지역사회보장계획 수립 및 시행 과정을 점검하여, 지역사회보장계획이 지역사회 변화에 따라 연관성을 갖고 작동하도록 하기 위한 지향점을 도출하는 것이다. 원활한 연구 수행을 위해 FGI 진행 전에 연구 윤리 심의 절차를 진행하였다.

FGI는 2024년 9월 30일 총 3회에 걸쳐 진행하였다. 인터뷰 대상은 17개 시도에서 지역사회보장계획의 수립 및 평가 과정에 참여한 연구자로 선정하였으며, 연구 참여 및 개인정보 제공에 동의한 총 11명을 최종 대상자로 선정하였다. 인터뷰는 사전에 배포한 구조화된 문항에 따라 경험을 기반으로 자유롭게 의견을 제시하는 방식으로 진행하였다.

구분	성명	지역
1차	인터뷰 1	인천
	인터뷰 2	부산
	인터뷰 3	대전
	인터뷰 4	광주
2차	인터뷰 5	충남
	인터뷰 6	경기
	인터뷰 7	강원
	인터뷰 8	전북
3차	인터뷰 9	전남
	인터뷰 10	경남
	인터뷰 11	제주

인터뷰 문항은 총 3개의 범주 11개 질문으로 구성하였다.

첫 번째는 지역사회보장정책에 지역사회 변화가 반영되는 과정을 파악하기 위한 질문이다. 구체적으로 제시하면, 지역사회보장계획 내 환경 및 여건 분석이 지역사회보장계획 수립 과정 또는 지역에서 가지는 의미, 지역사회보장계획 내 환경 및 여건 분석의 방법으로 실질적으로 활용성이 가장 높은 방법을 사용하는 이유와 한계, 지역사회보장계획이 지역사회 변화를 반영하고 있는지와 지역사회 변화를 파악하기 위해서 가장 적절한 방법은 무엇이고 그 이유는 무엇인지, 지역 내 복지욕구를 조사하고 사회보장 변화를 분석한 결과를 지역사회보장계획에 반영하는 과정에서 애로사항은 무엇인지 파악하기 위한 질문으로 구성하였다.

두 번째는 지역사회보장정책의 수립 과정을 파악하기 위한 질문이다. 구체적으로 제시하면, 지역사회보장계획이 담아야 하는 주요 내용을 반영하는 과정, 지역사회 환경진단 결과와 정책 수립의 연계 과정, 사회보장급여법(2024)에 근거한 시도의 시군구 계획 반영 과정, 중앙의 사회보장기본계획과 지역의 지역사회보장정책의 연계 과정을 파악하기 위한 질문으로 구성하였다.

세 번째는 제6기 지역사회보장계획 수립 과정에 대한 의견을 파악하기 위한 질문으로 구성하였다. 구체적으로 제시하면, 제6기 지역사회보장조사 및 지역사회보장계획이 취지에 맞게 수립 및 시행되기 위한 개선 방향, 제4차 사회보장기본계획과 지역사회보장계획의 시기적 불일치를 해소하기 위한 방안을 파악하기 위한 질문으로 구성하였다.

〈표 4-1〉 전문가 FGI 문항

1. 지역사회 변화 반영 측면
Q 1-1. 지역사회보장계획 내 환경 및 여건 분석이 지역사회보장계획 수립 과정/지역에서 가지는 의미는 무엇인가?
Q 1-2. 지역사회보장계획 내 환경 및 여건 분석의 방법으로 실질적으로 활용성이 가장 높은 것은 무엇이고 그 이유는 무엇인가? Q 1-2-1. 만약 반영이 되지 않는다면 어떠한 이유 때문인지?
Q 1-3. 지역사회보장계획이 지역사회 변화를 충분히 반영하고 있다고 생각하는가? Q 1-3-1. 만약 그렇지 않다면, 지역사회 변화를 파악하기 위해서 가장 적절한 방법은 무엇이고 그 이유는 무엇인가?
Q 1-4. 지역 내 복지 욕구를 조사하고, 사회보장의 변화를 분석한 결과를 지역사회보장계획에 반영하는 과정에서 애로사항은 무엇인가?
2. 지역사회보장정책의 수립 과정 측면
Q 2-1. 지역사회보장계획이 담아야 하는 주요 내용을 반영하는 과정은 어떻게 작동하는가?
Q 2-2. 지역사회 환경분석 결과와 지역사회보장계획 내 정책 수립은 어떻게 연계되는가?
Q 2-3. 사회보장급여법 제35조 2항에 근거하여 시도는 관할 시군구 지역사회보장계획을 포함한 지역사회보장계획을 수립하여야 하는데, 충분히 포괄하고 있다고 생각하는가?
Q 2-4. 사회보장기본법 제19조 2항에 근거할 때 지역계획은 기본계획과 연계되어야 하는데, 충분히 연계되고 있다고 생각하는가? - (충분히 연계되고 있다면) 어떤 부분에서 연관성을 강화하였고, 이유는 무엇인가? - (단편적으로 연계되고 있다면) 연계가 어려운 이유는 무엇인가?
Q 2-5. 기본계획과 지역사회보장계획 간 연계를 강화해야 한다는 필요성이 지속적으로 제기되고 있는데, 이를 위한 방안은 무엇이라 생각하는가?
3. 6기 지역사회보장계획 수립 과정에 대한 의견
Q 3-1. 제6기 지역사회보장조사 및 지역사회보장계획이 취지에 맞게 수립 및 시행되기 위해 개선/지향해야 하는 바는 무엇인가?
Q 3-2. 제6기 지역사회보장계획 수립 단계에서는 제3차 사회보장기본계획을 반영하지만, 지역사회보장계획 추진 단계에서 2029년에 사회보장기본계획이 제4차로 변경될 예정입니다. 이러한 시기적 불일치 부분에 대한 개선 방안은 무엇이라 생각하는가?

제2절 전문가 FGI 분석 결과

1. 지역사회보장정책의 지역사회 변화 반영 과정 진단

지역사회 보장계획 내 환경 및 여건 분석이 지역사회보장계획 수립 과정 또는 지역에서 가지는 의미에 대해 인터뷰 참여자들은 환경 및 여건 분석은 지역사회보장계획 수립 과정에서 중요한 요소로서 존재하지만, 실질적인 효과가 작아 단순 의무적으로 수행되고, 사업이 이미 결정된 후에 역으로 이를 맞추는 형식이 되어 연차별 계획에 충분히 반영되지 못하는 등 법적 의무나 형식적 절차로 그치는 경우가 많다는 점을 지적하였다.

"환경진단이라고 하는 게 실질적으로 큰 의미는 없어요…. 공무원들이 귀찮아지기 시작하거든요." (인터뷰 1)

"연차별 계획에서도 이게 계속 들어가잖아요. 형식적이고 새롭게 바뀐 연도가 반영되지 않고 있다." (인터뷰 2)

특히 공무원들의 새로운 사업 발굴 부담, 지자체장의 공약 및 관심사에 따라 사업이 결정되고 이를 지역사회보장계획에 반영하는 문제들이 주요 한계로 제시되었다. 반면, 환경진단이 지역 주민의 인식 제고와 참여 촉진에 기여하는 긍정적 효과도 확인되었다.

"시설 퇴소 청년이 자살하는 사건이 발생…. 시장님이 관심을 가지시고 대응책을 마련하면서 신규 사업으로 반영되었다." (인터뷰 4)

"지역 주민들이 우리 지역의 문제들을 점검하고…. 공무원들도 새로운 사업들을 개발하는 자리가 됐고 주민들도 자신의 이야기를 들어주는 자리가 되었다." (인터뷰 1)

〈표 4-2〉 환경 및 여건 분석에 대한 의견

유형화	세부 내용 요약
1. 필수적 요소이나 실질적 효과 부족	환경 및 여건 분석은 필수적인 절차로 존재하지만, 실질적인 효과가 작아 단순 의무적으로 수행된다는 한계가 있음.
2. 형식적 절차로 수행됨	환경진단은 형식적이며, 사업이 이미 결정된 후 역으로 이를 맞추는 형식이 되어 연차별 계획에 충분히 반영되지 못함.
3. 공약 중심의 반영	환경진단보다는 지자체장의 공약 및 관심사에 따라 사업이 결정되고 이를 지역사회 보장계획에 반영하는 경우가 많음.
4. 주민 인식 제고 기여	환경진단은 지역 주민의 인식 제고 및 참여를 촉진하고, 주민들이 지역 문제를 이해하는 데 기여할 수 있음.

지역사회보장계획 내 환경 및 여건 분석의 방법으로 실질적으로 활용성이 가장 높은 것과, 환경분석이 반영되지 못하는 이유에 대해 인터뷰 참여자들은 지역에서 상시 수행하는 FGI가 빠른 의견 수렴을 가능하게 해 활용성이 높다고 평가하였다. 또한, 매년 복지부를 통해 제공하는 지역사회보장지표는 타지역과의 비교 및 시계열 비교를 가능하게 하는 유용한 데이터로 평가되었다.

"공무원 계장님들 다 모았어요. FGI가 확실히 다르더라고요…. 질적인 방법으로 신속한 진단이 가능했습니다." (인터뷰 10)

"타지역하고 비교도 되고 시계열적 비교가 가능하니까 명확한 데이터를 제공할 수 있었다." (인터뷰 10)

그러나 4년 주기로 실시되는 지역사회보장조사(욕구조사)는 초기에는 유의미하나 시간이 지남에 따라 변화된 환경을 반영하기 어렵고, 환경진단 자체가 형식적으로 수행되어 실제 정책에 반영되지 않는 경우가 많은 문제가 제기되었다.

"욕구조사는 당해 연도 혹은 차년도까지는 괜찮지만, 그 이상 지나가면 한계가 있다."
(인터뷰 5)

"환경분석을 해서 이런 사업이 필요하다고 나와도 사업으로 잘 연결되지 않는 경우가 더 많습니다." (인터뷰 11)

〈표 4-3〉 환경 및 여건 분석의 활용성 및 문제점

유형화	세부 내용 요약
1. FGI(초점그룹인터뷰) 활용	FGI는 공무원, 협회장, 교수 등 다양한 이해관계자의 의견을 빠르게 진단하고 포괄적으로 수집하는 데 유리함.
2. 지역사회보장지표 활용	사회보장지표는 타지역과의 비교 및 시계열적 비교가 가능해 명확한 데이터를 제공함
3. 지역사회보장조사의 한계	4년 주기로 실시되는 지역사회보장조사는 초기에는 유용하지만 시간이 지나면서 변화하는 환경에 맞추기 어려움
4. 실무적 제약과 형식적 절차	환경진단 결과가 사업으로 잘 연결되지 않는 경우가 많음. 환경진단은 의무적으로 작성되는 경우가 많아, 실질적 반영은 어려움.

그리고 지역사회보장조사 결과의 활용성을 높이기 위해서는 지역사회보장조사 데이터를 단순히 보고서로 작성하는 것을 넘어 지역사회보장계획의 수립과 실행에 실질적으로 적용할 수 있도록 데이터 활용 체계를 구축해야 하며, 중앙에서 제공되는 표준 문항 외에, 각 지역의 특성을 반영한 맞춤형 설문을 추가로 반영하여 더 구체적이고 효과적인 정책 개발이 가능하게 해야 한다고 하였다.

"욕구조사를 어떻게 활용해야 하는데, 그냥 욕구조사 보고서로 끝나고 마는 것 같아요…. 조사한 거를 조금 더 잘 활용할 수 있는 방법이 있을 텐데 제가 그걸 못 찾고 있는 것 같아서." (인터뷰 7)

"추가로 한다면 시군별로 특성화된 분야, 특히 외국인이 많은 지역이나 노인이 많은 지역에 맞는 설문조사를 자체적으로 하게 해야 한다." (인터뷰 10)

또한 지역사회보장조사 결과를 더 자주 갱신하거나 최신의 다른 사회조사 자료와 결합하여 활용함으로써 변화하는 지역사회 환경을 적시에 반영할 수 있도록, 조사 데이터의 분석과 활용 능력을 향상시키기 위한 공무원 및 담당자 대상 역량 강화 프로그램 운영의 필요성을 제안하였다.

"지역사회보장조사는 당해 연도 혹은 차년도까지는 괜찮지만, 그 이상 지나가면 한계가 있다." (인터뷰 5)

"시군은 담당자가 계속 바뀌니까 저희처럼 고정적인 인력이 있는 곳과 편차가 줄어들지 않을 것 같아서, 적극적으로 지원할 수 있는 방법을 찾아야 한다." (인터뷰 9)

지역사회보장계획의 지역사회 변화를 반영하는 데 있어 일부 지역에서는 지역사회의 변화를 잘 반영하고 있으나, 중앙정부의 지침을 따르는 데 치중해 지역 특성이 충분히 반영되지 못하는 경우도 있었다.

"00시와 같은 선도적인 시군에서는 지역사회 변화와 계획이 잘 연결되어 실행되고 있지만, 그렇지 않은 시군도 있다." (인터뷰 6)

"중앙에서 내려오는 계획을 따라야 해서 지역성이 덜 개발되고 있다." (인터뷰 11)

또한, 사회적 이슈와 지자체장의 공약이 중요한 지역사회 변화이지만, 중앙의 사회보장기본계획과 연관성 반영 측면에서 정책적 일관성을 확보하는 데 한계가 있다는 점을 지적하였다.

"기존 방향성은 정해져 있고 이를 뒷받침하는 자료가 후속적으로 만들어지는 경향이 있다." (인터뷰 10)

"중앙정부의 기본계획을 어떻게 연계할지 요구받으면서 지역 특성이 충분히 반영되지 않는다." (인터뷰 11)

지역 내 복지 욕구를 조사하고, 사회보장 변화를 분석한 결과를 지역사회보장계획에 반영하는 과정에서 애로사항으로는 사업을 위한 예산 확보가 어려워 중앙정부 공모사업에 의존해야 하는 재정적 제약, 조사 결과에 따라 필요성은 인식하나 정책화가 어려운 조사 결과와 정책 간 정합성 부족, 그리고 다른 부서의 협조 부족으로 발생하는 계획의 통합성과 실행력 저하라는 문제가 있었다.

> "저희는 국비 사업을 공모로 따든지 이렇게 해야 해서 중앙기획으로 갈 수밖에 없는 구조이고, 매년 국비 예산확보를 해야 해서 중요한 게." (인터뷰 8)

> "조사하고 분석해서 계획에 넣으려고 했을 때 지자체의 판단이 다르거나, 분석 결과가 있음에도 불구하고 정책이 없는 경우가 있다." (인터뷰 10)

> "타 부서 협조가 굉장히 어려워요. 몇 개 이상의 부처는 반드시 참여해서 같이 계획을 수립하도록 해야 한다." (인터뷰 4)

〈표 4-4〉 지역사회보장조사 및 분석 결과 반영 과정에서의 애로사항

유형화	애로사항
1. 재정적 제약	사업을 위한 예산 확보가 어려워 중앙정부 공모사업에 의존해야 하는 경우가 많음.
2. 조사 결과와 정책 간 정합성 부족	조사 결과와 실제 정책이 일치하지 않는 경우가 많으며, 필요성은 인식하나 정책화가 어려움.
3. 부처 간 협조의 어려움	계획수립 과정에서 다른 부서의 협조가 원활하지 않아 계획의 통합성과 실행력이 저하됨.

이러한 애로사항을 해결하기 위해 지역에서는 예산이 부족할 때 사업을 우선 비예산 사업으로 시작하여 성과를 통해 예산을 확보하거나, 지역 내 민간자원을 적극적으로 활용하여 부족한 예산을 확보하거나, 당장 실현이 어려운 사업은 중장기적 계획을 통해 실행 가능성을 확보하는 방식을 취하고 있었다.

"비예산 사업으로 시작하면서 필요한 서비스를 제공하고, 이후에 예산 확보를 시도한다." (인터뷰 10)

"복지 관련 민간단체들이 하나의 선거 제도처럼 만들어서 공약들을 모아 지역의 현안을 해결하려고 했다." (인터뷰 2)

"사회보장기본계획의 수립 시기를 고려해 중장기 계획으로 반영해야 한다." (인터뷰 5)

2. 지역사회보장정책의 수립 과정 진단

지역사회보장계획이 담아야 할 주요 내용을 반영하는 과정에는 긍정적 측면과 부정적 측면이 모두 존재하였다.

지역사회보장계획 수립 과정의 긍정적인 측면으로는 TF 구성을 통해 민간과 공무원의 다양한 의견을 반영하려는 노력이 이루어지고 있으며, 일부 선도적인 지자체에서는 지역사회 여건을 반영하여 실질적인 계획을 수립하고 있는 점이다.

"TF를 통해 민간인들도 계획에 탑재된 사업이 진행되고 있는지를 확인하고 보완할 수 있는 사업도 신규로 제안할 수 있다." (인터뷰 8)

"수원시와 같은 몇몇 선도적인 시군은 환경 및 여건 분석과 세부사업의 축이 잘 맞아떨어져 지역사회의 변화를 반영하고있다." (인터뷰 6)

그러나 중앙정부의 지침을 따라야 하는 제약으로 인해 지역 특성을 충분히 반영하지 못하고, 타 부서와의 협조 부족, 법적 요구에 집중된 형식적 접근으로 계획의 실효성이 떨어질 위험이 있다는 점은 문제로 지적되었다.

"법에 따라 반영해야 하는 틀이 정해져 있어서 지역의 창의적이고 핵심적인 사업들을 반영하는 데 한계가 있다." (인터뷰 8)

"타 부서의 협조가 어렵고, 자료 요청에도 적극적인 참여가 이루어지지 않는 상황이라 통합적인 계획 수립에 어려움이 있다." (인터뷰 4)

"법에 따라 9가지 항목이 반영되어야 하지만, 이러한 내용들이 실제 지역 상황과 무관하게 법적 요구사항만 반영되는 경우가 많다." (인터뷰 9)

〈표 4-5〉 지역사회보장계획 주요 내용 반영 과정에 대한 의견

구분	주요 내용	세부 내용
긍정적 측면	1. 주민 의견 수렴	주요 내용을 반영하는 과정에서 TF를 구성하여 지역 내 다양한 의견을 수렴하고, 계획수립에 반영함. 이를 통해 지역 주민과 민간의 요구가 일정 부분 반영되고 있음.
	2. 일부 선도적 지자체의 적극적 반영	일부 지자체에서는 지역사회 여건 및 변화를 반영하여 계획을 수립하고 실행하고 있음. 이를 통해 지역 특성에 맞춘 계획을 수립하고 있으며, 성과를 긍정적으로 평가하고 있음.
부정적 측면	1. 중앙정부 지침에 의존	지역사회보장계획은 법정계획으로, 중앙정부의 지침을 따르며 계획을 수립해야 하므로 지역 특성 반영이 제한적임. 이에 따라 지역 고유의 창의적 접근이 어려워지고 있음.
	2. 타 부서와의 협조 부족	주요 내용을 반영하는 과정에서 타 부서와의 협조가 원활하지 않으며, 이에 따라 계획의 통합성과 실행력에 문제가 생김.
	3. 형식적 접근과 법적 요구에 집중	법에서 요구하는 항목을 반영하는 과정이 형식적으로 진행되어, 실질적인 지역 특성 반영보다는 법적 요건 충족에 초점이 맞춰짐.

지역사회보장계획에 환경진단, 계획수립, 수행, 환류 과정이 연계되는 방식에는 긍정적 및 부정적 측면이 모두 존재하였다.

긍정적인 측면은 환경진단 결과가 실질적인 사업에 반영되어 실행되고, 참여형 계획수립으로 주민 및 다양한 주체의 의견을 수렴하여 데이터 기반의 접근이 가능하다는 점이다.

"환경분석 결과를 통해 도에서 필요한 사업을 제안하고, 예산 범위 내에서 실제 실행 가능한 사업으로 반영했다." (인터뷰 9)

"계획수립 전년도부터 용역을 통해 수요와 공급 분석을 미리 해 놓아 계획수립 시 참여형으로 데이터 기반의 접근이 가능했다." (인터뷰 10)

그러나 중앙의 지침에 의존해 형식적으로 계획을 수립하는 문제, 환류 과정의 실질적 피드백 부족, 그리고 타 부서와의 협력 문제로 인해 계획의 통합성과 실행력이 저하되는 점은 부정적인 측면으로 지적되었다.

"법에 따라 정해진 틀에 맞추어 계획을 수립해야 하므로 지역의 창의적 접근이 어려워지고 있다." (인터뷰 8)

"환경분석과 계획 내용이 따로따로 노는 경우가 많았고, 계획 환류의 중요성이 강조되지 않았다." (인터뷰 10)

"타 부서의 협조가 어렵고, 자료 요청에도 적극적인 참여가 이루어지지 않는 상황이라 통합적인 계획수립에 어려움이 있다." (인터뷰 4)

〈표 4-6〉 지역사회보장계획 환경진단, 계획수립, 수행, 환류 반영 과정에 대한 의견

구분	주요 내용	세부 내용
긍정적 측면	1. 환경진단 결과의 계획 반영	환경진단에서 도출된 결과를 바탕으로 실제 지역에 필요한 사업을 계획에 반영함. 이 과정에서 환경진단의 결과가 실질적인 정책 및 신규 사업으로 구체화되어 실행에 옮겨짐.
	2. 참여형 계획수립과 환류	계획수립 전년도부터 환경진단과 수요·공급분석을 통해, 참여형 계획수립이 이루어짐. 용역을 통한 사전 연구와 데이터 기반의 접근이 이루어지며, 다양한 주체의 의견이 반영됨.
부정적 측면	1. 중앙의 지침에 의존한 형식적 접근	중앙정부에서 주어진 지침을 따르기 때문에 실제 지역의 고유한 특성을 반영하기 어렵고, 계획수립이 형식적으로 이루어짐. 창의적인 지역 맞춤형 해결책 제시는 제한적임.
	2. 환류 과정의 미흡	계획수립 후 환경진단과의 연계가 부족하며, 실질적인 피드백과 수정이 이루어지지 않음. 환류 과정이 형식적으로만 진행되어 지속적인 개선이 어려움.
	3. 타 부서와의 협조 문제	환경진단을 통해 필요한 사업이 도출되더라도, 이를 추진하기 위해서는 타 부서와의 협조가 필수적임. 그러나 부서 간 협력이 원활하지 않아 계획의 통합성과 실행력이 저하됨.

사회보장급여법 제35조 2항(2024)에 근거하여 시도가 관할 시군구 지역사회보장계획을 포함한 지역사회보장계획을 수립하고 있는지에 대해서는

기본적인 연계와 방향성은 반영하고 있으며, 매뉴얼 등을 통해 일정 부분 성과를 내고 있다고 답하였다.

> "센터에서 지속적으로 연관성을 강조하고 매뉴얼을 구체화하면서 부분적으로 연결된 성과가 있었다." (인터뷰 10)

그러나 형식적인 접근, 다양한 부서의 협조 부족, 재정적 제약으로 인해 지역의 고유한 특성을 충분히 반영하지 못하는 한계가 지적되었다.

> "법에 따라 정해진 틀에 맞추어 계획을 수립해야 하므로 지역의 창의적 접근이 어려워지고 있다." (인터뷰 8)

> "타 부서 협조가 굉장히 어려워서 사회보장 분야가 실제로는 복지 분야로 한정될 수밖에 없는 상황이다." (인터뷰 4)

> "국비 예산 확보를 위해 중앙기획을 따르는 구조이다 보니 지역 특성이 충분히 반영되지 못한다." (인터뷰 8)

〈표 4-7〉 시도의 관할 시군구 지역사회보장계획 포함 과정에 대한 의견

주요 내용	세부 내용
기본적인 연계와 방향성 반영	시도가 시군구 지역사회 보장계획을 포함하여 계획을 수립하는 과정에서 기본적인 방향성은 반영되고 있다고 평가됨. 계획의 연관성을 높이기 위해 매뉴얼 등을 통해 시군구의 계획을 수립하고 있음.
형식적인 접근과 계획 반영의 한계	법에서 요구하는 계획수립 절차를 따르지만, 실제 지역의 특성을 충분히 반영하지 못하는 경우가 많음. 특히 중앙에서 제공되는 틀에 맞추다 보니 지역 맞춤형 해결책은 부족하다는 지적이 있음.
다양한 부서 협조 부족	계획수립 시 다양한 부서의 참여가 필요하지만, 타 부서의 협조가 부족하여 계획의 범위가 제한적이고, 복지 분야에 국한되는 경향이 있음.
재정적 제약과 중앙 의존성	시도는 시군구의 계획을 포괄해야 하지만, 예산과 관련하여 중앙정부의 지침과 지원에 크게 의존하게 되며, 그로 인해 지역 자체에서 필요한 사업들을 충분히 반영하기 어렵다는 문제가 있음.

그리고 시도가 시군구의 지역사회 보장계획을 충분히 포괄하기 위해서는 다음과 같은 개선 방안이 필요하다고 제안하였다. 첫째, 매뉴얼을 완화하여 시군구의 자율성을 확대하고, 지역 맞춤형 조사를 통해 각 지역의 특성을 반영해야 한다. 둘째, 시도와 시군구 간 협조 체계를 강화하여 의견 반영을 위한 협력적 구조를 마련해야 한다. 셋째, 시군구 계획이 시도 시행계획과 예산에 충분히 반영되기 위해서는 현재 시군구의 계획서 제출 시기를 조정할 필요성이 있다.

"현재 매뉴얼이 너무 세분화되어 있어, 자율성을 나오게 하려면 고도화된 매뉴얼을 느슨하게 풀어주는 작업이 필요하다." (인터뷰 10)

"시군별로 특성화된 분야, 예를 들어 외국인이 많은 지역이나 노인이 많은 지역에 맞는 설문조사를 자체적으로 하게끔 해야 한다." (인터뷰 10)

"시군구와 협의하는 과정에서 도와 시군구가 함께 참여할 수 있는 제도적 조치가 필요하다." (인터뷰 8)

"시군구 계획이 먼저 수립되고 도가 이를 반영하려면, 시군구 계획 제출 시기를 앞당기고 도의 계획수립 시기를 조정해야 한다." (인터뷰 5)

"연차별 계획수립은 너무 불필요한 일을 더하고 있는 것 같다. 행정적 부담을 줄여 실효성 있는 추진체계를 만들어야 한다." (인터뷰 7)

〈표 4-8〉 시도의 시군구 계획 포괄을 위한 개선 방안

주요 내용	세부 내용
1. 계획수립의 자율성 확대	시군구의 계획수립 자율성을 높이기 위해 현재의 매뉴얼을 완화하고 지역별 특성에 맞는 유연한 접근을 지원해야 함. 지나치게 세분화된 매뉴얼은 계획수립을 어렵게 하고 있으므로 느슨하게 풀어가는 것이 필요함.
2. 지역 특성 반영을 위한 추가 조사 필요	시군구의 특성을 반영하기 위해 추가적인 지역 맞춤형 조사를 할 필요가 있음. 시도 단위에서 일괄적인 조사를 진행하기보다 시군구별 특성화된 분야에 대해 자체 조사를 하게 해야 함.

주요 내용	세부 내용
3. 부서 간 협조 체계 강화	시군구 계획을 효과적으로 포괄하려면 도와 시군구 간의 협조 체계를 제도적으로 강화해야 함. 특히, 시군구의 의견이 반영되는 과정에서 TF 구성 등 협력적 체계를 마련하는 것이 필요함.
4. 조사 및 계획수립의 시간적 조정	계획수립 및 예산 확정의 시기를 조정하여, 시군구의 계획수립이 충분히 반영될 수 있도록 일정을 앞당기는 것이 필요함.
5. 행정적 부담 완화 및 실효성 강화	계획수립 과정에서 시군구의 행정적 부담을 줄이기 위해, 기존의 형식적 절차를 간소화하고 실효성 있는 계획수립을 돕는 방안을 모색해야 함.

일부 시도에서는 지역사회보장계획을 사회보장기본계획과 연계하기 위한 노력으로 사회보장기본계획의 비전과 방향성을 시군구에 공유하여 지역 계획에 반영하도록 하는 노력이 나타나고 있다.

"도의 전체 초안이 나왔을 대비 전체 계도가 나왔을 때 그거를 시군 공무원하고 교육을 해 가지고 다 공유를 시켜버렸어요. 그걸 똑같이 갈 필요는 없지만 도는 이 방향으로 가니까 너희들 계획 세울 때 이렇게 좀 해라." (인터뷰 10)

반면, 그렇지 못한 지역에서는 계획수립 시기의 불일치, 형식적인 접근, 그리고 재정적 문제로 인해 실질적인 연계가 어렵다는 문제가 지적되었다. 특히, 계획을 단순히 형식적으로 연계하는 데 그치기 때문에 실제 실행 가능성을 확보하기 어려운 점이 문제로 제기되었다.

"시기가 안 맞다 보니까 이게 큰 의미도 가지지도 못 하고…. 시기를 맞추는 게 법 개정 필요해서 좀 어려운 거로 알고 있어요." (인터뷰 10)

"그 전략, 세부사업에 맞추는지 아니면 조금 더 위에 있는 큰 이름으로 맞추면 웬만한 건 다 연결하면 될 거라고 싶어서 그냥 다 연결을 해 놓고 있는 상황이어서... 정말 기본계획이 원하는 바를 제대로 담고 있는가라는 건 어려움이 있는 것 같다고 생각이 듭니다." (인터뷰 3)

"기본계획에서 주로 얘기하는 내용들을 우리 지역사회보장계획에서 담기가 어려운 상황이 잖아요. 재정적인 부분에 계속 문제가 되면서 실제로 연관성을 억지로 찾는 상황이 되는 거죠." (인터뷰 4)

〈표 4-9〉 지역계획과 기본계획 간의 연관성에 대한 의견

주요 내용	세부 내용
비전과 방향성 공유를 통한 연계	지역계획과 기본계획 간의 연관성을 높이기 위해, 비전과 방향성을 공유하고 이를 기반으로 계획을 수립함. 시군구의 계획이 도의 전체 비전 체계에 맞추어 조정되고 있음.
시기적 불일치	기본계획과 지역계획 간의 연계가 단편적일 수밖에 없는 이유는 계획수립 시기의 불일치 때문임. 지역계획이 기본계획과 동일한 시기에 수립되지 않기 때문에 연계가 어려움.
형식적 접근으로 인한 문제	연계가 형식적으로 이루어져 실제로는 큰 효과를 거두지 못하고 있음. 계획수립 시 형식적으로 화살표를 그려 연결하는 수준에 그치고 있음.
재정적 문제	기본계획과 지역계획 간 연계의 어려움은 재정적 제약 때문이며, 연관성을 억지로 찾는 상황이 발생함. 유사한 사업은 포함하되, 재정 부족으로 인해 계획의 충분한 연계가 어려움.

인터뷰를 통해 제안된 중앙의 사회보장기본계획과 지역사회보장계획 간 연계 강화를 위한 방안은 다음과 같다. 첫째, 두 계획의 수립 시기를 조정하거나 사회보장기본계획 시점에 조정 기간을 도입하여 시기적 불일치를 해결하고, 연관성을 강화해야 한다. 둘째, 상위 계획의 비전과 방향성을 공유하여 정책 간 일관성과 연계를 높여야 한다. 셋째, 형식적인 사업별 연계를 넘어, 전략적 목표와 방향성을 공유하는 방식으로 전환해야 한다. 넷째, 지역의 자율성을 확대하여 각 지역이 맞춤형 계획을 수립할 수 있도록 하고, 다섯째, 중앙과 지역 간에 협력을 강화하여 상호 연관성을 높여야 한다.

〈표 4-10〉 지역계획과 기본계획 간의 연관성 강화를 위한 방안

주요 내용	세부 내용
1. 계획수립 시기 조정	기본계획과 지역사회 보장계획의 수립 시기를 동일하게 맞추거나 중간 조정 기간을 도입하여 연관성을 높임. 현재 시기적 불일치로 인해 계획의 연계가 어렵다는 점을 해결하는 방안으로 제안됨.
2. 상위 계획의 비전 및 방향성 공유	상위 기본계획의 비전과 방향성을 지역계획 수립 시 적극 공유하여, 지역계획이 상위 계획과 일관된 방향으로 추진될 수 있도록 해야 함. 이를 통해 정책 간 일관성과 연관성을 강화함.
3. 형식적 접근에서 전략적 연계로 전환	계획 연계에서 형식적으로 사업별 연계 화살표를 그리는 것을 넘어서, 전략적 목표와 방향성을 공유하고 큰 틀에서 연관성을 기술하도록 개선함.
4. 자율성 확대와 지역 맞춤형 계획수립	각 지역의 특성에 맞춘 계획수립을 위해 자율성을 부여하고, 기본계획의 큰 틀을 준수하면서도 세부사업에서는 지역 상황에 맞춰 유연하게 대응할 수 있도록 지원함.
5. 중앙과 지역 간 협력 강화	중앙정부의 기본계획을 지역에서 실제로 어떻게 반영하고 적용할지에 대한 협력을 강화하고, 지역에서 필요한 부분을 중앙계획에 반영하는 과정을 제도화함.

3. 지역사회보장정책의 수립 과정에 대한 개선 의견

1) 제6기 지역사회보장조사 개선 의견

제6기 지역사회보장조사가 취지에 맞게 수립 및 시행되기 위해서는 지역사회보장조사 및 계획수립에 필요한 재정적 문제를 해결해야 한다는 의견이다. 특히 시(市)가 통합 조사를 할 경우 자치구와 시 간의 예산 부담(비율) 문제로 조사가 지연되며, 시가 예산을 지원해야 하는 부담이 있기에 중앙의 재정적 지원 확대 필요성을 제시하였다.

"자치구에서는 시가 중심이 돼서 조사를 하겠다고 할 때 예산을 시에서 부담하라고 이야기하고 있다." (인터뷰 4)

지역 특성 반영을 위한 추가 조사 문항이 필요하다는 의견도 있었다. 현재 공통문항 조사 방식으로는 지역 특성을 충분히 반영하기 어렵기 때문에, 각 시도/시군구별 특성화된 추가 조사 문항이 필요하다는 의견이다. 만약, 지역사회보장조사에 포함할 수 없다면 지역에 맞는 설문조사를 자체적으로 실시할 필요성 또한 제시되었다.

"시군별로 특성화된 분야, 예를 들어 외국인이 많은 지역이나 노인이 많은 지역에 맞는 설문조사를 자체적으로 하게끔 해야 한다." (인터뷰 10)

〈표 4-11〉 제6기 지역사회보장조사 개선 의견

주요 내용	문제점	개선 의견
재정적 문제 해결 필요성	재정 부족으로 인해 조사 및 계획수립 지연.	시 및 중앙의 재정적 지원 확대 필요.
지역 특성 반영을 위한 추가 조사 필요	통합 조사만으로는 지역 특성 반영이 어려움.	시군별 특성에 맞는 맞춤형 조사 필요.

2) 제6기 지역사회보장계획 매뉴얼 개선 의견

제6기 지역사회보장계획이 취지에 맞게 수립 및 시행되기 위해서는 매뉴얼 간소화가 필요하다는 의견이다. 현재 매뉴얼이 지나치게 세분화되고 촘촘하게 고도화되어 있어 일부 지자체에서는 매뉴얼을 따라가기가 매우 어렵다고 지적되었다. 이를 해결하기 위해 매뉴얼을 간소화하고 자율성을 확대하는 방향으로 개선해야 한다는 의견이 제기되었다.

"매뉴얼이 너무 세분화되어 있어서 고도화시키지 말고 좀 느슨하게 풀어가는 작업이 필요하지 않을까라는 생각이 듭니다." (인터뷰 10)

주민 및 민간 참여 활성화 측면에서 현재의 매뉴얼이 전문가 중심으로 설계되어 있어 주민과 민간의 참여가 미흡하다는 문제가 제기되었다. 보고서 작성에 대한 강조를 줄이고, 주민과 민간 참여를 활성화하는 데 초점을 맞출 필요성을 제시하였다.

> "매뉴얼이 너무 세밀하게 작성되어 있고 전문가 중심으로 운영될 수밖에 없는 구조라서, 주민 참여와 민간 참여 논의의 장을 활성화시키기 위해서는 보고서 작성에 힘을 빼고 프로세스의 점검에 초점을 맞추는 것이 필요하다." (인터뷰 10)

지자체의 자율성 확대 측면에서, 매뉴얼에 의한 강제적 틀로 인해, 지자체가 계획수립 시 자율성을 발휘하기 어렵다는 문제가 제기되었다. 이를 개선하기 위해, 매뉴얼을 가이드라인 수준으로 제시하고 지자체가 자율적으로 해석할 수 있는 여지를 확대해야 한다는 제안이 있었다.

> "매뉴얼 없이 가는 것이 맞지만, 지금의 매뉴얼은 강제적 느낌이 강해서 지역의 자율성을 제한하고 있다. 오히려 가이드라인 수준으로 간소화할 필요가 있다." (인터뷰 10)

지역사회보장계획 평가 측면에서, 평가가 형식적이고 결과물의 완성도에만 초점을 맞추는 경향이 있어, 실질적인 계획의 실행과 효과성을 평가할 수 있도록 기준을 개선해야 한다는 의견이 제시되었다.

> "매뉴얼의 작성 기준이 너무 평가 중심이라서, 계획이 실제로 얼마나 효과적으로 실행되고 있는지를 평가하는 쪽으로 바뀌어야 한다고 생각한다." (인터뷰 10)

〈표 4-12〉 제6기 지역사회보장계획 개선 의견

주요 내용	문제점	개선 의견
매뉴얼 간소화 필요성	매뉴얼이 지나치게 세분화되어 있어 시군이 따라가기 어려움	매뉴얼 간소화 및 자율성 강화: 매뉴얼을 간소화하여 지자체 자율성 확대
주민 및 민간 참여 활성화	전문가 중심의 매뉴얼로 주민 참여 부족	주민 및 민간 참여 활성화: 보고서 작성보다 주민 참여 과정에 초점

주요 내용	문제점	개선 의견
지자체 자율성 확대	강제적 매뉴얼로 인해 자율적 계획수립 어려움	가이드라인화: 매뉴얼을 가이드라인으로 제공해 유연한 계획수립 지원
평가 기준 재설정	평가 기준이 형식적 완성도에 초점	평가 기준 개선: 형식적 완성도 대신 실행 및 효과성 중심으로 전환

3) 중앙의 사회보장기본계획과 지역의 지역사회보장계획 수립의 시기적 불일치 문제에 대한 개선 의견

중앙의 사회보장기본계획과 지역의 지역사회보장계획 수립의 시기적 불일치 문제를 개선하기 위해서는 조정 기간 도입이 필요하다는 의견이다. 제6기 지역사회보장계획 수립 시점과 제3차 사회보장기본계획의 시기적 불일치로 인해 계획 간 연계가 어려운 상황이 있었기 때문에, 향후 이러한 문제를 반복하지 않고 해결하기 위해서는 조정 기간을 도입하여 계획의 수립 시기를 맞추는 것이 필요하다는 의견이 있었다.

"조정 기간을 한번 둬서 그 기간을 한번 스타트하는 시간을 맞췄으면 좋겠어요." (인터뷰 6)

사회보장기본계획의 변경 시 지역사회보장계획도 유연하게 조정될 수 있는 체계를 마련해야 한다는 의견이다. 현재의 계획 변경은 사회보장급여법(2024)에 근거하여 사회보장위원회/지역사회보장협의체 심의, 의회보고, 주민공고 절차를 거쳐야 하고, 신설·변경 사업의 경우 중앙사회보장위원회의 협의조정 절차를 거쳐야 한다. 그러나 이러한 절차는 계획이 경직되게 하는 기제로 작용하기 때문에, 중앙의 사회보장기본계획과 지역의 지역사회보장계획의 연관성을 높이기 위해서는 계획을 유연하게 재조정하는 방안을 마련해야 한다고 제안하였다.

"일단 계획을 세워놓고 차년도에 변경된 기본계획에 맞추어 재조정하는 식으로 가야 합니다." (인터뷰 6)

그러나 현재의 시기적 불일치 문제를 근본적으로 해결하기 위해서는 법적 개정이 필요하다는 의견이 있었다. 즉, 계획수립의 주기를 맞추기 위해 관련 법령을 개정하여 시기적 일관성을 확보해야 한다는 의견이다.

"법이 바뀌어야 하는 부분"(인터뷰 6)

〈표 4-13〉 사회보장기본계획과 지역사회보장계획 수립의 시기적 불일치 문제에 대한 개선 의견

주요 내용	문제점	개선 의견
조정기간 도입 필요성	기본계획과 지역계획 간 시기적 불일치 문제 해결을 위해 조정기간 도입 필요	조정기간 도입: 중앙과 지역 계획의 시기적 일관성 강화
유연한 계획수립 및 재조정 필요	변경된 기본계획에 맞추어 유연하게 계획을 재조정해야 함	유연한 재조정체계 마련: 변경 사항 반영을 위한 계획의 유연성 확보
법적 개정 필요성	시기적 불일치 해결을 위해 관련 법령 개정 필요	법적 개정 추진: 계획수립 주기의 일치성 확보

제3절 소결

본 장에서는 지역사회와 지역사회보장정책의 연관성을 체계적으로 진단하기 위해 전문가 FGI를 수행하고, 그 결과를 바탕으로 지역사회보장계획의 수립 및 평가 과정의 주요 문제점과 개선 방안을 도출하였다. 총 17개 시도에서 지역사회보장계획의 수립 및 평가 과정에 참여한 연구자 11명이 인터뷰에 참여하였고, 지역사회 변화와 계획수립 과정의 문제를 심도 있게 논의하였다.

첫째, 지역사회보장정책 수립 과정에서의 환경 및 여건 분석의 의미는 지역사회보장계획 수립의 필수적 절차로 작동되기는 하나, 실질적 효과는 미미하다는 평가이다. 참여자들은 지역사회보장계획에서 환경진단은 중요한 요소로 간주되지만, 실제로는 단순히 형식적 의무로 끝나는 경우가 많다고 지적했다. 즉, 정책 수립 시 환경진단이 충분히 반영되지 않으며, 주로 법적 요건을 충족시키기 위한 의례적인 절차에 불과하다고 평가했다.

특히 지역사회보장계획 수립 과정에서 세부사업이 결정된 후 역으로 환경분석을 맞추는 방식으로 진행되고 있어, 연차별 계획에 환경 변화를 충분히 반영하지 못하는 문제가 발생하고 있었다. 예를 들어, 실질적인 지역사회 요구보다 지자체장의 공약이나 관심사가 우선 과제로 선정되면서 특정 사업들이 우선적으로 계획에 반영되는 경향이 나타났다. 이러한 관행은 실질적인 지역사회보장계획의 역할을 축소시키고, 공무원들이 환경진단을 부담스러운 절차로 인식하게 만드는 기제였다.

그러나 환경 및 여건 분석의 긍정적인 측면도 나타났다. 예를 들어, 지역사회보장계획에 대한 주민들의 인식 제고 및 참여 촉진의 역할, 특정 사건이 발생했을 때 대응책을 마련하고 신규 사업을 발굴해 반영한 사례 등에 환경진단이 적극적으로 반영되었다. 이는 환경분석이 지역사회의 문제를 발굴하고 대응하는 데 기여할 수 있는 가능성을 보여준다.

또한, 인터뷰 참여자들은 환경분석을 위한 방법으로 다양한 이해관계자의 의견을 신속하게 수렴할 수 있는 초점그룹인터뷰(FGI)가 매우 유용하다고 평가했다. 반면, 4년 주기로 진행되는 지역사회보장조사는 시간이 지남에 따라 변화된 환경을 반영하기 어려운 한계가 있다고 지적하였다.

둘째, 지역사회보장정책 수립 과정 분석 결과, 중앙정부의 지침에 대한 의존성이 높아 지역의 특성을 충분히 반영하지 못하는 한계가 나타났다. 일부 선도적인 지자체에서는 환경분석 결과를 기반으로 실질적인 계획을 수립하고 있지만, 대다수 지자체는 중앙정부의 틀을 따르는 과정에서 지역 고유의 창의적 접근이 어려워지고 있었다. 이로 인해 지역사회보장계획이 주민의 실제 요구를 반영하기보다는 형식적인 요건 충족에 그치는 경우가 많았다.

또한, 계획수립 과정에서 타 부서와의 협조 부족이 주요 장애물로 작용했다. 일부 지자체는 다른 부서와 협조가 잘 이루어지지 않아 계획의 통합성과 실행력이 저하되는 문제를 경험했다. 이는 복지 분야를 넘어선 다부서적 협력의 중요성을 강조하며, 계획 수립 및 실행 단계에서 다각적인 협력 체계가 필요하다는 점을 시사한다.

특히, 중앙정부의 사회보장기본계획과 지역사회보장계획 간의 연관성을 제시하는 상위 계획과의 연계성 작성에 대해서도 많은 비판이 제기되었다. 일부 인터뷰 응답자들은 중앙의 지침을 준수하는 데 치중하다 보니 상위 계획과의 연계성 작성이 형식적인 절차로 끝나는 경우가 많다고 평가했다. 이는 중앙과 지역 간의 정책 일관성을 확보하는 데 한계를 가져오므로, 상위 계획과의 연관성을 효과적으로 제시할 수 있는 방안의 마련이 필요함을 보여준다.

셋째, 제6기 지역사회보장계획 수립에 대한 의견 분석 결과, 매뉴얼의 지나친 세분화를 문제로 지적했다. 현재의 매뉴얼은 지자체가 이를 따르기 어려울 정도로 촘촘하게 고도화되어 있어, 지역의 자율적이고 창의적인 계획수립을 제한하고 있다는 의견이다. 따라서 매뉴얼을 간소화하고 가이드라인 수준으로 제시하여 지자체가 자율적으로 해석하고 반영할 수 있는 여지를 확대하는 것이 필요하다는 의견이다.

또한, 현재의 계획수립 과정이 전문가 중심으로 운영되면서 주민과 민간의 참여가 미흡하다는 점도 문제로 지적되었다. 주민과 민간의 참여를 촉진하기 위해서는 보고서 작성에 치중하기보다는, 주민 참여 과정의 활성화에 초점을 맞추어야 한다는 의견이 있었다. 이는 지역사회보장계획이 실질적으로 주민의 의견을 반영하고 지역사회의 요구를 충족하기 위해 반드시 필요한 변화로 보인다.

넷째, 중앙의 사회보장기본계획과 지역사회보장계획 간의 연관성 강화를 위한 개선 의견 분석 결과, 두 계획의 수립 시기 불일치 문제가 가장 큰 한계로 지적되었다. 이를 해결하기 위해서는 법을 개정하여 두 계획의 수립 시기를 맞추거나, 사회보장기본계획 수립 시점에 지역사회보장계획 수립의 조정 기간을 도입하여 두 계획의 수립 시기를 맞춰 연계성을 강화해야 한다는 의견이 제시되었다. 또한, 형식적인 사업별 연계를 넘어서 전략적 목표와 방향성을 공유하는 방식으로 계획의 연관성을 높여야 한다는 의견이 제시되었다.

제5장

정책 제언

제1절 우리나라 지역사회보장정책의 지역 연관성 과제
제2절 지역사회 변화와 지역사회보장계획의 연관성 진단을 통한 정책 제언
제3절 지역사회 변화와 지역사회보장정책 수립 과정 진단을 통한 정책 제언

제5장 정책 제언

제1절 우리나라 지역사회보장정책의 지역 연관성 과제

앞서 살펴본 분석 결과를 통해 우리나라 지역사회보장정책의 효과성 제고를 위한 주요 과제를 제시하면 다음과 같다. 특히 이러한 과제들은 단순히 개별적인 해결 방안을 제시하는 것을 넘어 지역사회보장정책의 근본적인 패러다임 전환을 요구한다는 점에서 중요한 의미를 갖는다.

첫째, 지자체의 체계적 전략 수립을 위한 기획 및 집행 역량을 강화해야 한다. 지역사회보장정책의 효과적 실행을 위해서는 지역사회 욕구에 대한 체계적 진단, 가용 자원의 전략적 배분 계획 수립, 서비스 전달체계의 효율적 구축이 핵심적 요소이다(Backoff et al., 1993: 132-133). 이를 위해서는 지자체 내 복지 전담부서의 위상 강화와 전문인력 확보가 선행되어야 하며, 전략계획의 도입이 단순한 기술적 도구가 아닌 조직의 전반적인 변화를 이끄는 촉매제로 작용할 수 있도록 해야 한다(Williams, 2002: 201-203).

특히 전략계획, 직원의 질, 인사 안정성 등이 지방정부의 성과에 강한 긍정적 영향을 미친다는 점을 고려할 때(Walker & Andrews, 2015: 103-104), 지자체의 역량 강화는 단순한 인력 확충을 넘어 조직 전반의 전문성과 안정성을 높이는 방향으로 이루어져야 한다. 이는 복지정책을 총괄하는 부서장의 전문성 강화, 담당 인력의 장기근속 유도, 그리고 체계적인 교육훈련 시스템 구축 등을 포함한다.

둘째, 중앙정부와 지자체 간의 협력적 관계를 구축해야 한다. 정부 간 관계에서 정부 단위들이 상호의존적인 관계 속에서 협상과 조정을 통해 정책을 결정하여야 한다(Wright, 1974: 8-9). 특히 전략계획의 성공은 중앙정부와 지방정부 간의 적절한 역할분담, 충분한 자원의 확보, 그리고 효과적인 협력 관계 구축에 달려 있다(Johnsen, 2016: 362-363).

이를 위해서는 지방자치의 세 가지 핵심 가치인 자율성, 민주성, 효율성이 보장되는 방향으로 제도적 기반이 마련되어야 한다. 동시에 중앙정부의 통제가 필요한 법치주의 유지, 비용효율성 확보, 재분배 기능, 거시경제적 조정 등의 요소들도 균형 있게 고려되어야 한다(Kjellberg, 1995: 40-41). 이는 지방정부의 자율성을 보장하면서도 국가 전체의 균형발전을 도모할 수 있는 새로운 형태의 협력적 관계 구축을 의미한다.

셋째, 실질적인 주민 참여와 민관협력 체계를 구축해야 한다. 지역사회의 다양한 이해관계자들이 정책 수립과 실행 과정에 참여하면 정책의 정당성과 실효성이 높아질 수 있으며, 지역사회의 문제가 점점 더 복잡해지면서 다양한 이해관계자들의 참여와 조정, 소통이 성공적인 정책 수립과 실행의 핵심 요소가 되고 있다(Nalbandian et al., 2013: 567-568).

이러한 참여와 협력은 단순히 효율성 측면뿐만 아니라 주민들의 요구와 만족도를 반영하는 성과 측정의 새로운 패러다임으로 이어져야 한다. 최근 광범위한 주민 참여가 필수적인 요건으로 규정되는 추세를 고려할 때 (ACELG, 2013: 11-12), 이는 더 이상 선택이 아닌 필수적 요소가 되어야 할 것이다.

넷째, 지역 특성을 반영한 정책을 수립해야 한다. 지역사회의 욕구와 자원을 정확하게 파악하고, 이를 바탕으로 적절한 정책 방향과 전략을 수립하는 것이 필수적이다. 특히 북유럽 복지국가들의 성공 사례는 전략적 접근을 통해 지역 특성에 맞는 복지서비스를 효과적으로 제공할 수 있었다는 점을 보여준다(Sellers & Lidström, 2007: 625).

이를 위해서는 SWOT/C 분석과 PESTEEL 분석 등 체계적인 분석도구를 활용하여 지역의 특성과 환경 변화를 종합적으로 진단하고, 이를 정책에 반영하는 과정이 필요하다(Bryson & George, 2024: 49). 특히 각 지역의 인구구조, 산업구조, 문화적 특성뿐만 아니라 정치적, 경제적, 사회문화적, 기술적, 생태적, 교육적, 법적 요인들을 포괄적으로 고려한 차별화된 정책 수립이 이루어져야 할 것이다.

이러한 과제들은 상호 연관되어 있으며, 종합적인 접근이 필요하다. 중앙정부의 적절한 지원, 지방정부의 자율성 보장, 그리고 지역사회와의 효과적인 협력관계 구축이라는 세 가지 요소가 균형 있게 발전할 때 지역사회보장정책의 실질적 발전이 가능할 것이다(Poister & Streib, 2005: 52-53). 또한 지방정부가 단순히 서비스를 제공하는 것을 넘어 지역사회의 문제를 해결하고, 지역발전을 도모하며, 시민들의 삶의 질을 향상시키는 포괄적 역할을 수행하기 위해서는 이러한 과제들이 통합적으로 추진되어야 할 것이다(Jones & Stewart, 2012: 348-349).

제2절 지역사회 변화와 지역사회보장계획의 연관성 진단을 통한 정책 제언

환경진단과 지역사회보장계획 간의 연관성, 사회적 이슈와 지역사회보장정책의 연관성, 중앙부처의 사회보장기본계획과 지역사회보장계획 간의 연관성을 분석한 결과를 바탕으로 지역사회보장계획이 변화하는 사회적 요구에 능동적으로 대응할 수 있는 방안을 제안하면 다음과 같다.

첫째, 지역사회보장계획 수립을 위한 환경진단의 다각적 접근이 필요하다. 현재 환경진단은 대부분 지역에서 지역사회보장조사 결과에 의존하고 있어, 지역 특성에 맞는 세부적인 분석이 부족한 상황이다. 이를 개선하기 위해 지역별 사회·경제적 특성을 반영한 다양한 자료와 통계를 활용해야 하며, 지역 특수성을 반영한 자체 조사 문항을 구성하여 지역사회보장계획 수립의 근거를 더욱 견고히 해야 할 것이다. 이는 환경진단과 계획 간 연관성을 강화하는 데 중요한 기반이 될 것이다.

둘째, 정책의 우선순위를 명확히 설정하고, 그에 따른 전략을 구체적으로 수립해야 한다. 지역사회에서 도출된 주요 문제에 대해 어떤 것이 더 중요한지 명확히 구분하고, 이를 바탕으로 정책의 우선순위를 결정할 필요가 있다. 이러한 우선순위 설정은 환경진단 결과에 기반한 체계적 기준을 마련함으로써 가능하며, 이를 통해 각 사업과 전략의 필요성과 중요성을 명확히 제시하여 정책의 일관성과 실효성을 높일 수 있다.

셋째, 지역사회보장계획은 유연성을 갖추어야 하며, 변화하는 사회적 이슈에 맞춰 지속적으로 수정되고 보완될 필요가 있다. 사회적 이슈는 시점에 따라 급변할 수 있기 때문에, 계획의 수립 이후에도 주기적인 평가와 수정을 통해 주요 정책 이슈와 지역 상황의 변화를 반영하는 체계가 구축되어야 한다. 이를 위해 각 지역은 주민들의 의견을 적극적으로 수렴하고 반영하는 체계를 마련하여, 계획의 실효성을 높이고 변화하는 사회적 요구에 보다 유연하게 대응해야 할 것이다.

넷째, 중앙부처의 정책과 연관성을 강화하기 위한 체계적 노력이 필요하다. 중앙의 사회보장기본계획과 지역사회보장계획 간의 연관성을 강화하기 위해, 두 계획 간의 연계 포인트를 명확히 하고 이를 지역사회보장계획에 구체적으로 반영할 수 있는 가이드라인을 마련해야 한다. 예를 들어, 아동청소년, 청년 등 주요 정책 대상에 대해 중앙부처와 협력하여 정책을 추진하고, 이를 지역 특성에 맞춰 적용할 수 있도록 구체적인 방안을 마련해야 한다. 이로써 중앙과 지역 간의 정책적 연관성이 실질적으로 강화될 수 있을 것이다.

다섯째, 지역 특성에 맞춘 맞춤형 지원 체계를 구축하는 것이 필요하다. 저출산, 자살률, 1인 가구 증가 같은 사회적 이슈는 지역별로 다르게 나타나기 때문에, 각 지역의 특수한 상황에 맞는 맞춤형 정책을 수립하고 실행할 필요가 있다. 예를 들어, 자살률이 높은 지역에서는 심리적 지원과 상담 서비스를 확대하고, 저출산 지역에서는 출산과 육아에 대한 지원을 강화하는 방안을 통해 문제를 해결해야 할 것이다. 또한, 인구 소멸 문제에 대응하기 위해서는 정주 여건 개선, 청년층의 귀향 장려를 위한 인센티브 제공 등 지역의 매력을 높이는 방안도 포함되어야 할 것이다.

제3절 지역사회 변화와 지역사회보장정책 수립 과정 진단을 통한 정책 제언

전문가 FGI 결과를 바탕으로 지역사회보장계획이 지역사회 변화에 효과적으로 대응하고, 주민의 요구를 반영한 실질적인 사회보장정책으로 자리 잡는 데 기여하기 위한 방안을 제안하면 다음과 같다.

첫째, 지역사회보장계획 수립의 자율성을 확대해야 한다. 현재 지역사회보장계획을 수립할 때 중앙정부의 지침과 매뉴얼에 크게 의존하여 지역 특성이 반영되지 못하는 한계가 있다. 이를 개선하기 위해 매뉴얼을 간소화하고 가이드라인 수준으로 제시하여 각 지자체의 자율성을 보장하는 것이 필요하다. 구체적으로는 지나치게 세분화된 매뉴얼 대신 각 지역의 특성에 맞는 계획을 자율적으로 수립할 수 있도록 유연한 접근을 지원해야 한다. 이를 통해 각 지자체는 중앙의 기본계획을 참조하되, 지역 주민의 실제 요구와 환경 변화를 반영한 맞춤형 계획을 수립할 수 있을 것이다.

둘째, 중앙과 지역 간의 연관성 강화를 위한 조정 체계를 도입해야 한다. 중앙의 사회보장기본계획과 지역사회보장계획 간의 시기적 불일치 문제는 중앙과 지역의 연관성을 저해하는 주요 원인으로 작용하고 있다. 이를 해결하기 위해 중앙의 기본계획 수립 시점과 지역의 계획수립 시기를 조정하는 방안을 고려해볼 필요가 있다. 예를 들어, 중간 조정 기간을 도입하여 시기적 불일치로 인한 계획 간 불일치 문제를 해소하고, 상호 연계된 계획을 수립할 수 있도록 하는 방안이 있을 것이다. 이는 기본계획의 비전과 방향성을 공유하고, 이를 기반으로 지역의 특성에 맞는 실행 방안을 마련하게 해 두 계획 간 연관성을 높이는 데 중요한 기제로 작용할 것이다.

셋째, 지역사회보장조사의 시의성 및 유연성을 강화해야 한다. 현재 지역사회보장조사는 4년 주기로 시행되며, 시간이 지남에 따라 변화된 환경을 반영하기 어려운 한계가 있다. 따라서 지역사회보장조사의 주기를 단축하거나, 조사 데이터를 지속적으로 갱신하여 변화하는 지역사회 환경을 적시에 반영할 수 있는 체계를 마련할 것을 고민해볼 필요가 있다. 또한, 중앙에서 제공하는 표준 문항 외에 각 지역의 특성을 반영한 맞춤형 설문을 추가적으로 반영하여, 더 구체적이고 실효성 있는 데이터 수집이 이루어질 수 있도록 해야 할 것이다. 이렇게 수집된 데이터를 바탕으로 지역사회보장계획에 실질적인 변화를 반영할 수 있을 것이다.

넷째, 다부서적 협력체계 구축 및 민관협력을 강화해야 한다. 지역사회 보장계획의 수립과 실행 과정에서 타 부서와의 협조 부족이 주요한 한계로 지적되었다. 이를 해결하기 위해서는 다부서적 협력 체계를 강화하여 계획의 통합성과 실행력을 높일 필요성이 있다. 구체적으로는 현재 계획을 수립하는 TF에 관련 부서들이 적극적으로 참여할 수 있는 유인책을 마련하여 계획수립 단계부터 협력할 수 있도록 해야 할 것이다.

다섯째, 평가 기준 및 환류 체계를 개선해야 한다. 현재 지역사회보장 계획의 평가는 형식적이고 보고서의 완성도에 치중하는 경향이 있어, 실질적인 효과를 평가하기 어려운 구조라는 의견이 제시되었다. 따라서 평가 기준을 개선하여 형식적인 절차 대신 계획의 실제 효과를 중심으로 평가할 수 있는 체계를 구축할 필요가 있다. 또한, 지역사회보장계획이 변화하는 환경에 맞추어 지속적으로 필요한 수정과 개선이 이루어질 수 있도록 환류 과정을 강화하여 계획수립 후에도 환경분석과의 연관성을 지속적으로 점검할 필요성이 있다.

참고문헌

김보영. (2021). 복지분권을 위한 기초자치단체 역량의 과제: 인적자원관리를 중심으로. **한국사회정책, 28**(1), 65-102.

김승용. (2015). 지역사회복지정책의 발전과 과제. **한국지역사회복지학회 창립 20주년 기념 추계학술대회 자료집**, 3-25.

윤철수, 김승용. (2016). 제3기 지역사회복지계획 수립 과정의 의미와 한계 대한 고찰 - 천안시 사례를 중심으로. **한국지역사회복지학, (58)**, 1-27.

이정은. (2016). 지역사회보장계획 수립의 변화와 과제. **보건복지포럼, (237)**, 62-75.

전준구. (2022). 지방자치와 지역사회보장계획: 완주군 사례 - 선거 및 계획의 주기를 중심으로. **한국자치행정학보, 36**(1), 209-229.

정홍원. (2014). 지역사회복지의 중요성과 지역사회복지계획의 내실화. **보건복지포럼, 208**, 2-3.

주은수. (2017). 기초지방자치단체의 사회복지욕구의 복지노력의 정합성: 지역사회복지계획에 포함된 지역사업을 중심으로. **한국사회복지조사연구, (54)**, 27-50.

채현탁. (2023). 지역사회보장계획의 성과와 한계에 관한 연구-제4기 계획의 평가 결과를 중심으로. **한국지역사회복지학, (86)**, 191-219.

통계청. (2024). 2023 한국의 사회지표. 통계청.

통계청. (각 연도). 인구동향조사, 시도별 합계출산율, 국가통계포털, 2024.6.10. 검색, https://kosis.kr/statHtml/statHtml.do?orgId=101&tblId=INH_1B81A17&conn_path=I3

통계청. (각 연도). 사망원인통계, 인구십만명당 자살률, 국가통계포털, 2024.6.10. 검색, https://kosis.kr/statHtml/statHtml.do?orgId=101&tblId=DT_1YL21121E&conn_path=I3

통계청. (각 연도). 인구총조사, 1인가구비율, 국가통계포털, 2024.6.10. 검색, https://kosis.kr/statHtml/statHtml.do?orgId=101&tblId=DT_1YL

21161&conn_path=I3

ACELG (Australian Centre of Excellence for Local Government). (2013). *Strategic Planning in Australian Local Government: A comparative analysis of state frameworks.* Sydney: University of Technology.

Agranoff, R., & Radin, B. A. (2014). Deil Wright's overlapping model of intergovernmental relations: The basis for contemporary intergovernmental relationships. *Publius: The Journal of Federalism, 45*(1), 139-159.

Backoff, R., Crew, R. E., & Wechsler, B. (1993). The challenge of strategic management in local government. *Public Administration Quarterly, 17*(2), 127-144.

Bailey, R. W. (1989). Strategic Planning and Large-City Governance. *Proceedings of the Academy of Political Science, 37*(3), 167-179.

Bryson, J. M., & George, B. (2024). *Strategic Planning for Public and Nonprofit Organizations: A Guide to Strengthening and Sustaining Organizational Achievement (6th ed.).* Wiley.

Conlan, T. (2006). From cooperative to opportunistic federalism: Reflections on the half-century anniversary of the Commission on Intergovernmental Relations. *Public Administration Review, 66*(5), 663-676.

Ghobadian, A., & Ashworth, J. (1993). Performance Measurement in Local Government - Concept and Practice. *International Journal of Operations & Production Management, 14*(5), 35-51.

Johnsen, Å. (2016). Strategic planning and management in local government in Norway: Status after three decades. *Scandinavian Political Studies, 39*(4), 333-365.

Jones, G., & Stewart, J. (2012). Local government: the past, the present and the future. *Public Policy and Administration, 27*(4), 346-367.

Keating, M. (2012). Intergovernmental Relations and Innovation: From Co-operative to Competitive Welfare Federalism in the UK. *British Journal of Politics and International Relations, 14*(2), 214-230.

Kjellberg, F. (1995). The Changing Values of Local Government. *The Annals of the American Academy of Political and Social Science, 540*, 40-50.

Kloot, L., & Martin, J. (2000). Strategic performance management: A balanced approach to performance management issues in local government. *Management Accounting Research, 11*(2), 231-251.

Nalbandian, J., O'Neill, R., Wilkes, J. M., & Kaufman, A. (2013). Contemporary Challenges in Local Government: Evolving Roles and Responsibilities, Structures, and Processes. *Public Administration Review, 73*(4), 567-574.

Poister, T. H., & Streib, G. (2005). Elements of strategic planning and management in municipal government: Status after two decades. *Public Administration Review, 65*(1), 45-56.

Sellers, J. M., & Lidström, A. (2007). Decentralization, local government, and the welfare state. *Governance, 20*(4), 609-632.

Walker, R. M., & Andrews, R. (2015). Local government management and performance: A review of evidence. *Journal of Public Administration Research and Theory, 25*(1), 101-133.

Warner, M. (2001). Building social capital: the role of local government. *Journal of Socio-Economics, 30*(2), 187-192.

Williams, P. M. (2002). Community strategies: mainstreaming sustainable development and strategic planning?. *Sustainable*

Development, 10(4), 197-205.

Wright, D. S. (1974). Intergovernmental Relations: An Analytical Overview. *Public Administration Review*, 1-24.

Wright, D. S. (1975). Intergovernmental Relations and Policy Choice. *Publius: The Journal of Federalism, 5*(4), 1-24.

부록

[부록 1] 제3장 1절: 영역별 주요 키워드 출현 빈도 분석 결과

〈부록 표 1〉 영역별 주요 키워드 출현 빈도(서울)

순위	키워드	제4기 환경진단 빈도(n)	비율(%)	제4기 계획수립 키워드	빈도(n)	비율(%)	제5기 환경진단 키워드	빈도(n)	비율(%)	제5기 계획수립 키워드	빈도(n)	비율(%)
1	지원	57	14	사업	21	12.2	노인	29	9.4	돌봄	17	9.8
2	가구	42	10.3	지원	20	11.6	돌봄	29	9.4	교육	13	7.5
3	서비스	39	9.6	서비스	13	7.6	장애인	25	8.1	소득	13	7.5
4	돌봄	28	6.9	일자리	10	5.8	증가	23	7.5	지원	13	7.5
5	생활	25	6.1	주민	10	5.8	지원	22	7.1	체계	11	6.3
6	필요	22	5.4	진강	9	5.2	확대	19	6.2	건강	10	5.7
7	기초	19	4.7	돌봄	9	5.2	가구	15	4.9	필요	10	5.7
8	경제	18	4.4	주거	8	4.7	서비스	15	4.9	안심	9	5.2
9	건강	17	4.2	체계	8	4.7	아동	15	4.9	계층	8	4.6
10	아동	15	3.7	경제	7	4.1	필요	15	4.9	보호	8	4.6
11	장애인	15	3.7	운영	7	4.1	진강	13	4.2	취약	8	4.6
12	외부	14	3.4	가구	6	3.5	제공	13	4.2	노인	7	4
13	노인	13	3.2	소득	6	3.5	일자리	12	3.9	생활	7	4
14	일반	13	3.2	안전	6	3.5	관리	10	3.2	교육	6	3.4
15	주거	13	3.2	위험	6	3.5	교육	10	3.2	시민	6	3.4
16	활동	13	3.2	확대	6	3.5	시설	9	2.9	장기	6	3.4
17	수급자	12	2.9	고용	5	2.9	실태	9	2.9	제공	6	3.4
18	복지	11	2.7	부담	5	2.9	장애	9	2.9	주거	6	3.4
19	여건	11	2.7	생활	5	2.9	교독	8	2.6	미래형	5	2.9
20	이하	11	2.7	제공	5	2.9	고용	8	2.6	사각지대	5	2.9

출처: 저자 작성

<부록 표 2> 영역별 주요 키워드 출현 빈도(부산)

순위	제4기 환경진단		제4기 계획수립			제5기 환경진단			제5기 계획수립		
	키워드	빈도(n)	비율(%)	키워드	빈도(n)	비율(%)	키워드	빈도(n)	비율(%)	키워드	빈도(n)	비율(%)
1	가구	31	10.2	사업	37	11.7	돌봄	25	9.4	서비스	26	12.1
2	노인	21	6.9	체계	30	9.5	서비스	20	7.5	돌봄	23	10.7
3	미만	19	6.2	지원	24	7.6	생활	18	6.8	체계	20	9.3
4	증가	19	6.2	건강	21	6.6	필요	17	6.4	계층	17	7.9
5	협의체	19	6.2	서비스	19	6	가구	16	6	주민	10	4.7
6	건강	17	5.6	필요	18	5.7	경제	15	5.7	지역	10	4.7
7	고용률	16	5.2	커뮤니티	16	5	증가	15	5.7	사업	9	4.2
8	돌봄	16	5.2	경제	15	4.7	건강	14	5.3	일자리	9	4.2
9	경제	15	4.9	노인	15	4.7	계층	13	4.9	제공	9	4.2
10	분석	15	4.9	생활	14	4.4	기초	13	4.9	건강	8	3.7
11	감소	13	4.3	케어	14	4.4	주거	13	4.9	다양	8	3.7
12	사업	13	4.3	일자리	12	3.8	일자리	12	4.5	대응	8	3.7
13	체계	13	4.3	주민	12	3.8	제공	11	4.2	위기	8	3.7
14	여성	12	3.9	기반	11	3.5	체계	11	4.2	지속가능	8	3.7
15	여자	12	3.9	확대	11	3.5	기준	9	3.4	필요	8	3.7
16	자료	12	3.9	기초	10	3.2	시민	9	3.4	마을	7	3.3
17	지원	12	3.9	조성	10	3.2	장애인	9	3.4	시민	7	3.3
18	연령대	11	3.6	혁신	10	3.2	지원	9	3.4	확대	7	3.3
19	생활	10	3.3	구축	9	2.8	공공	8	3	활동	7	3.3
20	격차	9	3	분석	9	2.8	대비	8	3	공공	6	2.8

출처: 저자 작성

〈부록 표 3〉 영역별 주요 키워드 출현 빈도(대구)

순위	제4기 환경진단			제4기 계획수립			제5기 환경진단			제5기 계획수립		
	키워드	빈도(n)	비율(%)	키워드	빈도(n)	비율(%)	키워드	빈도(n)	비율(%)	키워드	빈도(n)	비율(%)
1	서비스	276	18.5	사업	313	26.6	사업	313	26.6	필요	61	10.4
2	지원	141	9.4	행복	97	8.2	행복	97	8.2	지원	59	10.1
3	장애인	79	5.3	서비스	78	6.6	서비스	78	6.6	돌봄	54	9.2
4	질문	79	5.3	지원	78	6.6	지원	78	6.6	교육	43	7.4
5	필요	79	5.3	제공	66	5.6	제공	66	5.6	서비스	42	7.2
6	시설	74	4.9	생활	65	5.5	생활	65	5.5	가구	38	6.5
7	생활	72	4.8	주민	64	5.4	주민	64	5.4	건강	26	4.5
8	사업	71	4.7	장애인	57	4.8	장애인	57	4.8	증가	25	4.3
9	노인	69	4.6	향상	39	3.3	향상	39	3.3	사업	24	4.1
10	돌봄	61	4.1	센터	37	3.1	센터	37	3.1	일자리	23	3.9
11	외부	61	4.1	돌봄	35	3	돌봄	35	3	생활	22	3.8
12	정보	58	3.9	필요	34	2.9	필요	34	2.9	기반	21	3.6
13	증가	57	3.8	운영	31	2.6	운영	31	2.6	취약	20	3.4
14	아동	49	3.3	신규	29	2.5	신규	29	2.5	문화	19	3.3
15	프로그램	49	3.3	안정	29	2.5	안정	29	2.5	청년	19	3.3
16	청소년	47	3.1	시설	28	2.4	시설	28	2.4	확대	19	3.3
17	감소	45	3	구축	25	2.1	구축	25	2.1	노인	18	3.1
18	가구	44	2.9	포함	25	2.1	포함	25	2.1	분야	18	3.1
19	측정	43	2.9	관리	24	2	관리	24	2	아동	17	2.9
20	유지	41	2.7	노인	24	2	노인	24	2	계층	16	2.7

출처: 저자 작성

〈부록 표 4〉 영역별 주요 키워드 출현 빈도(인천)

순위	키워드	제4기 환경진단 빈도(n)	비율(%)	제4기 계획수립 빈도(n)	비율(%)	제4기 계획수립 비율(%)	제5기 환경진단 빈도(n)	비율(%)	제5기 환경진단 비율(%)	제5기 계획수립 빈도(n)	비율(%)	제5기 계획수립 비율(%)
1	돌봄	71	8.1	풍요	28	11.1	증가	43	12.1	사업	33	11.9
2	아동	65	7.4	담당	25	9.9	필요	29	8.2	돌봄	21	7.6
3	경제	61	7	사업	21	8.3	대비	26	7.3	체계	20	7.2
4	서비스	61	7	이것	17	6.7	돌봄	25	7.1	생활	19	6.8
5	생활	53	6.1	때문	15	5.9	노인	24	6.8	지원	17	6.1
6	증가	51	5.8	공동체	13	5.1	장애인	22	6.2	필요	16	5.8
7	노인	48	5.5	위험	13	5.1	지원	22	6.2	문화	15	5.4
8	상태	46	5.3	자각	13	5.1	기준	18	5.1	소득	14	5
9	장애인	45	5.1	제공	12	4.7	서비스	17	4.8	안전	14	5
10	가족	42	4.8	설정	11	4.3	감소	15	4.2	건강	13	4.7
11	유지	42	4.8	교육	10	4	생활	14	4	교육	13	4.7
12	필요	42	4.8	서비스	10	4	교육	13	3.7	의료	12	4.3
13	건강	38	4.3	국가	9	3.6	상대	13	3.7	아동	10	3.6
14	활동	38	4.3	조건	9	3.6	수준	12	3.4	인프라	10	3.6
15	지원	34	3.9	하계	9	3.6	기초	11	3.1	설정	9	3.2
16	가구	29	3.3	주민	8	3.2	주택	11	3.1	수준	9	3.2
17	양육	29	3.3	주의	8	3.2	노후	10	2.8	장애인	9	3.2
18	대비	27	3.1	지원	8	3.2	시설	10	2.8	관리	8	2.9
19	발달	27	3.1	가동	7	2.8	지속적	10	2.8	여건	8	2.9
20	시설	26	3	구조	7	2.8	경향	9	2.5	토대	8	2.9

출처: 저자 작성

〈부록 표 5〉 영역별 주요 키워드 출현 빈도(광주)

순위	키워드	제4기 환경진단		제4기 계획수립			제5기 환경진단			제5기 계획수립	
		빈도(n)	비율(%)	빈도(n)	비율(%)		빈도(n)	비율(%)		빈도(n)	비율(%)
1	서비스	209	20.4	필요	68	14.3	지원	36	14.1	돌봄	60	12
2	필요	155	15.1	지원	58	12.2	돌봄	35	13.7	지원	51	10.2
3	지원	133	13	서비스	34	7.2	노인	25	9.8	노인	44	8.8
4	가구	72	7	노인	27	5.7	증가	22	8.6	청소년	44	8.8
5	돌봄	54	5.3	문화	26	5.5	장애인	17	6.7	장애인	33	6.6
6	노인	35	3.4	장애인	26	5.5	감소	10	3.9	아동	26	5.2
7	생활	35	3.4	사업	25	5.3	대비	10	3.9	증가	26	5.2
8	아동	35	3.4	일자리	25	5.3	아동	10	3.9	필요	24	4.8
9	상담	29	2.8	안전	19	4	일자리	10	3.9	교육	23	4.6
10	외부	29	2.8	건강	18	3.8	서비스	9	3.5	서비스	21	4.2
11	자치체	28	2.7	돌봄	18	3.8	청년	9	3.5	청년	20	4
12	국가	27	2.6	시설	18	3.8	외동이	9	3.5	일자리	17	3.4
13	운영	25	2.4	청소년	18	3.8	수급자	8	3.1	세계	16	3.2
14	장애인	25	2.4	공동체	16	3.4	한국	8	3.1	환경	15	3
15	향상	25	2.4	아동	15	3.2	청년	7	2.7	제공	14	2.8
16	교육	23	2.2	교육	13	2.7	청소년	7	2.7	학교	14	2.8
17	문화	23	2.2	환경	13	2.7	국적	6	2.4	건강	13	2.6
18	일자리	23	2.2	활동	13	2.7	영유아	6	2.4	영유아	13	2.6
19	가족	20	2	가족	12	2.5	활동	6	2.4	권리	12	2.4
20	고용	20	2	수준	12	2.5	가족	5	2	다양	12	2.4

출처: 저자 작성

〈부록 표 6〉 영역별 주요 키워드 출현 빈도(대전)

순위	제4기 환경진단			제4기 계획수립			제5기 환경진단			제5기 계획수립		
	키워드	빈도(n)	비율(%)	키워드	빈도(n)	비율(%)	키워드	빈도(n)	비율(%)	키워드	빈도(n)	비율(%)
1	돌봄	23	13.2	지원	33	11.5	지원	36	14.1	돌봄	60	12
2	서비스	23	13.2	사업	27	9.4	돌봄	35	13.7	지원	51	10.2
3	아동	11	6.3	장애인	22	7.7	노인	25	9.8	노인	44	8.8
4	장애인	11	6.3	돌봄	19	6.6	증가	22	8.6	청소년	44	8.8
5	기초	10	5.7	서비스	19	6.6	장애인	17	6.7	장애인	33	6.6
6	지원	9	5.2	건강	15	5.2	감소	10	3.9	아동	26	5.2
7	생활	8	4.6	비전	15	5.2	대비	10	3.9	증가	26	5.2
8	유지	8	4.6	운영	15	5.2	아동	10	3.9	필요	24	4.8
9	필요	8	4.6	교육	14	4.9	일자리	10	3.9	교육	23	4.6
10	기준	7	4	모니터링	13	4.5	서비스	9	3.5	서비스	21	4.2
11	수급자	7	4	필요	13	4.5	어울이	9	3.5	청년	20	4
12	양육	7	4	주민	11	3.8	은준	9	3.5	일자리	17	3.4
13	정보	6	3.4	생활	10	3.5	수급자	8	3.1	세계	16	3.2
14	주거	6	3.4	센터	10	3.5	한국	8	3.1	환경	15	3
15	노인	5	2.9	참여	10	3.5	청년	7	2.7	제공	14	2.8
16	발달	5	2.9	공동체	9	3.1	청소년	7	2.7	학교	14	2.8
17	부양비	5	2.9	마을	8	2.8	국적	6	2.4	건강	13	2.6
18	사업	5	2.9	문화	8	2.8	영유아	6	2.4	영유아	13	2.6
19	장애아동	5	2.9	아동	8	2.8	활동	6	2.4	권리	12	2.4
20	증가	5	2.9	평생	8	2.8	가족	5	2	다양	12	2.4

출처: 저자 작성

〈부록 표 7〉 영역별 주요 키워드 출현 빈도(응산)

순위	제4기 환경진단 키워드	빈도(n)	비율(%)	제4기 계획수립 빈도(n)	비율(%)	비율(%)	제5기 환경진단 빈도(n)	비율(%)	비율(%)	제5기 계획수립 빈도(n)	비율(%)	비율(%)
1	서비스	16	10.3	지원	24	10.1	돌봄	70	11	서비스	30	12.9
2	필요	16	10.3	계층	20	8.4	아동	63	9.9	필요	18	7.7
3	돌봄	12	7.7	취약	18	7.6	장애인	53	8.4	다양	14	6
4	대비	11	7.1	건강	16	6.7	서비스	51	8	문제	13	5.6
5	지원	11	7.1	사업	16	6.7	노인	45	7.1	변화	13	5.6
6	아동	10	6.4	돌봄	15	6.3	필요	39	6.2	아동	13	5.6
7	감소	9	5.8	서비스	15	6.3	증가	30	4.7	특성	12	5.2
8	기준	8	5.1	필요	15	6.3	지원	30	4.7	노인	11	4.7
9	건강	7	4.5	아동	12	5	문화	25	3.9	반영	11	4.7
10	면적	6	3.8	조성	10	4.2	일자리	25	3.9	사업	11	4.7
11	수급자	6	3.8	증가	10	4.2	가구	24	3.8	지속적	11	4.7
12	고용	5	3.2	안전	8	3.4	노력	23	3.6	돌봄	10	4.3
13	문화	5	3.2	여성	8	3.4	수준	22	3.5	문화	10	4.3
14	상담	5	3.2	일자리	8	3.4	제공	21	3.3	체계	10	4.3
15	생활	5	3.2	장애인	8	3.4	고용	20	3.2	의미	9	3.9
16	유형	5	3.2	전문	8	3.4	문제	20	3.2	인프라	8	3.4
17	종합적	5	3.2	시설	7	2.9	청년	20	3.2	주민	8	3.4
18	증가	5	3.2	제공	7	2.9	감소	19	3	가능성	7	3
19	진행	5	3.2	환경	7	2.9	구군	19	3	개선	7	3
20	내용	4	2.6	개선	6	2.5	생활	15	2.4	발전	7	3

출처: 저자 작성

<부록 표 8> 영역별 주요 키워드 출현 빈도(세종)

순위	제4기 환경진단 키워드	빈도(n)	비율(%)	제4기 계획수립 빈도(n)	비율(%)	비율(%)	제5기 환경진단 빈도(n)	비율(%)	비율(%)	제5기 계획수립 빈도(n)	비율(%)	비율(%)
1	필요	113	9.9	사업	32	17.5	가구	28	9.5	지원	38	13.8
2	돌봄	111	9.7	행복	12	6.6	필요	28	9.5	사업	27	9.8
3	지원	111	9.7	돌봄	11	6	서비스	27	9.2	문화	26	9.5
4	서비스	99	8.7	문화	10	5.5	읍면	19	6.4	교육	18	6.5
5	운영	65	5.7	공동체	9	4.9	돌봄	18	6.1	돌봄	17	6.2
6	노인	64	5.6	교육	9	4.9	지원	18	6.1	소득	14	5.1
7	시설	63	5.5	모두	9	4.9	경제	15	5.1	주거	14	5.1
8	주민	60	5.3	시정	9	4.9	주거	15	5.1	생활	13	4.7
9	문화	47	4.1	주민	9	4.9	생활	13	4.4	인프라	12	4.4
10	교육	45	4	연구진	8	4.4	유입	13	4.4	세계	12	4.4
11	안전	41	3.6	구축	7	3.8	활동	13	4.4	일자리	11	4
12	아동	40	3.5	이중	7	3.8	정보	12	4.1	가구	10	3.6
13	확대	39	3.4	일자리	7	3.8	노인	11	3.7	필요	9	3.3
14	센터	36	3.2	지원	7	3.8	기초	10	3.4	운영	8	2.9
15	사업	35	3.1	필요	7	3.8	아동	10	3.4	일상	8	2.9
16	생활	35	3.1	마을	6	3.3	건강	9	3.1	정주환경	8	2.9
17	일자리	35	3.1	생활	6	3.3	계층	9	3.1	중요	8	2.9
18	마련	34	3	설정	6	3.3	규모	9	3.1	편성	8	2.9
19	여성	33	2.9	조성	6	3.3	부족	9	3.1	구축	7	2.5
20	활동	33	2.9	중심	6	3.3	증가	9	3.1	서비스	7	2.5

출처: 저자 작성

〈부록 표 9〉 영역별 주요 키워드 출현 빈도(경기)

순위	제4기 환경진단			제4기 계획수립			제5기 환경진단			제5기 계획수립		
	키워드	빈도(n)	비율(%)	키워드	빈도(n)	비율(%)	키워드	빈도(n)	비율(%)	키워드	빈도(n)	비율(%)
1	그룹	248	16.5	서비스	53	13.2	일자리	28	10	지원	44	10.1
2	필요	173	11.5	필요	38	9.5	지원	27	9.6	청년	32	7.3
3	기준	154	10.2	지원	37	9.2	돌봄	24	8.5	장애인	31	7.1
4	지원	127	8.4	돌봄	28	7	노인	23	8.2	사업	30	6.9
5	서비스	103	6.8	확대	26	6.5	서비스	21	7.5	교육	25	5.7
6	상태	82	5.4	생활	22	5.5	장애인	16	5.7	주거	24	5.5
7	최고	57	3.8	일자리	21	5.2	청년	16	5.7	필요	24	5.5
8	돌봄	56	3.7	장애인	20	5	사업	15	5.3	가구	22	5
9	최저	56	3.7	제공	19	4.7	분야	12	4.3	기회	22	5
10	차이	51	3.4	문화	18	4.5	필요	12	4.3	노인	22	5
11	격차	50	3.3	기본	16	4	아동	10	3.6	일자리	20	4.6
12	편차	50	3.3	교육	14	3.5	주거	10	3.6	아동	18	4.1
13	증가	45	3	노인	13	3.2	증가	10	3.6	돌봄	17	3.9
14	최하위	43	2.9	치매	13	3.2	가구	9	3.2	제층	16	3.7
15	만점	40	2.7	기회	11	2.7	수준	9	3.2	기본	16	3.7
16	비교	39	2.6	문제	11	2.7	주택	9	3.2	체계	16	3.7
17	중심	35	2.3	사업	11	2.7	제층	8	2.8	평생	16	3.7
18	상위	33	2.2	주거	11	2.7	신고	8	2.8	증가	15	3.4
19	전반적	33	2.2	만이	10	2.5	감소	7	2.5	지원	14	3.2
20	생활	32	2.1	설정	10	2.5	고용률	7	2.5	참여	13	3

출처: 저자 작성

〈부록 표 10〉 영역별 주요 키워드 출현 빈도(강원)

순위	키워드	제4기 환경진단 빈도(n)	비율(%)	제4기 계획수립 빈도(n)	비율(%)	비율(%)	제5기 환경진단 빈도(n)	비율(%)	제5기 계획수립 빈도(n)	비율(%)
1	서비스	67	9.8	사업	71	13.1	필요	59	14.5	지원	47	11.4
2	가구	55	8	지원	54	10	지원	32	7.9	필요	39	9.4
3	증가	54	7.9	장애인	48	8.9	여성	24	5.9	사업	36	8.7
4	감소	45	6.6	서비스	46	8.5	노인	23	5.7	서비스	26	6.3
5	기준	44	6.4	필요	35	6.5	부담	22	5.4	노인	20	4.8
6	대비	41	6	노인	32	5.9	대비	21	5.2	여성	20	4.8
7	여성	41	6	경제	28	5.2	돌봄	21	5.2	의료	19	4.6
8	장애인	36	5.2	여성	25	4.6	서비스	21	5.2	확대	19	4.6
9	수급자	35	5.1	일자리	22	4.1	증가	21	5.2	경제	18	4.4
10	노인	33	4.8	돌봄	20	3.7	안전	20	4.9	돌봄	18	4.4
11	필요	31	4.5	체계	20	3.7	접근	20	4.9	시설	17	4.1
12	아동	28	4.1	가족	18	3.3	기준	16	3.9	안전	17	4.1
13	가정	24	3.5	아동	17	3.1	시설	16	3.9	일자리	17	4.1
14	생활	23	3.3	회의	17	3.1	연령대	14	3.4	증가	17	4.1
15	재정	23	3.3	조성	16	3	외부	14	3.4	대비	15	3.6
16	가운데	22	3.2	생활	15	2.8	가구	13	3.2	장애인	14	3.4
17	집계	22	3.2	자립	15	2.8	일자리	13	3.2	취약	14	3.4
18	문제	21	3.1	커뮤니티	15	2.8	장애인	13	3.2	환경	14	3.4
19	소득	21	3.1	고려	14	2.6	고용률	12	2.9	육아	13	3.1
20	활동	21	3.1	시설	14	2.6	부족	12	2.9	주거	13	3.1

출처: 저자 작성

〈부록 표 11〉 영역별 주요 키워드 출현 빈도(중복)

순위	제4기 환경진단			제4기 계획수립			제5기 환경진단			제5기 계획수립		
	키워드	빈도(n)	비율(%)	키워드	빈도(n)	비율(%)	키워드	빈도(n)	비율(%)	키워드	빈도(n)	비율(%)
1	돌봄	25	9.5	사업	35	12.1	필요	33	9.5	지원	53	11.5
2	문화	25	9.5	확대	22	7.6	아동	27	7.8	필요	35	7.6
3	증가	19	7.2	교육	21	7.3	증가	27	7.8	사업	34	7.4
4	필요	19	7.2	지원	20	6.9	지원	24	6.9	교육	32	7
5	가구	18	6.8	경제	16	5.5	교육	22	6.3	아동	32	7
6	아동	16	6.1	돌봄	14	4.8	여성	19	5.5	돌봄	29	6.3
7	생활	15	5.7	서비스	14	4.8	노인	18	5.2	노인	23	5
8	노인	13	4.9	장애인	14	4.8	돌봄	18	5.2	장애인	23	5
9	유지	13	4.9	주거	14	4.8	일자리	18	5.2	일자리	21	4.6
10	문제	12	4.5	구축	13	4.5	서비스	17	4.9	서비스	20	4.3
11	가족	11	4.2	제공	13	4.5	청소년	15	4.3	체계	19	4.1
12	거주	11	4.2	운영	12	4.2	장애인	14	4	구축	18	3.9
13	교육	10	3.8	체중	11	3.8	문제	13	3.7	여성	17	3.7
14	주택	9	3.4	설정	11	3.8	사업	13	3.7	운영	17	3.7
15	국민연금	8	3	환경	11	3.8	운영	13	3.7	부모	16	3.5
16	문제	8	3	건강	10	3.5	체중	12	3.4	접근	16	3.5
17	낸생	8	3	공공	10	3.5	접근	12	3.4	문화	15	3.3
18	장애인	8	3	다양	10	3.5	가족	11	3.2	청년	14	3
19	주거	8	3	고용	9	3.1	관리	11	3.2	가족	13	2.8
20	활동	8	3	기능	9	3.1	디지털	11	3.2	치매	13	2.8

출처: 저자 작성

〈부록 표 12〉 영역별 주요 키워드 출현 빈도(충남)

순위	키워드	제4기 환경진단 빈도(n)	제4기 환경진단 비율(%)	제4기 계획수립 키워드	제4기 계획수립 빈도(n)	제4기 계획수립 비율(%)	제5기 환경진단 키워드	제5기 환경진단 빈도(n)	제5기 환경진단 비율(%)	제5기 계획수립 키워드	제5기 계획수립 빈도(n)	제5기 계획수립 비율(%)
1	서비스	104	12.3	서비스	26	10.7	지원	31	11.5	돌봄	43	10.4
2	생활	78	9.2	사업	25	10.2	서비스	28	10.4	지원	43	10.4
3	돌봄	66	7.8	안전	18	7.4	필요	24	8.9	사업	24	5.8
4	필요	64	7.5	노인	17	7	돌봄	20	7.4	일자리	22	5.3
5	수준	48	5.7	장애인	15	6.1	증가	18	6.7	문화	21	5.1
6	아동	46	5.4	돌봄	14	5.7	부족	15	5.6	장애인	21	5.1
7	유지	41	4.8	지원	14	5.7	가구	14	5.2	필요	21	5.1
8	건강	39	4.6	일자리	13	5.3	외부	14	5.2	서비스	20	4.8
9	장애인	37	4.4	확대	13	5.3	생활	13	4.8	안전	20	4.8
10	가구	35	4.1	아동	10	4.1	주거	12	4.4	증가	20	4.8
11	노인	34	4	행복	10	4.1	의향	10	3.7	청년	19	4.6
12	집계	34	4	생활	9	3.7	폭력	10	3.7	취약	18	4.4
13	가족	31	3.7	인권	9	3.7	감소	9	3.3	건강	17	4.1
14	기초	30	3.5	교육	8	3.3	노인	9	3.3	계층	16	3.9
15	여성	30	3.5	시설	8	3.3	아동	9	3.3	노인	16	3.9
16	안전	29	3.4	전문	8	3.3	문화	8	3	생활	15	3.6
17	지원	28	3.3	의미	7	2.9	교육	7	2.6	주거	15	3.6
18	활동	26	3.1	제공	7	2.9	상담	7	2.6	확대	15	3.6
19	교육	25	2.9	필요	7	2.9	균형	6	2.2	부족	14	3.4
20	분면	23	2.7	계층	6	2.5	시급	6	2.2	가족	13	3.1

출처: 저자 작성

부록 299

<부록 표 13> 영역별 주요 키워드 출현 빈도(전북)

순위	제4기 환경진단			제4기 계획수립			제5기 환경진단			제5기 계획수립		
	키워드	빈도(n)	비율(%)	키워드	빈도(n)	비율(%)	키워드	빈도(n)	비율(%)	키워드	빈도(n)	비율(%)
1	가구	1703	25.3	사업	49	11.3	지원	33	9.5	서비스	45	12.5
2	서비스	783	11.6	노인	32	7.4	돌봄	30	8.6	아동	34	9.5
3	필요	439	6.5	시설	28	6.5	빈곤	29	8.3	사업	31	8.6
4	노인	356	5.3	감소	26	6	증가	24	6.9	농촌	28	7.8
5	주의	336	5	돌봄	24	5.5	감소	23	6.6	시설	25	7
6	지원	296	4.4	보육	24	5.5	아동	22	6.3	인프라	18	5
7	수급	292	4.3	서비스	23	5.3	확대	22	6.3	지역	18	5
8	다문화	265	3.9	농촌	21	4.8	마을	21	6	체계	17	4.7
9	장애	265	3.9	아동	21	4.8	체계	18	5.2	확대	15	4.2
10	활동	258	3.8	인프라	20	4.6	시설	15	4.3	다양	14	3.9
11	경제	254	3.8	지역	20	4.6	서비스	14	4	돌봄	14	3.9
12	상태	221	3.3	장애인	20	4.6	노인	13	3.7	기반	13	3.6
13	불편함	193	2.9	증가	20	4.6	장애인	13	3.7	구축	12	3.3
14	상담	170	2.5	마련	18	4.1	대응	12	3.4	빈곤	12	3.3
15	만족	164	2.4	청년	17	3.9	지역	12	3.4	마을	11	3.1
16	연령	160	2.4	기반	15	3.5	사업	11	3.2	민관	11	3.1
17	종합적	157	2.3	보육시설	15	3.5	마련	10	2.9	수준	11	3.1
18	정보제공	153	2.3	확충	15	3.5	가구	9	2.6	청소년	11	3.1
19	부재	132	2	구축	13	3	생활	9	2.6	사각지대	10	2.8
20	적합	132	2	빈곤	13	3	소멸	9	2.6	구상	9	2.5

출처: 저자 작성

〈부록 표 14〉 영역별 주요 키워드 출현 빈도(진단)

순위	키워드	제4기 환경진단 빈도(n)	제4기 환경진단 비율(%)	제4기 계획수립 빈도(n)	제4기 계획수립 비율(%)	제5기 환경진단 빈도(n)	제5기 환경진단 비율(%)	제5기 계획수립 빈도(n)	제5기 계획수립 비율(%)
1	가구	676	27.5	서비스	22	9.7	서비스	38	10.2	돌봄	26	10.7
2	서비스	440	17.9	지원	22	9.7	필요	31	8.4	청년	18	7.4
3	시설	168	6.8	가정	13	5.7	돌봄	28	7.5	사업	17	7
4	지원	157	6.4	가족	13	5.7	노인	26	7	건강	16	6.6
5	필요	147	6	노인	13	5.7	지원	23	6.2	서비스	16	6.6
6	신청	86	3.5	사업	13	5.7	활동	22	5.9	일자리	16	6.6
7	정보	75	3.1	돌봄	11	4.8	장애인	20	5.4	지원	15	6.1
8	노인	64	2.6	문화	11	4.8	아동	19	5.1	필요	15	6.1
9	장애인	61	2.5	생활	11	4.8	일자리	19	5.1	맞춤형	11	4.5
10	군집	58	2.4	장애인	11	4.8	문화	15	4	제공	11	4.5
11	생활	58	2.4	주민	11	4.8	제계	15	4	주민	10	4.1
12	제공	58	2.4	사각지대	10	4.4	경제	14	3.8	계층	9	3.7
13	접근	57	2.3	제공	10	4.4	생활	14	3.8	장애	9	3.7
14	외부	55	2.2	취약	10	4.4	증가	14	3.8	주거	9	3.7
15	운영	55	2.2	건강	9	4	취약	13	3.5	사각지대	8	3.3
16	대비	51	2.1	다양	8	3.5	가구	12	3.2	장애인	8	3.3
17	아동	51	2.1	대비	8	3.5	건강	12	3.2	취약	8	3.3
18	자원	48	2	구축	7	3.1	계층	12	3.2	행복	8	3.3
19	기관	47	1.9	문제	7	3.1	부족	12	3.2	감소	7	2.9
20	부담	46	1.9	산간	7	3.1	의료	12	3.2	민의	7	2.9

출처: 저자 작성

〈부록 표 15〉 영역별 주요 키워드 출현 빈도(경북)

순위	제4기 환경진단			제4기 계획수립			제5기 환경진단			제5기 계획수립		
	키워드	빈도(n)	비율(%)	키워드	빈도(n)	비율(%)	키워드	빈도(n)	비율(%)	키워드	빈도(n)	비율(%)
1	서비스	350	30.3	필요	94	13.4	지원	40	11.5	지원	35	12.1
2	지원	92	8	지원	82	11.7	가구	35	10	서비스	33	11.4
3	지자체	74	6.4	서비스	68	9.7	서비스	25	7.2	돌봄	25	8.6
4	국가	71	6.2	주민	44	6.3	일자리	22	6.3	체계	23	7.9
5	정보	57	4.9	돌봄	33	4.7	노인	20	5.7	사업	18	6.2
6	자원	54	4.7	체계	32	4.6	부족	20	5.7	주민	16	5.5
7	필요	49	4.2	노인	30	4.3	증가	20	5.7	구축	15	5.2
8	제공	40	3.5	사업	30	4.3	다양	17	4.9	문제	13	4.5
9	외부	39	3.4	이웃	28	4	양육	16	4.6	다양	12	4.1
10	부담	34	2.9	장애인	28	4	아동	14	4	일자리	12	4.1
11	생활	32	2.8	가족	27	3.9	장애인	14	4	사각지대	11	3.8
12	시설	32	2.8	교육	26	3.7	청년	13	3.7	개발	10	3.4
13	신청	31	2.7	일자리	25	3.6	감소	12	3.4	건강	10	3.4
14	건강	30	2.6	공동체	24	3.4	개발	12	3.4	공동체	10	3.4
15	상담	30	2.6	건강	22	3.1	돌봄	12	3.4	공공	9	3.1
16	돌봄	29	2.5	행복	22	3.1	부담	12	3.4	장애인	8	2.8
17	종합적	29	2.5	구축	21	3	필요	12	3.4	중심	8	2.8
18	기능	27	2.3	문화	21	3	활동	12	3.4	행복	8	2.8
19	거리	27	2.3	시혼	21	3	취업	11	3.2	기반	7	2.4
20	교통문제	27	2.3	운영	21	3	다문화	10	2.9	맞춤형	7	2.4

출처: 저자 작성

〈부록 표 16〉 영역별 주요 키워드 출현 빈도(경남)

순위	제4기 환경진단 키워드	제4기 환경진단 빈도(n)	제4기 환경진단 비율(%)	제4기 계획수립 빈도(n)	제4기 계획수립 비율(%)	제4기 계획수립 비율(%).1	제5기 환경진단 빈도(n)	제5기 환경진단 비율(%)	제5기 환경진단 비율(%).1	제5기 계획수립 빈도(n)	제5기 계획수립 비율(%)	제5기 계획수립 비율(%).1
1	서비스	82	14.3	서비스	25	11.5	서비스	28	9.8	서비스	29	11
2	지원	51	8.9	사업	24	11	지원	25	8.8	돌봄	25	9.5
3	노인	43	7.5	지원	14	6.4	가구	23	8.1	건강	19	7.2
4	돌봄	41	7.2	장애인	13	6	노인	23	8.1	지원	18	6.8
5	아동	32	5.6	행복	13	6	주민	22	7.7	감소	13	4.9
6	장애인	32	5.6	증진	10	4.6	돌봄	18	6.3	노인	13	4.9
7	건강	30	5.2	필요	10	4.6	일자리	15	5.3	민의	12	4.5
8	공적	27	4.7	공적	9	4.1	건강	14	4.9	사업	12	4.5
9	문화	25	4.4	맞춤형	9	4.1	청년	14	4.9	수준	12	4.5
10	생활	25	4.4	사람	9	4.1	필요	13	4.6	의료	12	4.5
11	필요	25	4.4	생애	9	4.1	문제	12	4.2	필요	12	4.5
12	가구	24	4.2	주기	9	4.1	장애인	12	4.2	시설	11	4.2
13	시설	22	3.8	통요	9	4.1	고용	10	3.5	일자리	11	4.2
14	파악	22	3.8	확대	9	4.1	증가	10	3.5	장애인	11	4.2
15	기준	16	2.8	국가	8	3.7	기준	9	3.2	대응	10	3.8
16	차이	16	2.8	누리	8	3.7	노력	9	3.2	통합	10	3.8
17	설치	15	2.6	안전	8	3.7	치매	8	2.8	주민	9	3.4
18	환경	15	2.6	제공	8	3.7	수준	7	2.5	청년	9	3.4
19	횟수	15	2.6	개인	7	3.2	추정	7	2.5	문제	8	3
20	의료기관	14	2.4	노인	7	3.2	감소	6	2.1	증가	8	3

출처: 저자 작성

〈부록 표 17〉 영역별 주요 키워드 출현 빈도(제주)

순위	제4기 환경진단 키워드	빈도(n)	비율(%)	제4기 계획수립 빈도(n)	비율(%)	제5기 환경진단 빈도(n)	비율(%)	제5기 계획수립 빈도(n)	비율(%)
1	증가	57	11	사업	21	13.5	필요	20	10.9	시스템	19	9.7
2	기준	51	9.9	서비스	11	7.1	돌봄	15	8.2	돌봄	18	9.2
3	가구	41	7.9	지원	11	7.1	소득	15	8.2	구축	17	8.7
4	여성	35	6.8	돌봄	9	5.8	불균형	11	6	필요	16	8.2
5	지원	34	6.6	필요	9	5.8	청년	11	6	안전	13	6.7
6	아동	30	5.8	반영	8	5.1	교육	10	5.5	지원	11	5.6
7	구성	24	4.6	증가	8	5.1	지원	10	5.5	체계	11	5.6
8	서비스	22	4.3	가족	7	4.5	대응	9	4.9	제공	9	4.6
9	생활	21	4.1	문화	7	4.5	서비스	9	4.9	청년	9	4.6
10	내국인	20	3.9	주민	7	4.5	구축	8	4.4	취약	9	4.6
11	상승	20	3.9	취약	7	4.5	감소	7	3.8	일자리	8	4.1
12	재정	19	3.7	환경	7	4.5	건강	7	3.8	소득	7	3.6
13	집계	19	3.7	가정	6	3.8	생활	7	3.8	증가	7	3.6
14	화대	19	3.7	구축	6	3.8	시스템	7	3.8	체감	7	3.6
15	가정	18	3.5	안전망	6	3.8	음민	7	3.8	사각지대	6	3.1
16	남성	18	3.5	확대	6	3.8	확대	7	3.8	여건	6	3.1
17	돌봄	18	3.5	건강	5	3.2	가구	6	3.3	주거	6	3.1
18	필요	18	3.5	제공	5	3.2	제공	6	3.3	확대	6	3.1
19	노인	17	3.3	민의	5	3.2	일자리	6	3.3	교육	5	2.6
20	가운데	16	3.1	생활	5	3.2	기준	5	2.7	대응	5	2.6

출처: 저자 작성

[부록 2] 제3장 1절: 주요 키워드의 상관관계 분석 결과

〈부록 표 18〉 주요 키워드의 상관관계 분석 결과(서울)

순위	제4기 환경진단			제4기 계획수립			제5기 환경진단			제5기 계획수립		
	키워드1	키워드2	상관계수	키워드1	키워드2	상관계수	키워드1	키워드2	상관계수	키워드1	키워드2	상관계수
1	수급자	국민	0.945	제공	서비스	0.563	금융	청년	0.766	관리	시민	0.8
2	상담	종합적	0.939	건강	필요	0.501	주거	고용	0.655	장애인	노인	0.638
3	정보	상담	0.939	운영	안전	0.501	근로	퇴직	0.654	소득	안심	0.633
4	제공	상담	0.939	활동	경제	0.452	맞춤형	제공	0.615	체계	지원	0.506
5	부담	주거미	0.91	안전	건강	0.442	시민	관리	0.607	아동	노인	0.449
6	생활	기초	0.867	일자리	지원	0.424	시민	건강	0.567	보호	필요	0.415
7	서비스	외부	0.752	소득	주거	0.412	진료	피해	0.561	보호	취약	0.415
8	국민	일반	0.752	일자리	활동	0.412	피해	한대	0.551	보호	제층	0.415
9	주거	고용	0.752	제공	필요	0.401	관리	건강	0.548	건강	시민	0.391
10	외부	필요	0.749	운영	화대	0.401	맞춤형	관리	0.544	미래영	교육	0.373
11	수급자	기초	0.723	부담	가구	0.354	제공	관리	0.512	사각지대	돌봄	0.373
12	기회	취약	0.72	화대	안전	0.354	맞춤형	건강	0.506	아동	돌봄	0.373
13	수급자	일반	0.708	생활	필요	0.343	시민	정신건강	0.496	안심	취약	0.352
14	저소득층	영유아	0.708	건강	돌봄	0.324	제공	서비스	0.488	안심	제층	0.352
15	기초	국민	0.683	부담	경제	0.317	시민	정신건강	0.477	제공	관리	0.351
16	저소득층	노인	0.662	지원	체계	0.312	서비스	돌봄	0.474	생활	건강	0.345
17	주거	분야	0.629	일자리	경제	0.312	돌봄	아동	0.473	건강	관리	0.313
18	수급자	생활	0.626	사업	화대	0.305	일자리	퇴직	0.468	체계	필요	0.309
19	마련	기회	0.616	안전	필요	0.299	금융	맞춤형	0.447	미래영	안심	0.295
20	저소득층	이하	0.594	안전	고용	0.299	맞춤형	서비스	0.421	취약	지역	0.282

출처: 저자 작성

〈부록 표 19〉 주요 키워드의 상관관계 분석 결과(부산)

순위	제4기 환경진단			제4기 계획수립			제5기 환경진단			제5기 계획수립		
	키워드1	키워드2	상관계수	키워드1	키워드2	상관계수	키워드1	키워드2	상관계수	키워드1	키워드2	상관계수
1	나이	청년	0.91	병원	시설	0.862	생활	기초	0.779	의료	의료서비스	0.854
2	자원	역할	0.891	케어	커뮤니티	0.817	위기	다양	0.715	사각지대	위기	0.803
3	연계	자원	0.891	분석	여건	0.731	계층	취약	0.656	발굴	위기	0.803
4	생활	국민	0.876	창출	일자리	0.694	기초	국민	0.653	의료서비스	공공	0.721
5	생활	기초	0.876	장애인	창출	0.657	주민	공동체	0.593	서비스	돌봄	0.68
6	연계	역할	0.793	자립	창출	0.657	계공	주민	0.591	지속가능	돌봄	0.625
7	여자	남자	0.743	근거	기반	0.655	생활	국민	0.569	계공	서비스	0.609
8	시업	협의체	0.731	활동	경제	0.558	유출	청년	0.562	발굴	사각지대	0.606
9	실업률	경제활동참가율	0.721	조성	케어	0.527	계공	체계	0.562	지속가능	서비스	0.561
10	수급자	국민	0.701	근거	활성화	0.524	유행	가구	0.559	필요	적극	0.559
11	수급자	기초	0.701	건강	관리	0.523	하계	중진	0.544	생활	위기	0.559
12	제시	보고	0.7	조성	커뮤니티	0.472	구축	체계	0.535	생활	발굴	0.559
13	자녀	다문화가족	0.661	기준	생활	0.461	의료기관	공공	0.504	취약	계층	0.542
14	자립	시행	0.661	구축	체계	0.458	국민	유행	0.498	다양	위기	0.541
15	남성	여성	0.62	활성화	기반	0.454	공동체	계층	0.471	발굴	다양	0.541
16	사업	시행	0.618	병원	사람	0.451	주거	기준	0.457	마을	사각지대	0.541
17	연계	사업	0.618	창출	조성	0.445	하계	건강	0.442	건강	마을	0.541
18	수급자	생활	0.611	장애인	일자리	0.443	체계	공동체	0.442	확대	일자리	0.541
19	운영	중심	0.6	자립	일자리	0.443	의료	공공	0.44	의료	공공	0.537
20	활성화	협의체	0.589	구축	주민	0.428	중진	건강	0.431	다양	계층	0.52

출처: 저자 작성

〈부록 표 20〉 주요 키워드의 상관관계 분석 결과(대구)

순위	제4기 환경진단			제4기 계획수립			제5기 환경진단			제5기 계획수립		
	키워드1	키워드2	상관계수	키워드1	키워드2	상관계수	키워드1	키워드2	상관계수	키워드1	키워드2	상관계수
1	커뮤니티	케어	0.948	이주	다문화	0.933	신혼	부부	0.931	자립	일자리	0.829
2	이웃	친인척	0.925	발굴	사각지대	0.923	초혼	신혼	0.838	소득	고용	0.78
3	형성	친인척	0.925	노동자	이주	0.861	노령화	전망	0.813	정신건강	증진	0.768
4	소속집단	이웃	0.925	진입사업	플랫폼	0.861	지수	전망	0.813	외부	분석	0.746
5	형성	소속집단	0.925	고쳐	의식	0.851	생활	기초	0.812	맞춤형	생애	0.743
6	집단	초점	0.912	관리	사례	0.849	초혼	부부	0.78	맞춤형	주기	0.743
7	종합적	종류	0.894	가구	단독	0.812	추세	지속적	0.697	치료	정신건강	0.658
8	상담	종합적	0.869	출산	신보	0.77	외국인	주민	0.695	형성	마을	0.658
9	상담	종류	0.865	노동자	다문화	0.763	수급자	기초	0.652	계층	취약	0.639
10	형성	이웃	0.856	여성	다문화	0.745	취업	일자리	0.626	평생	교육	0.635
11	학습	평생	0.856	유아	보육	0.745	외국인	자녀	0.616	마을	공동체	0.612
12	노동자	이주	0.851	사각지대	기피	0.722	부부	기타	0.613	기회	고용	0.612
13	기초적	평생	0.844	제가	종합	0.722	정보	취업	0.613	활력	자립	0.54
14	학습	기초적	0.844	전달체계	의식	0.702	아동	청소년	0.605	네트워크	문화	0.54
15	용이성	접근	0.816	전달체계	고쳐	0.702	초혼	기타	0.583	변화	대응	0.536
16	면접	정보제공자	0.772	민간	공공	0.702	취업	부족	0.583	안전망	가구	0.527
17	면접	심층	0.772	여성	이주	0.692	정보	일자리	0.58	소득	일자리	0.525
18	발굴	사각지대	0.743	고쳐	참여	0.692	남성	여성	0.574	위험	감소	0.525
19	부족	불편함	0.735	공동체	균형	0.667	열악	분석	0.568	수준	증진	0.525
20	이웃	관계	0.731	공동체	조화	0.667	전문가	의견	0.565	위기	가구	0.523

출처: 저자 작성

〈부록 표 21〉 주요 키워드의 상관관계 분석 결과(인천)

순위	제4기 환경진단			제4기 계획수립			제5기 환경진단			제5기 계획수립		
	키워드1	키워드2	상관계수	키워드1	키워드2	상관계수	키워드1	키워드2	상관계수	키워드1	키워드2	상관계수
1	친인척	형성	0.933	해소	양극화	0.888	주택	노후	0.848	돌봄	통합	0.726
2	안전	형성	0.933	대응	공적	0.86	미충족	의료	0.809	노인	장애인	0.686
3	이웃	친인척	0.933	이전	소득	0.86	평생	교육	0.658	문화	교육	0.644
4	안전	이웃	0.933	동아리	학습	0.86	주거환경	주거	0.657	자립	장애인	0.584
5	소속집단	보호	0.924	서비스	제공	0.749	돌봄	통합	0.632	의료	공공	0.578
6	소속집단	일상	0.924	체계	지원	0.739	수급자	기초	0.621	환경	주거	0.57
7	소속집단	친인척	0.924	체계	해소	0.736	환경	주거환경	0.581	안심	자립	0.551
8	안전	소속집단	0.924	사각지대	서비스	0.692	유지	생활	0.533	개선	주거	0.514
9	해결	평생	0.911	말함	자기	0.65	지속적	경향	0.521	자립	지원	0.512
10	기초적	평생	0.911	말함	목소리	0.65	증가율	연령	0.5	안전	건강	0.488
11	학습	평생	0.911	체계	양극화	0.65	하계	사업	0.5	문제	개발	0.484
12	직장	평생	0.911	원인	위험	0.642	대비	전년	0.495	자립	조성	0.484
13	소속집단	해결	0.911	가동	이것	0.615	생활	기초	0.473	의료	건강	0.481
14	주거비	해결	0.911	상품	인간	0.569	돌봄	서비스	0.465	여건	토대	0.467
15	주거환경	해결	0.911	상품	의료	0.569	활동	장애인	0.462	관리	구축	0.464
16	기초적	소속집단	0.911	말함	인간	0.557	여성	실업률	0.452	생활	지원	0.462
17	학습	소속집단	0.911	사각지대	사람들	0.557	자산률	여성	0.452	사업	주거	0.461
18	직장	소속집단	0.911	사각지대	해소	0.557	증가율	대비	0.45	개선	시환경	0.453
19	주거비	기초적	0.911	사각지대	체계	0.557	활동	건강	0.444	구축	건강	0.448
20	주거환경	기초적	0.911	학습	교육	0.535	활동	노인	0.441	노인	지원	0.446

출처: 저자 작성

〈부록 표 22〉 주요 키워드의 상관관계 분석 결과(광주)

순위	제4기 환경진단			제4기 계획수립			제5기 환경진단			제5기 계획수립		
	키워드1	키워드2	상관계수	키워드1	키워드2	상관계수	키워드1	키워드2	상관계수	키워드1	키워드2	상관계수
1	지자체	국가	0.977	제출	취약	0.921	국적	한국	0.81	개선	차우	0.839
2	운영	국가	0.953	조성하	환경	0.824	대비	수급자	0.624	차우	인력	0.793
3	운영	지자체	0.931	조성	환경	0.763	활동	부담	0.553	인생	재설계	0.793
4	연장	시간	0.892	가치	중요	0.716	장애인	아동	0.487	유아	어린이	0.743
5	확충	국공립	0.892	외부	서비스	0.678	서비스	돌봄	0.468	평생학습	평생	0.702
6	확충	어린이집	0.892	청소년	아동	0.666	지원	돌봄	0.43	개선	인력	0.663
7	보육	확충	0.892	가치	민주	0.657	대비	증가	0.392	재설계	장년	0.616
8	관람	횟수	0.795	체계	돌봄	0.631	부담	아동	0.362	행복	모두	0.599
9	자녀	양육	0.79	센터	기관	0.623	지원	은둔	0.36	구성	체계	0.578
10	확충	영유아	0.785	노후	영구임대아파트	0.594	지원	외톨이	0.36	재설계	생애	0.578
11	보육	국공립	0.746	아파트	노후	0.594	은둔	연구	0.359	생애	장년	0.564
12	보육	어린이집	0.746	중요	민주	0.592	외톨이	연구	0.359	제공	서비스	0.551
13	교육상	자녀양육	0.746	조성하	노력	0.586	은둔	가족	0.359	평생학습	운영	0.525
14	증가	자녀양육	0.746	필요	지원	0.58	외톨이	가족	0.359	마을	공동체	0.512
15	정착	자녀양육	0.746	관리	제공	0.58	서비스	아동	0.32	세대	장년	0.509
16	기관	시설	0.739	센터	관리	0.564	부담	장애인	0.311	놀이	보육	0.504
17	교육상	프로그램	0.701	가족	돌봄	0.56	돌봄	아동	0.305	조성	환경	0.496
18	증가	프로그램	0.701	생활환경	안전	0.554	예속	감소	0.305	보육	영유아	0.492
19	정착	프로그램	0.701	창출	일자리	0.554	일자리	장애인	0.303	세대	재설계	0.486
20	연장	영유아	0.701	문화	여가활동	0.554	활동	아동	0.292	인생	세대	0.486

출처: 저자 작성

〈부록 표 23〉 주요 키워드의 상관관계 분석 결과(대전)

순위	제4기 환경진단			제4기 계획수립			제5기 환경진단			제5기 계획수립		
	키워드1	키워드2	상관계수	키워드1	키워드2	상관계수	키워드1	키워드2	상관계수	키워드1	키워드2	상관계수
1	생활	기초	0.93	케어	커뮤니티	0.839	체육	문화	0.875	분석	주민	0.828
2	양육	발달	0.693	평생	교육	0.691	중소기업	근로자	0.806	여건	정주	0.808
3	유지	아동	0.662	외부	필요	0.628	예술	문화	0.8	분석	마련	0.78
4	유지	생활	0.602	설립	공공	0.598	체육	예술	0.8	문화	필요	0.767
5	유지	기초	0.552	케어	정부	0.585	자영업자	직원	0.764	안전	건강	0.681
6	발달	장애아동	0.55	취업	일자리	0.585	지원	서비스	0.755	주민	마련	0.639
7	아동	돌봄	0.526	발달	장애아동	0.585	예술	교육	0.753	실시	마련	0.633
8	서비스	돌봄	0.487	필요	서비스	0.567	아동	노인	0.729	주민	실시	0.629
9	양육	장애아동	0.485	운영	센터	0.528	근로자	직업	0.71	돌봄	돌봄	0.6
10	지원	양육	0.458	외부	서비스	0.5	문화	교육	0.702	경제	지속가능	0.6
11	아동	발달	0.434	커뮤니티	정부	0.485	체육	교육	0.702	교육	문화	0.588
12	돌봄	장애아동	0.433	운영	장애인	0.461	자영업자	근로자	0.693	평생	문화	0.588
13	발달	돌봄	0.433	프로그램	운영	0.451	수준	기준	0.687	주거	의료	0.576
14	서비스	지원	0.413	외부	지원	0.402	구축	체계	0.677	어린이	아동	0.55
15	증가	노인	0.387	유지	취업	0.377	공동체	주거	0.651	어린이	집단	0.55
16	지원	발달	0.354	센터	지원	0.355	예술	다양	0.649	개선	여건	0.542
17	주거	지원	0.354	유지	필요	0.352	신혼	청년	0.646	노인	돌봄	0.53
18	생활	수급자	0.342	평생	참여	0.351	부부	청년	0.646	활동	지속가능	0.525
19	주거	장애아동	0.325	활동	기회	0.339	교통	주거	0.634	노인	아동	0.524
20	기초	수급자	0.312	활동	취업	0.339	돌봄	노인	0.624	운영	집단	0.524

출처: 저자 작성

〈부록 표 24〉 주요 키워드의 상관관계 분석 결과(울산)

순위	제4기 환경진단			제4기 계획수립			제5기 환경진단			제5기 계획수립		
	키워드1	키워드2	상관계수	키워드1	키워드2	상관계수	키워드1	키워드2	상관계수	키워드1	키워드2	상관계수
1	종합적	유형	0.882	계층	취약	0.927	방식	정보획득	0.924	장애인	외국	0.738
2	상담	유형	0.882	안전	아동	0.684	선택	방식	0.924	외국	증가	0.653
3	서비스	지원	0.868	소득	참여	0.638	계층	취약	0.853	아동	노인	0.564
4	서비스	필요	0.834	구축	서비스	0.613	시간	정보획득	0.83	장애인	아동	0.548
5	문화	고용	0.723	참여	여성	0.536	선택	정보획득	0.83	아동	개선	0.548
6	돌봄	필요	0.723	서각지대	돌봄	0.495	선택	시간	0.83	외국	안정	0.476
7	지원	필요	0.711	이슈	문제	0.492	선택	개선	0.812	장애인	안정	0.476
8	돌봄	아동	0.689	조성	환경	0.485	시간	방식	0.766	장애인	가족	0.476
9	문화	아동	0.668	서각지대	서비스	0.468	방식	개선	0.749	때문	외국	0.476
10	문화	돌봄	0.668	안전	건강	0.46	노력	시급성	0.676	때문	장애인	0.449
11	종합적	서비스	0.656	서비스	전문	0.44	정보획득	개선	0.672	지속적	아동	0.419
12	상담	서비스	0.656	개선	시설	0.414	시간	개선	0.672	개선	인프라	0.417
13	수급자	생활	0.608	노인	취약	0.385	감소세	감소	0.671	중장년	급증	0.417
14	서비스	돌봄	0.58	소득	여성	0.377	중장년	청년	0.649	안정	증가	0.417
15	서비스	고용	0.579	이슈	분석	0.358	공유	정보	0.637	감소	증가	0.417
16	서비스	문화	0.579	서각지대	노인	0.358	마음	인력	0.624	장애인	증가	0.417
17	유형	서비스	0.579	노인	계층	0.353	생활	기초	0.622	때문	청년	0.417
18	건강	돌봄	0.569	공공	계층	0.353	법률	교육	0.539	중장년	구성	0.417
19	건강	필요	0.547	노인	돌봄	0.344	마음	제공	0.531	가족	다양	0.417
20	종합적	필요	0.547	계층	지원	0.322	돌봄	아동	0.496	주민		

출처: 저자 작성

〈부록 표 25〉 주요 키워드의 상관관계 분석 결과(세종)

순위	제4기 환경진단			제4기 계획수립			제5기 환경진단			제5기 계획수립		
	키워드1	키워드2	상관계수	키워드1	키워드2	상관계수	키워드1	키워드2	상관계수	키워드1	키워드2	상관계수
1	폐기물	열동	0.893	생활	기초	0.886	활동	경제	0.793	계층	취약	0.905
2	응급	보건의료	0.83	행복	중심	0.801	일상	관리	0.756	자유	다양	0.859
3	공동육아	나눔터	0.814	행복	모두	0.801	건강	관리	0.736	문화	교육	0.801
4	파견	전문인력	0.814	이중	사업	0.765	취약	계층	0.693	맞작행	생활	0.721
5	배출	쓰레기	0.811	마을	공동체	0.702	부족	기술	0.693	센터	운영	0.684
6	파견	공동육아	0.747	화대	일자리	0.702	양육	부족	0.689	맞작행	일상	0.645
7	계층	취약	0.72	공동체	돌봄	0.568	취업	정보	0.689	청년	일자리	0.595
8	상담	종합적	0.701	주민	필요	0.451	창업	정보	0.681	향유	문화	0.568
9	계어	커뮤니티	0.674	이종	운영	0.451	생활	기초	0.657	편성	사업	0.542
10	보건의료	체계	0.673	구축	교육	0.441	건강	일상	0.613	일상	체계	0.541
11	응급	체계	0.673	구축	공동체	0.441	기술	정보	0.597	다양	구족	0.531
12	단지	산업	0.67	커뮤니티	공동체	0.441	유지	기초	0.593	정주한	주거	0.521
13	시행	보건의료	0.66	지원	화대	0.441	수지	때문	0.57	맞작행	체계	0.518
14	장년층	보건의료	0.66	커뮤니티	지원	0.441	영유아	아동	0.56	맞작행	돌봄	0.518
15	응급	시행	0.66	학충	조성	0.4	유지	생활	0.517	향유	교육	0.513
16	장년층	응급	0.66	구축	돌봄	0.394	부족	정보	0.498	정착	정주한	0.459
17	중년층	가구	0.66	커뮤니티	돌봄	0.394	유지	수준	0.498	노인	서비스	0.459
18	정보	종합적	0.638	이종	지원	0.394	계층	기초	0.485	정착	유업	0.459
19	보호	안전	0.632	이종	커뮤니티	0.394	외부	지원	0.485	일상	생활	0.437
20	복합	커뮤니티	0.626	사업	조성	0.388	양육	기술	0.48	여성	운영	0.42

출처: 저자 작성

〈부록 표 26〉 주요 키워드의 상관관계 분석 결과(경기)

순위	제4기 환경진단		제4기 계획수립			제5기 환경진단			제5기 계획수립		
	키워드1	키워드2	상관계수	키워드1	키워드2	상관계수	키워드1	키워드2	상관계수	키워드1	키워드2	상관계수
1	최저	최고	0.99	부담	주거비	0.838	안정	주거	0.782	주거	생애	0.89
2	양육	발달	0.969	동네	든든	0.81	계층	취약	0.782	생범죄	디지털	0.862
3	기회	취업	0.942	두려움	범죄피해	0.81	생활	기초	0.765	계층	취약	0.801
4	기회	장업	0.942	범죄피해	일상	0.807	양육비	부담	0.574	교육	평생	0.795
5	지수	노령화	0.925	상담	종합적	0.792	경제	고용률	0.539	주택	주거	0.711
6	공원	인당	0.925	취약	계층	0.734	부담	돌봄	0.518	안전	보호	0.703
7	부담	주거비	0.925	일상	생활	0.704	서비스	돌봄	0.517	장애인	노인	0.697
8	자주	재정	0.912	해결	기초	0.699	신고	적극	0.494	소외	정착	0.656
9	최하위	편차	0.904	평생	교육	0.693	공공	참여	0.475	안전	범죄	0.61
10	요양	장기	0.902	해결	외부	0.662	고용	시급성	0.47	여성	노인	0.592
11	보험	요양	0.902	정부	종합적	0.661	계층	주거	0.447	기반	든든	0.571
12	반대	상위	0.88	정보	상담	0.661	가구	기초	0.444	저소득층	주거	0.53
13	장업	취업	0.872	두려움	일상	0.654	아동	돌봄	0.419	생애	변화	0.523
14	안전	자이	0.871	충분	일자리	0.576	참여	생활	0.416	여성	장애인	0.514
15	최저	자이	0.86	범죄피해	생활	0.568	참여	적극	0.416	참여	일자리	0.506
16	최고	자이	0.851	기초	외부	0.564	노력	아동	0.4	신고	증가	0.501
17	상위	비교	0.845	장애인	노인	0.529	양육비	아동	0.4	마련	생범죄	0.499
18	최하위	최저	0.836	프로그램	평생	0.511	고용	돌봄	0.39	신고	학대	0.499
19	최하위	최고	0.827	평생	문화	0.509	주택	주거	0.382	서비스	돌봄	0.488
20	반대	비교	0.826	지원	필요	0.506	서비스	지원	0.381	노인	아동	0.48

출처: 저자 작성

〈부록 표 27〉 주요 키워드의 상관관계 분석 결과(강원)

순위	제4기 환경진단			제4기 계획수립			제5기 환경진단			제5기 계획수립		
	키워드1	키워드2	상관계수	키워드1	키워드2	상관계수	키워드1	키워드2	상관계수	키워드1	키워드2	상관계수
1	여자	남자	0.952	케어	커뮤니티	0.886	활동	경제	0.837	기본수당	육아	0.868
2	전출	전입	0.941	자녀	결혼	0.862	활용	분석	0.716	교육	수급	0.859
3	가구당	미만	0.911	자녀	이민자	0.862	가족	유지	0.658	차상위	수급	0.859
4	지수	노령화	0.911	기반	행복	0.791	모색	방안	0.658	양육	출산	0.748
5	내총	생산	0.893	역량	협의체	0.768	주거	급여	0.657	구성	체계	0.738
6	소매업	숙박	0.893	청소년	아동	0.747	열악	접근	0.654	차상위	교육	0.735
7	소매업	음식점업	0.893	센터	설립	0.738	보호	안전	0.628	급여	수급	0.691
8	자립	재정	0.879	근거	토대	0.689	자립	재정	0.623	활동	일자리	0.685
9	취업률	전년	0.797	구성	인력	0.657	급여	의료	0.594	관리	건강	0.648
10	부모	미혼	0.747	편차	구성	0.657	가족	안전	0.571	시행	기본수	0.647
11	결혼	혼인	0.747	대응	증가	0.657	여성	남성	0.571	보호	안전	0.642
12	이민자	혼인	0.747	역량	고려	0.655	실천	관리	0.566	차상위	계층	0.641
13	귀화자	혼인	0.747	환경	조성	0.655	분석	자원	0.549	저출산	문제	0.635
14	학생	하위	0.747	경로당	접근	0.643	관리	건강	0.549	가구	수급	0.635
15	학생	중단	0.747	활동	경제	0.629	외부	서비스	0.542	가구	주거	0.628
16	숙박	서비스업	0.725	소득	일자리	0.621	지자체	중요	0.523	접근	취약	0.606
17	음식점업	서비스업	0.725	전달체계	케어	0.612	유소년	감소	0.522	돌봄	통합	0.603
18	종사	숙박	0.725	활동	결혼	0.598	외부	지원	0.52	자활	일자리	0.597
19	종사	음식점업	0.725	활동	이민자	0.598	주거	가구	0.508	소득	일자리	0.589
20	이동률	전입	0.715	교육	협력	0.594	대비	전년	0.508	수급	주거	0.589

출처: 저자 작성

〈부록 표 28〉 주요 키워드의 상관관계 분석 결과(종목)

순위	제4기 환경진단			제4기 계획수립			제5기 환경진단			제5기 계획수립		
	키워드1	키워드2	상관계수	키워드1	키워드2	상관계수	키워드1	키워드2	상관계수	키워드1	키워드2	상관계수
1	단독주택	아파트	0.887	주거	생애	0.908	전문가	현장	0.847	환자	치매	0.79
2	여가	문화	0.768	계층	취약	0.84	단절	경력	0.823	부모	양육	0.716
3	퇴직	국민연금	0.695	국민	국민	0.79	범죄	화장실	0.813	준비	자립	0.644
4	여성	경제	0.646	고용	일자리	0.703	정보화	디지털	0.808	지속	문제	0.614
5	아파트	주택	0.643	발달	직업	0.7	취약	계층	0.757	기본권	실현	0.611
6	다양	프로그램	0.643	체계	구축	0.654	교통수단	교통	0.745	일상	생활	0.565
7	주거	환경	0.631	기초	생활	0.623	교통수단	약자	0.745	프로그램	취업	0.564
8	공공	확대	0.616	국민	정부	0.61	양육	부모	0.716	보호	자립	0.549
9	아동	돌봄	0.609	공간	다양	0.592	관리	사례	0.689	청소년	문화	0.538
10	다양	필요	0.605	노동	교육	0.57	진단	체계	0.689	의료	응급	0.524
11	기초	생활	0.593	기초	마련	0.566	진단	전문	0.657	활성화	자활	0.499
12	여가	아동	0.576	발달	장애인	0.545	노력	청소년	0.657	장업	자활	0.499
13	관계	가족	0.568	맞춤형	제공	0.531	수준	정보화	0.656	문제	농촌	0.48
14	안전	가족	0.568	인권	노동	0.523	정보화	역량	0.65	향상	제공	0.479
15	유지	가족	0.553	직업	장애인	0.522	청소년	참여	0.643	기회	제공	0.479
16	재분석	문제	0.551	안전	보육	0.48	화장실	안전	0.642	활성화	일자리	0.46
17	지원	주택	0.529	안심	보육	0.48	진단	아동보호	0.623	보건의료	농촌	0.451
18	단독주택	주택	0.529	아동	안심	0.48	노력	참여	0.61	자활	보호	0.451
19	문화	문제	0.528	아동	필요	0.48	정보화	대비	0.594	아동	보호	0.45
20	고용	다양	0.512	평생	맞춤형	0.47	경력	육아	0.594	마을	접근	0.438

출처: 저자 작성

〈부록 표 29〉 주요 키워드의 상관관계 분석 결과(종합)

순위	제4기 환경진단		상관계수	제4기 계획수립		상관계수	제5기 환경진단		상관계수	제5기 계획수립		상관계수
	키워드1	키워드2		키워드1	키워드2		키워드1	키워드2		키워드1	키워드2	
1	학교	기초적	0.924	안정	일자리	0.738	상담	폭력	0.834	계층	취약	0.867
2	학교	학습	0.924	창출	일자리	0.731	서비스	외부	0.8	문화교류	어르신	0.724
3	학업	학교	0.924	보호	아동	0.731	상담	여성	0.787	의료	응급	0.604
4	생각	중요	0.924	계층	취약	0.698	서비스	지원	0.714	센터	운영	0.575
5	부족	불편	0.912	안정	생활	0.628	프로그램	참여	0.653	응급	중증	0.536
6	양육	발달	0.911	제공	서비스	0.593	폭력	여성	0.652	기관	평생학습	0.536
7	당사자	일상	0.911	장애인	구축	0.585	생활	기초	0.648	성장	미래	0.519
8	당사자	담당	0.911	노인	장애인	0.579	운행	생활	0.648	안전	건강	0.491
9	상담	종합적	0.911	안정	창출	0.572	지원	외부	0.599	양육	부족	0.48
10	장애아동	발달	0.892	생활	일자리	0.561	다문화	가구	0.524	생활터전	안전	0.475
11	관리	문제	0.884	일자리	계층	0.56	시간	부족	0.516	생활터전	마련	0.474
12	안전	보호	0.873	아동	돌봄	0.56	돌봄	아동	0.484	장애인	가족	0.444
13	기초적	평생	0.862	확대	지원	0.558	필요	외부	0.48	문화교류	사업	0.436
14	학습	평생	0.862	자신예방	교육	0.553	자살률	감소	0.465	상담	여성	0.436
15	학업	평생	0.862	확인	중요	0.546	필요	지원	0.446	의료	중증	0.436
16	제공	종합적	0.841	시설	재난	0.546	주거	맞춤형	0.433	접근	문화	0.433
17	담당	일상	0.828	확대	사업	0.534	참여	시간	0.416	인프라	장애인	0.428
18	여성	남성	0.819	확인	아동	0.518	의향	서비스	0.39	정신건강	자살률	0.415
19	장애아동	양육	0.813	시설	장애인	0.505	필요	서비스	0.387	인프라	가족	0.406
20	학교	평생	0.795	시설	안전	0.505	확대	지원	0.376	부담	감소	0.402

출처: 저자 작성

〈부록 표 30〉 주요 키워드의 상관관계 분석 결과(전북)

순위	제4기 환경진단		제4기 체계수립			제5기 환경진단			제5기 체계수립		
	키워드1	키워드2	상관계수	키워드1	키워드2	상관계수	키워드1	키워드2	상관계수	키워드1	키워드2	상관계수
1	부채	적합	0.991	국공립	보육시설	0.827	생활	기초	0.845	계층	취약	0.907
2	무급	자영업	0.991	수급자	생활	0.781	건강	관리	0.765	문화	여가	0.888
3	자택	방문	0.973	효율화	전달체계	0.719	협의체	읍면동	0.742	국공립	보육시설	0.86
4	정보제공	종합적	0.969	서비스	보육	0.705	장애인	자립	0.653	참여	민관	0.82
5	무급	종사	0.962	수급자	기초	0.693	자립	시설	0.605	장애인	노인	0.806
6	자영업	종사	0.953	독거노인	안전망	0.662	거주	자립	0.576	플랫폼	통합	0.806
7	정보제공	상담	0.948	효율화	재정	0.615	체계	지원	0.501	종료	보호	0.806
8	활동	경제	0.941	장애인	자립	0.603	사업	읍면동	0.5	문화	청소년	0.774
9	상담	종합적	0.933	안전망	구축	0.603	보호	요보호	0.495	활용	자원	0.71
10	부족	정보	0.918	안전망	돌봄	0.578	기초	가구	0.491	여가	청소년	0.688
11	다지	저소득	0.912	공공성	보육	0.576	생활	협의체	0.491	공동체	자원	0.651
12	출근	저소득	0.912	정점	중요	0.568	사업	협의체	0.491	기업	제공	0.637
13	당사자	담당	0.912	유출	청년	0.559	거주	장애인	0.472	농촌	인프라	0.637
14	학습	평생	0.912	생활	기초	0.528	위원회	협의체	0.472	부족	농촌	0.595
15	자인	종사	0.9	센터	아동	0.516	빈곤	팬데믹	0.469	공동체	활용	0.588
16	자인	무급	0.9	보육	마을	0.503	생활	수준	0.446	향상	민의	0.583
17	예인	독복장	0.893	설정	분야	0.488	읍면동	마을	0.438	구성	재정	0.573
18	자인	자영업	0.892	대체	지원	0.477	대체	가구	0.435	확충	농촌	0.548
19	요양	장기	0.881	해소	사자지마	0.473	거주	시설	0.435	공동체	다양	0.546
20	최가	주일	0.866	청소년	아동	0.468	가구	빈곤	0.425	자립	지원	0.546

출처: 저자 작성

<부록 표 31> 주요 키워드의 상관관계 분석 결과(전남)

순위	제4기 환경진단			제4기 계획수립			제5기 환경진단			제5기 계획수립		
	키워드1	키워드2	상관계수	키워드1	키워드2	상관계수	키워드1	키워드2	상관계수	키워드1	키워드2	상관계수
1	최소	취대	0.956	제공	취약	0.724	전문가	분야	0.806	제층	취약	0.935
2	부재	적합	0.931	가족	전달체계	0.709	제층	취약	0.778	민의	제공	0.54
3	상담	종합적	0.921	향유	문화	0.687	불편	교통	0.659	돌봄	생애	0.52
4	여부	실문	0.902	노인	장애인	0.659	지속적	증가	0.629	돌봄	주기	0.52
5	적합	불편	0.88	조성	환경	0.65	일자리	사업	0.601	문화	활동	0.487
6	부재	불편	0.877	돌봄	장애인	0.537	신중	사업	0.549	주민	수민	0.458
7	부족	불편	0.876	제공	돌봄	0.537	신중	일자리	0.533	구조	청년	0.433
8	불편	의향	0.872	등록장	때마	0.536	부담	경제	0.488	지원	확대	0.433
9	행사	예술	0.865	제공	서비스	0.501	연계	사업	0.483	민의	서비스	0.422
10	불안	시행	0.865	가족	건강	0.5	지매	증가	0.481	서비스	제공	0.399
11	지수	노령화	0.864	다양	조성	0.495	경제	활동	0.464	민의	돌봄	0.399
12	적합	의향	0.858	돌봄	생활	0.467	자립	장애인	0.456	제공	돌봄	0.374
13	종합적	여부	0.854	노인	돌봄	0.467	정착	청년	0.447	건강	민의	0.373
14	부재	의향	0.85	제공	생활	0.427	부담	관리	0.447	감소	수준	0.35
15	구간	최소	0.85	조성	시책	0.412	구축	체계	0.445	확대	경제	0.35
16	가운데	여부	0.84	자립	돌봄	0.376	활성화	제층	0.435	고용	경제	0.35
17	기회	장업	0.831	가족	다양	0.373	가구	생활	0.435	감소	구조	0.35
18	적합	부족	0.829	지원	건강	0.367	건강	관리	0.433	서비스	돌봄	0.335
19	부재	부족	0.828	가족	안정	0.367	접근	불편	0.427	경제	일자리	0.332
20	구간	소득	0.821	가정	가족	0.367	활성화	취약	0.414	고용	일자리	0.332

출처: 저자 작성

〈부록 표 32〉 주요 키워드의 상관관계 분석 결과(경북)

순위	제4기 환경진단			제4기 계획수립			제5기 환경진단			제5기 계획수립		
	키워드1	키워드2	상관계수	키워드1	키워드2	상관계수	키워드1	키워드2	상관계수	키워드1	키워드2	상관계수
1	상담	종합적	0.981	사촌	이웃	0.922	정보	부족	0.907	양육	부담	0.907
2	기능	실태	0.979	케어	커뮤니티	0.862	취약	제출	0.855	경감	부담	0.907
3	자격	불편	0.979	민간	협력	0.768	가사	외출	0.835	경감	양육	0.787
4	제한	불편	0.979	분석	적자	0.755	활동	가사	0.835	해결	문제	0.684
5	자격	부족	0.979	자활	근로	0.705	경제	양육비	0.812	안전	건강	0.65
6	제한	부족	0.979	제승	취약	0.667	창업	취업	0.806	주민	공동체	0.566
7	자격	적합	0.979	진문	인력	0.664	외부	필요	0.801	기반	실연	0.539
8	제한	적합	0.979	결혼	가정	0.662	양육비	시설	0.699	구조	문제	0.523
9	자격	부재	0.979	이민	가정	0.662	활동	외출	0.689	참여	주민	0.495
10	제한	부재	0.979	행복	공동체	0.656	활동	돌봄	0.688	맞춤형	행복	0.469
11	거리	자격	0.979	장업	경제	0.633	창업	부족	0.653	참여	문제	0.468
12	교통문제	자격	0.979	제약	활동	0.623	나타났	외부	0.642	협력	구축	0.439
13	거리	제한	0.979	행복	이웃	0.618	부담	활동	0.637	해결	주민	0.426
14	교통문제	제한	0.979	창출	일자리	0.614	부담	돌봄	0.633	문제	주민	0.425
15	지자체	국가	0.969	지속가능	개발	0.591	양육비	부족	0.621	실연	행복	0.415
16	기반	종합적	0.96	창출	경제	0.581	취업	일자리	0.596	통합	구축	0.409
17	기능	신청	0.958	공동체	이웃	0.578	정보	창업	0.59	다양	개발	0.407
18	기반	상담	0.941	심리	재난	0.571	외출	장애인	0.587	필요	제계	0.386
19	실태	신청	0.936	가정	여성	0.569	양육비	정보	0.563	사각지대	협력	0.381
20	양육	발달	0.924	결혼	여성	0.569	양육비	양육	0.563	취약	장애인	0.381

출처: 저자 작성

〈부록 표 33〉 주요 키워드의 상관관계 분석 결과(경남)

순위	제4기 환경진단		상관계수	제4기 계획수립		상관계수	제5기 환경진단		상관계수	제5기 계획수립		상관계수
	키워드1	키워드2		키워드1	키워드2		키워드1	키워드2		키워드1	키워드2	
1	변화	추이	0.91	사람	중심	0.938	제감	노력	0.909	유출	청년	0.691
2	주기	생애	0.91	국가	모두	0.885	노력	시급성	0.717	건강	수준	0.574
3	정보부족	불편	0.91	안전	틈새	0.77	유출	청년	0.688	사각지대	문제	0.543
4	영화	참여	0.892	모두	누리	0.765	노동자	주정	0.658	심각	불균형	0.519
5	학교	보육시설	0.892	개인	국가	0.732	제감	시급성	0.649	청년	감소	0.481
6	초등	보육시설	0.892	맞춤형	생애	0.732	주정	기준	0.574	아동	돌봄	0.479
7	교실	보육시설	0.892	맞춤형	주기	0.732	교통	장애인	0.504	체감	다양	0.474
8	학교	영화	0.864	공적	제공	0.706	자립	일자리	0.491	사각지대	대응	0.473
9	거주환경	경제	0.812	국가	누리	0.678	장애인	노인	0.445	노인	돌봄	0.444
10	민의	참여	0.795	공적	서비스	0.641	노동자	실시	0.426	중심	체계	0.436
11	경감	양육	0.784	공적	설정	0.637	자립	생활	0.426	중심	문제	0.436
12	인하	운동	0.77	민의	모두	0.637	자매	기준	0.415	건강	의료	0.435
13	학교	참여	0.77	개인	지원	0.626	노인	돌봄	0.405	체계	돌봄	0.431
14	영화	여가활동	0.75	서비스	아동	0.624	관리	건강	0.383	장애인	아동	0.427
15	누리	기반	0.75	환경	제공	0.585	지원	필요	0.378	거주	시설	0.419
16	지원	서비스	0.734	정보	공적	0.585	아동	돌봄	0.375	대매	시설	0.419
17	지원	공적	0.719	정보	사람	0.566	주정	지매	0.373	거주	불균형	0.419
18	보건의료	기반	0.703	운영	사람	0.542	실시	주정	0.373	통합	체계	0.418
19	영화	횟수	0.7	민의	중심	0.524	응급	장애인	0.367	유출	감소	0.414
20	경감	부담	0.698	민의	중심	0.504	대처	장애인	0.367	통합	중심	0.405

출처: 저자 작성

〈부록 표 34〉 주요 키워드의 상관관계 분석 결과(제주)

순위	제4기 환경진단			제4기 계획수립			제5기 환경진단			제5기 계획수립		
	키워드1	키워드2	상관계수	키워드1	키워드2	상관계수	키워드1	키워드2	상관계수	키워드1	키워드2	상관계수
1	부담	주거비	0.893	계층	취약	0.826	자녀양육	건강	0.808	취약	계층	0.91
2	자녀	재정	0.74	진화	가족	0.799	자녀양육	읍면	0.693	대응	증가	0.767
3	자주	재정	0.74	문화	진화	0.799	수급	기준	0.64	구축	시스템	0.649
4	외국	내국인	0.72	돌봄	아동	0.731	화대	계층	0.64	지속	청년	0.551
5	출생	주계	0.705	진화	행복	0.639	화대	취약	0.64	계층	지속	0.551
6	센터	한솔	0.705	구축	안전망	0.621	건강	생활	0.627	사각지대	증가	0.533
7	여성	남성	0.675	문화	가족	0.621	건강	교육	0.627	사각지대	대응	0.533
8	서비스	외부	0.671	민의	증가	0.572	불균형	상대	0.583	시스템	사각지대	0.531
9	기초	국민	0.667	지원	취약	0.519	교육	일자리	0.562	취약	지속	0.494
10	교육	안전	0.666	지원	계층	0.5	기준	감소	0.557	일자리	구축	0.491
11	지원	조성	0.666	가족	행복	0.492	읍면	건강	0.547	주거	소득	0.464
12	시행	대중교통	0.659	문화	행복	0.492	읍면	교육	0.519	증가	소득	0.464
13	생활	기초	0.658	조성	환경	0.442	계층	지원	0.519	일자리	지원	0.409
14	필요	서비스	0.651	필요	증가	0.383	취약	지원	0.519	구축	제계	0.409
15	필요	외부	0.645	구축	취약	0.383	자녀양육	생활	0.507	안전	주거	0.408
16	문화	돌봄	0.637	화대	돌봄	0.383	자녀양육	교육	0.507	화대	취약	0.408
17	가족	한부모	0.606	시설	구축	0.345	서비스	상대	0.494	계층	청년	0.397
18	수급자	국민	0.593	주민	민의	0.306	건강	소득	0.477	활성화	필요	0.393
19	자주	자립	0.593	필요	반영	0.296	시스템	돌봄	0.47	활용	필요	0.393
20	필요	지원	0.588	화대	행복	0.287	지원	청년	0.455	활용	돌봄	0.393

출처: 저자 작성

[부록 3] 제3장 3절: 사회보장 기본계획과 지역사회보장계획 간 연관성 분석 결과

〈부록 표 35〉 사회보장기본계획과 지역사회보장계획 간 연관성: 영유아 정책 관련

사회보장기본계획			지역사회보장계획			
전략	중점	추진	시도	시도 정책 사업	주요 내용	유사도
전 생애 사회서비스 고도화	수요 맞춤형 사회서비스 실현	맞춤형 돌봄서비스 확충	울산	24시간 아이돌봄 어린이집 지원	보육, 시간, 영유아, 아이돌봄, 어린이집, 서비스	45%
			전남	공공형 어린이집 운영 지원	어린이집, 보육, 영유아, 민간, 가정, 서비스	40%
			울산	민간·가정·공공형 어린이집 환경개선	어린이집, 보육, 민간, 가정, 영유아	38%
			대전	영유아 보육환경 구축 강화	보육, 어린이집, 영유아, 민간, 서비스	38%
			광주	영유아 온종일 돌봄 지원	영유아, 보육, 시간	32%
			인천	인천형 어린이집 확대	보육, 영, 영아, 어린이집, 영유아	30%
			인천	어린이집 방문간호사 사업	어린이집, 영유아, 보육	29%
			충북	영유아를 위한 포괄적 보육서비스 체계 구축	보육, 영유아, 어린이집, 가정, 맞춤형, 가구, 서비스	29%
			서울	서울형 긴급돌봄보육 확대긴급 통합보육 확대	보육, 어린이집, 시간, 영유아, 서비스	27%
			광주	영유아 온종일 돌봄 지원	영유아, 보육	24%

〈부록 표 36〉 사회보장기본계획과 지역사회보장계획 간 연관성: 아동청소년 정책 관련

사회보장기본계획			지역사회보장계획			
전략	중점	추진	시도	시도 정책 사업	주요 내용	유사도
약자로부터 두터운 복지	새로운 취약계층의 복지 수요 발굴·지원	소외된 약자 권익 보호·지원 강화	대전	학대 피해 아동 보호 지원체계 강화	피해, 아동, 학대, 보호, 공공	29.5%
			대구	학대피해아동 보호 지원 강화	피해, 학대, 아동, 보호	28.2%
			경북	학대예방 및 방지사업 지원	학대예방 및 방지사업 지원	28.0%
			울산	학대피해 아동 및 가정 맞춤형 회복 지원	학대, 피해, 아동	23.5%
			전북	학대아동 치유그룹홈 운영	학대, 아동, 보호	21.8%
			충북	아동보호전문기관 확대 및 영유아전용쉼터 지정 운영	아동, 학대, 피해, 보호, 내실화, 제도, 장애	20.4%
			충북	아동의 가정 내 건강한 양육환경 조성을 위한 부모성장지원	부모, 양육, 아동, 급여, 완화, 출산	42.8%
	위기 직면한 사회적 약자 보호	취약계층 생활안정 지원	경북	청년 한부모 자녀양육비 지원	양육비, 부모, 지급, 월, 아동	39.0%
			경북	아이돌봄 부모부담금 경감 지원	부모, 경감, 양육, 아동, 부담	38.1%
			울산	부모부담 보육료 차액 지원	부모, 부담, 경감, 아동	29.1%
			전북	전북형 무상보육	양육비, 부담, 경감, 양육, 출산, 아동	27.4%
			전북	긴급 아이돌봄지원센터 설치 운영	양육, 완화, 아동, 부담, 가구	21.6%
			경북	학교 밖 위기 청소년 맞춤형 자립 지원	학교밖, 청소년, 자립, 맞춤형	66.7%

부록 323

사회보장기본계획			지역사회보장계획			
전략	중점	추진	시도	시도 정책 사업	주요 내용	유사도
			대전	기초자치단체 청소년복지시설 확충 지원	청소년, 센터, 학교밖	56.5%
			광주	학교밖청소년 교육활동비 지급	청소년, 학교밖, 검정고시	56.3%
			충남	학교 밖 세상 소통카드 지원	학교밖, 청소년, 자립	48.2%
			인천	청소년 문화대축제	청소년, 발굴	45.7%
			충북	청소년 복합문화센터 설치	청소년, 청소년기	45.1%
			충북	청소년 집여가구 활성화	청소년, 아동, 학교밖	43.1%
			경남	보호종료아동 자립정착금	자립, 아동, 퇴소, 보호, 시설, 취약, 주거, 가정, 경제	42.7%
			광주	청소년 쉼터의 안정적 주거 공간 지원	쉼터, 청소년, 주거, 시설	42.5%
			전북	청소년 복합문화여가시설 확충	청소년, 사회, 지역	40.8%
			대전	대전청소년위캔센터 운영	청소년, 센터	40.7%
			전남	청소년시설 확충	청소년, 시설	39.4%
			부산	학교밖청소년지원	학교밖, 청소년, 자립, 센터, 맞춤형	37.2%
			충북	보호종료아동 맞춤형 자립지원 사업 확충	자립, 아동, 청소년, 퇴소, 보호, 취업, 시설, 청년, 가정, 경제	36.9%
			대구	우리마을 교육나눔사업 운영	청소년, 지역	36.6%

사회보장기본계획			지역사회보장계획			
전략	중점	추진	시도	시도 정책 사업	주요 내용	유사도
전 생애 사회서비스 고도화	수요 맞춤형 사회서비스 실현		제주	고위기 청소년 지원 프로그램 운영	청소년, 맞춤형	35.7%
			강원	청소년 지역안전망 확대	청소년, 센터, 안전망	35.5%
			대구	다문화가정 아동 학습 지원	다문화, 학습, 가정, 아동, 기초, 성장, 맞춤형	39.4%
			제주	고위기 청소년 지원 프로그램 운영	청소년, 위기, 맞춤형, 가족	22.3%
			세종	여민전 학습특별포인트 지원	학습, 청소년, 취약계층	22.0%
			경기	경기도 교육품앗이 찾아가는 배움교실	청소년, 아동, 학습, 맞춤형	21.5%
			세종	청소년 꿈키 카드 (진로체험학습카드)	청소년, 진로	20.8%
		건강·의료 보장 강화	대전	대전청소년위기센터 운영	청소년, 진로, 성장	20.7%
			강원	청소년 지역안전망 확대	청소년, 상담, 센터, 위기	20.4%
			광주	아동·청소년의회 구성 및 운영	아동, 청소년, 보장	33.0%
			제주	고위기 청소년 지원 프로그램 운영	청소년, 프로그램, 건강, 맞춤형, 서비스	30.2%
	맞춤형 돌봄서비스 확충		대전	대전청소년위기센터 운영	청소년, 프로그램, 건강, 교육	27.5%
			대전	기초자치단체 청소년복지시설 확충 지원	청소년, 건강, 서비스	26.9%
			충북	청소년 참여기구 활성화	청소년, 아동, 보장	26.5%

사회보장기본계획			지역사회보장계획			
전략	중점	추진	시도	시도 정책 사업	주요 내용	유사도
			충남	결식아동 급식지원	아동, 건강, 예방	23.3%
			전남	청소년시설 확충	청소년	22.9%
			대전	기초자치단체 청소년복지시설 확충 지원	청소년, 학교, 서비스	31.5%
			충북	청소년 참여기구 활성화	청소년, 아동, 학교, 다양, 증심	28.4%
			제주	고위기 청소년 지원 프로그램 운영	청소년, 프로그램, 맞춤형, 서비스	27.7%
			대전	대전청소년위캔센터 운영	청소년, 프로그램, 교육	27.4%
			경북	학교 밖 위기 청소년 맞춤형 자립 지원	학교, 청소년, 맞춤형	26.4%
		안전한 일상 구현 및 교육·생활 서비스 제공	광주	학교 밖 청소년 교육활동비 지급	청소년, 학교, 교육	25.7%
			광주	아동·청소년의회 구성 및 운영	아동, 청소년	24.8%
			전남	청소년시설 확충	청소년	24.1%
			강원	청소년 지역안전망 확대	청소년, 서비스	22.8%
			제주	미래세대를 위한 환경교육 강화	환경, 교육, 아동	28.2%
			울산	학대피해 아동 및 가정 맞춤형 회복 지원	학대, 피해, 아동, 회복, 가정	46.7%
			경북	학대예방 및 방지사업 지원	학대, 아동, 피해, 아동보호, 인프라, 가정, 보호	45.9%
			경기	아동보호전문기관 운영지원확대	아동보호, 전문기관, 학대, 피해, 아동, 회복	45.0%

사회보장기본계획			지역사회보장계획			
전략	중점	추진	시도	시도 정책 사업	주요 내용	유사도
			전북	학대아동 치유그룹홈 운영	학대, 아동, 보호	38.4%
			대전	학대 피해 아동 보호 지원체계 강화	아동, 보호, 아동보호, 위기	30.9%
			전북	자립청소년 지역정착 지원 확대	아동, 보호	30.8%
			대구	학대피해아동 보호 지원 강화	아동, 신고, 보호, 아동보호	27.8%
			충북	아동보호전문기관 확대 및 영유아전용쉼터 지정 운영	아동, 아동보호, 보호, 공, 신고, 내실화, 서비스	26.5%
			충남	보호(종료)아동 자립지원 강화	보호, 아동	24.8%
			전남	아동보호 공조체계 확립	아동보호, 아동, 공, 보호	23.3%
			충북	경계선 지적기능 아동의 전문적 보호 및 치료서비스 확대	아동, 보호, 아동보호, 교육, 서비스, 보장	22.2%
			충북	시군 아동보호팀 사회복지사의 소진 예방을 위한 심리지원사업	아동보호, 신고, 보호, 아동, 교육, 보장, 서비스	20.4%

〈부록 표 37〉 사회보장기본계획과 지역사회보장계획 간 연관성: 청년 정책 관련

사회보장기본계획			지역사회보장계획		
전략	중점	추진	시도	시도 정책 사업	주요 내용
약자로부터 두터운 복지	변화하는 사회적위험 대응 강화	노동시장 지속 참여 촉진	경남	청년일자리 창출 지원	청년, 기업, 고용, 취업, 촉진, 일, 지원, 체험, 맞춤형
			충남	청년희망이음 프로젝트 운영	기업, 취업, 청년, 프로젝트, 역량강화, 촉진
			충남	충남 일자리 소통공간 운영	취업, 청년, 구직, 준비, 촉진, 활동, 맞춤형, 지원
			울산	울산청년일자리센터 운영	청년, 취업, 고용, 기업, 취업, 촉진, 지원
			경기	일하는 청년 복지포인트	청년, 경영, 일, 기업, 취업, 촉진, 지원
			경기	경기청년 일자리 매칭업 취업지원	청년, 취업, 기업, 취업, 촉진, 강화, 지원
			세종	고립·은둔형 청년 지원	은둔, 청년, 진단, 맞춤형, 체계, 구축, 지원
			대구	청년자립 씨앗 지원 (청년행복수당, 청년희망적금)	청년, 탐색, 진로, 취업, 수당, 사회, 참여, 상담, 자신감
	새로운 취약계층의 복지수요 발굴·지원	취약 청년 사회안전망 구축	충남	충남일자리소통공간 운영	취업, 청년, 프로그램, 구직, 촉진, 근로, 저소득, 지원
			대전	청년 경제활동 지원사업	청년, 내일, 자산, 자립, 형성, 청년, 준비, 지원
			울산	이동자립 전담기관 운영	자립, 전담, 기관, 준비, 청년, 체계, 지원, 보호, 구축
			경기	경기청년 일자리 매칭업 취업지원	청년, 취업, 구직, 촉진, 지원
			경남	청년일자리 창출 지원	청년, 고용, 취업, 촉진, 지원사업, 구직, 지원, 기관, 맞춤형, 발굴

사회보장기본계획			지역사회보장계획		
전략	중점	추진	시도	시도 정책 사업	주요 내용
			충북	청년희망센터 운영 활성화	청년, 구축, 확대, 정부, 공급, 지원
			인천	청년 드림체크카드 지원	청년, 취업, 고용, 축진, 어려움, 지원사업, 확대, 지원, 사회
			울산	청년 인턴제·아르바이트 지원	청년, 취업, 제도, 기관, 어려움, 확대, 제공, 지원
			광주	청년자립기반 마련을 위한 청년13(일+樂) 통장	청년, 저축, 자립, 안정, 지원
			정남	청년임대주택 등 주거복지 강화	청년, 주거, 임대주택, 안정, 저소득, 완화, 지원
			충남	청년 주택 임차보증금 이자지원	청년, 주거, 완화, 지원, 안정
			충북	보호종료아동 맞춤형 자립지원 사업 확충	자립, 준비, 평, 보호, 지원, 확충, 청년, 기관, 전담, 강화
			충남	충남 청년네트워크 운영	청년, 확대, 구축, 지원
			서울	서울 청년 마음건강 지원사업	청년, 안정
			세종	북부권 청년 거점공간 구축	청년, 구축
			광주	청년매매보장 수당지원	청년, 안정, 지원
			세종	청년 소상공인 맞춤형 컨설팅 지원	청년, 안정, 지원, 확대
			제주	자립준비 청년 지원 강화	준비, 자립, 청년, 보호, 확대, 지원, 강화
			제주	청년 인재양성체계 구축	청년, 학업, 경제, 사회, 체계, 구축, 지원

사회보장기본계획			지역사회보장계획		
전략	중점	추진	시도	시도 정책 사업	주요 내용
약자로부터 두터운 복지	위기 지면한 사회적 약자 보호	취약계층 생활안정 지원	충북	보호종료아동 맞춤형 자립지원 사업 확충	자립, 아동, 청소년, 퇴소, 보호, 취업, 시설, 지원, 청년, 강화

〈부록 표 38〉 사회보장기본계획과 지역사회보장계획 간 연관성: 중장년 정책 관련

사회보장기본계획			지역사회보장계획		
전략	중점	추진	시도	시도 정책 사업	주요 내용
약자로부터 두터운 복지	변화하는 사회적 위험 대응 강화	노동시장 지속 참여 촉진	경기	4060 맞춤형 재취업지원	중장년, 재취업, 취업, 연계, 맞춤형, 강화, 지원
			울산	중장년 취업지원사업 운영 확대	중장년, 고용, 경력, 취업, 설계, 축진, 지원
			대구	Re-start 4050 채용연계 일자리 지원	중장년, 고용, 취업, 축진, 연계, 지원
			경기	경기도 중장년 행복캠퍼스 운영	중장년, 지속, 지원, 제공, 복지
			대구	세대별(여성·청년·중장년) 취업 지원 및 일자리 매칭 정보망 구축	중장년, 취업, 고용, 서비스, 맞춤형, 지원, 고려, 축진, 센터, 연계
			전남	세대어울림 복합커뮤니티센터 조성	중장년, 서비스, 센터, 제공

〈부록 표 39〉 사회보장기본계획과 지역사회보장계획 간 연관성: 노인 정책 관련

사회보장기본계획			지역사회보장계획		
전략	중점	추진	시도	시도 정책 사업	주요 내용
약자로부터 두터운 복지	새로운 취약계층의 복지 수요 발굴·지원	소외된 약자 권익 보호·지원 강화	경북	학대예방 및 방지사업 지원	학대, 노인, 이동, 피해, 보호, 강화, 지원
			경기	노인학대 예방 및 보호 사업	학대, 노인, 보호, 권익, 피해
			서울	학대피해 노인전용쉼터 운영	학대, 노인, 피해, 보호, 화대, 필요, 지원
	위기 직면한 사회적 약자 보호	노인 빈곤완화 지원	경기	다양한 어르신 일자리 발굴 및 내실화	노인일자리, 노인, 일자리, 창출, 노년, 빈곤, 세대, 소득, 수요, 맞춤
			전북	민간부야 노인일자리 강화	노인일자리, 소득, 노인, 일자리, 전체, 창출, 화대, 지원
			충북	노인일자리 창출기업 인증제	노인일자리, 창출, 노인, 민간, 낮, 일자리, 활동, 지속, 지원
전 생애 사회서비스 고도화	수요 맞춤형 사회서비스 실현	맞춤형 돌봄서비스 화충	세종	가가호호 어르신 건강관리서비스	방문, 진료, 의료, 대상, 노인, 서비스, 제공, 강화, 필요, 지역
			울산	장기요양요원지원센터 운영	장기요양, 노인, 서비스, 보호, 센터, 제공, 사회, 지역, 필요
			인천	종합재가센터 확충	확충, 화대, 노인, 가능, 수요, 센터, 맞춤형, 강화, 서비스
			충북	충북형 어르신 돌봄특화사업	통합, 서비스, 노인, 거주지, 요양, 지역, 제공, 서비스
			대전	지역사회 통합돌봄(행복동행) 사업	요양, 노인, 돌봄, 사회, 의료, 지역, 서비스, 제공, 수요
			인천	시립요양원 건립	노인, 요양, 장기요양, 이용, 의료, 서비스, 제공, 강화, 사회

사회보장기본계획			지역사회보장계획	
전략	중점	추진	시도	시도 정책 사업	주요 내용
		안전한 일상 구현 및 교육·생활 서비스 제공	경기	어린이집, 노인시설 등 취약계층 다중이용시설 관리 및 지원 강화	실내, 취약계층, 시설, 환경, 문화, 개선, 노인, 생활, 제공, 지원
			광주	노인 생활안전 강화	노인, 생활, 안전, 독거, 일상, 건강, 강화, 서비스
			충남	독거노인 공동생활홈 운영지원	독거, 노인, 매치, 응급, 생활, 상황, 조성, 교육
			대구	독거노인 마음 잇기 사업	노인, 독거, 가구, 지속, 이상, 취약, 생활, 보호, 대상, 서비스
			대전	노인 돌봄체계 구축 강화	노인, 독거, 일상, 생활, 안전, 가구, 제공, 서비스, 강화
			울산	재가노인지원서비스센터 운영	일상, 노인, 생활, 가정, 서비스, 건강, 제공

〈부록 표 40〉 사회보장기본계획과 지역사회보장계획 간 연관성: 장애인 정책 관련

사회보장기본계획			지역사회보장계획		
전략	중점	추진	시도	시도 정책 사업	주요 내용
약자로부터 두터운 복지	변화하는 사회적위험 대응 강화	노동시장 지속 참여 촉진	경기	장애인 맞춤형 일자리 공모사업	일자리, 유형, 장애, 장애인, 맞춤형, 노동, 특성, 고용, 촉진, 지속
			부산	장애인 재정 일자리 창출	장애인, 일자리, 장애, 확대
			전북	장애인 공공형 일자리 확대	장애인, 일자리, 일, 확대, 고용, 수준, 참여, 장애

사회보장기본계획			지역사회보장계획		
전략	중점	추진	시도	시도 정책 사업	주요 내용
	새로운 취약계층의 복지 수요 발굴·지원		광주	장애인 일자리 창출	일자리, 노동, 장애, 장애인, 일, 시장, 고려, 기회, 지속
			충북	중복형 1인1기 장애인(기업체 상생) 맞춤형 일자리 사업	장애인, 고용, 직업훈련, 일자리, 촉진, 참여, 장애, 개발, 장애, 노동
			대전	장애인 직업재활 지원사업	장애인, 일자리, 직업훈련, 직무, 참여, 기회, 장애, 고용, 촉진, 맞춤형
			경기	장애인 직업재활시설 훈련장애인 기회수당	장애인, 촉진, 일자리, 고용, 기회, 장애, 확대
			서울	중증장애인맞춤형 공공일자리 활성화	일자리, 장애인, 시장, 고용, 참여, 기회, 장애, 맞춤형, 확대
			경남	장애인 직업재활시설 일자리 확대	장애인, 직업훈련, 일자리, 장애, 확대, 고용, 기회, 강화
	소외된 약자 권익 보호·지원 강화		경기	장애인 권익옹호기관 지원사업	장애인, 장애
			충북	경계선 지적 기능 아동의 전문적 보호 및 치료서비스 확대	지적, 경계선, 보호, 자립, 옹애, 지등, 교육, 장애, 모색
	위기 직면한 사회적 약자 보호	장애인 소득·돌봄 보장 강화	충남	확대피해 장애인 쉼터 설치	피해, 확대, 장애, 보호, 강화, 지원, 필요
			대전	장애인 소득보장지원 확대	장애인연금, 소득, 저소득, 장애인, 보장, 지원
			전남	장애인 활동지원사업 지원 확대	활동지원, 장애인, 가족, 부담, 확대, 지원

부록 333

사회보장기본계획			지역사회보장계획		
전략	중점	추진	시도	시도 정책 사업	주요 내용
			전북	장애인활동지원 서비스 확대	장애인, 활동지원, 서비스, 대비, 확대, 지원
			광주	최중증 발달장애인 융합돌봄지원	발달장애인, 중증, 가족, 보장, 지원, 체계, 구축, 서비스
			경북	장애인주간보호시설 연장 운영	주간, 장애인, 가족, 시간, 경감, 부담, 체계, 서비스, 지원
			서울	최중증 독거 장애인 24시간 활동지원	시간, 활동지원, 장애인, 중증, 체계
			대구	중증장애인 활동 지원	활동지원, 서비스, 시간, 보장, 장애인, 가족, 지원, 체계, 구축
			대구	장애인 특화 주간보호센터 확대	주간, 발달장애인, 장애인, 중증, 확대, 지원, 체계
			충남	장애인 가족 힐링센터 건립	장애인, 가족, 중증, 주간, 발달장애인, 시간, 보장, 지원
			인천	최중증장애인 24시간 활동지원	활동지원, 시간, 대상, 장애인, 체계, 서비스, 지원
			충북	장애인활동지원 추가지원	활동지원, 장애인, 시간, 중증, 대상자, 서비스, 지원, 확대, 가족, 부담
			세종	장애인 가구 주거지출 보전	가구, 저소득, 장애인, 지급, 수당, 생계, 안정, 지원
			경기	장애인 직업재활시설 훈련장애인 기회수당	장애인, 수당, 지원

사회보장기본계획			지역사회보장계획		
전략	중점	추진	시도	시도 정책 사업	주요 내용
전 생애 사회서비스 고도화	수요 맞춤형 사회서비스 실현	건강·의료 보장 강화	충남	지역 장애인 보건의료센터 운영 확대	보건, 의료, 장애인, 건강, 보장, 관리, 장애, 센터, 확대, 서비스
			대전	장애인 의료지원 체계 강화	장애인, 의료, 장애, 건강, 전문, 서비스, 강화, 보건, 보장, 관리
			충북	충북권역재활병원 운영	장애인, 의료, 보건, 건강, 전문, 보장, 서비스, 확대, 전체
			경기	장애인 권익옹호기관 지원사업	장애인, 전문, 장애, 지역, 지원
			광주	정신질환자 동료지원가 활동지원사업	정신, 환자, 정신건강, 회복, 질환, 시설, 사업, 장애인, 증진, 지원
		안전한 일상 구현 및 교육·생활 서비스 제공	인천	배리어 프리 건물 확충으로 장애인 어르신 이동환경 개선	장애물, 환경, 이동, 인증, 생활, 보장, 지원
	이용자 중심 사회서비스 전달체계 구축	통합적 사회서비스 제공을 위한 연계·협력 활성화	전남	장애인 활동지원사업 확대	활동지원, 장애인, 제공, 사업, 지원
			전북	장애인활동지원 서비스 확대	장애인, 활동지원, 서비스, 수요, 필요, 지원
			인천	장애인 지역사회 자립지원	장애인, 자립, 사회, 희망, 재활, 주거, 통합, 지역, 보장, 서비스
			대구	중증장애인 활동 지원	활동지원, 긴급, 서비스, 사용, 보장, 장애인, 지원, 제공, 필요

부록 335

사회보장기본계획			지역사회보장계획	
전략	중점	추진	시도	시도 정책 사업	주요 내용
			경기	중증장애인 자립지원 확대	자립, 희망, 장애인, 대상, 주거, 제공, 지원, 서비스, 사회
			대구	탈시설 장애인 지역사회 자립지원	장애인, 자립, 시범사업, 사회, 지역, 일부, 개인, 재활, 지원, 중심
			전남	장애인 자립 서비스 지원	자립, 장애인, 사회, 지역, 시범사업, 서비스, 지원, 추진, 필요
			충북	장애인활동지원 주거지원	활동지원, 장애인, 당사자, 사람, 서비스, 지원, 지원, 계획, 사회서비스, 제공

〈부록 표 41〉 사회보장기본계획과 지역사회보장계획 간 연관성: 취약계층 정책 관련

사회보장기본계획			지역사회보장계획	
전략	중점	추진	시도	시도 정책 사업	주요 내용
약자로부터 두터운 복지	새로운 취약계층의 복지 수요 발굴·지원	취약 청년 사회안전망 구축	대전	청년 경제활동 지원사업	청년, 내일, 자산, 형성, 근로, 저소득, 지원
			경남	청년임대주택 등 주거복지 강화	청년, 주거, 임대주택, 안정, 저소득, 문화, 지원
	위기 직면한 사회적 약자 보호	노인 빈곤완화 지원	경기	다양한 어르신 일자리 발굴 및 내실화	노인일자리, 노인, 일자리, 창출, 노년, 빈곤, 세대, 소득, 수요, 대응

<부록 표 42> 사회보장기본계획과 지역사회보장계획 간 연관성: 부조(기초생활, 기초연금, 장애인연금) 관련

사회보장기본계획			지역사회보장계획		
전략	중점	추진	시도	시도 정책 사업	주요 내용
		장애인 소득·돌봄 보장 강화	충북	노인일자리 창출기업 인증제	노인일자리, 창출, 노인, 민간, 반모, 낮, 일자리, 활동, 지속, 지원
			대전	장애인 소득보장지원 확대	장애인연금, 소득, 저소득, 장애인, 보장, 지원
			세종	장애인 가구 추가지출 보전	가구, 저소득, 장애인, 지급, 수당, 생계, 안정, 지원
		취약계층 생활안정 지원	부산	자활사업 인프라 확충	자활, 수급, 자립, 참여, 자활사업, 저소득층
			경북	자활활성화사업 지원	자활, 자립, 저소득층, 수급, 참여, 지원
			전북	전북형 기초생활보장제도 강화	빈곤, 중위소득, 기초생활보장, 제도, 확대, 강화, 지원

사회보장기본계획			지역사회보장계획		
전략	중점	추진	시도	시도 정책 사업	주요 내용
사회보장체계 혁신	지속가능한 사회보험 개혁	국민연금 제도 개혁	대구	노인일자리 사업 기능 개선 및 활성화	소득, 제도, 보장, 국민연금, 기초연금, 급여, 사회, 체계, 기능
약자로부터 두터운 복지	위기 직면한 사회적 약자 보호	장애인 소득·돌봄 보장 강화	대전	장애인 소득보장지원 확대	장애인연금, 소득, 저소득, 장애인, 보장, 지원

부록 337

사회보장기본계획			지역사회보장계획	
전략	중점	추진	시도	시도 정책 사업	주요 내용
	취약계층 생활안정적 지원		세종	세종형 기초생활보장 급여	기초생활보장, 생계급여, 재산, 생활, 안정, 기준, 제도, 지원
			강원	강원도형 기초생활보장 모델 구축	기초생활보장, 생활, 수급, 확대, 개발, 제도
			전북	전북형 기초생활보장제도 강화	빈곤, 중위소득, 기초생활보장, 제도, 확대, 강화, 지원

〈부록 표 43〉 사회보장기본계획과 지역사회보장계획 간 연관성: 사회서비스 관련

사회보장기본계획			지역사회보장계획	
전략	중점	추진	시도	시도 정책 사업	주요 내용
사회보장체계 혁신	기술 기반 사회서비스 행정체계 도입	스마트 서비스 활성화 인프라 구축	제주	공공복지 시범사업 추진	시범사업, 모델, 사회서비스, 복지, 지역
	사회보장제도 통합관리	중앙·지방 협력적 역할분담	울산	광역간 사회서비스 협력체계 구축 및 활성화	협력, 협력체, 연계, 거버넌스, 지역, 고려, 사회서비스, 광역, 수준, 활성화
약자로부터 두터운 복지	위기 직면한 사회적 약자 보호	노인 빈곤완화 지원	전북	사회적 경제조직 활용 사회서비스 일자리 확대	사회서비스, 일자리, 이상, 창출, 수요, 확대
			전남	지역자율형 사회서비스 투자사업 확대	사회서비스, 확대, 수요, 일자리, 지원

사회보장기본계획			지역사회보장계획		
전략	중점	추진	시도	시도 정책 사업	주요 내용
전 생애 사회서비스 고도화	공급 기반 혁신으로 사회서비스 품질 제고		대구	사회서비스분야 혁신을 위한 신규모델 개발	사회서비스, 창출, 일자리, 비중, 규모, 수요, 지속, 지원
			부산	사회서비스 산업 활성화 -사회서비스 밸류화-	사회서비스, 민간, 지원
		사회서비스 품질관리체계 구축	부산	부산형 사회서비스 품질 인증제 실시	사회서비스, 품질, 인증, 사회서비스원, 기관, 중앙, 시범사업, 도입, 전반, 과정
			세종	사회복지시설 컨설팅지원	경영, 컨설팅, 품질, 사회서비스원, 서비스, 도, 시, 질, 지원, 운영
			제주	민관 사회복지 실무자 교육 지원	사회서비스원, 품질, 사회서비스, 강화, 지원, 사업, 운영
			강원	사회서비스원 기능 강화	사회서비스원, 사회서비스, 구축, 강화, 사업, 운영, 지역, 지원
		양질의 공급자 육성 기반 마련	대구	사회서비스분야 혁신을 위한 신규모델 개발	사회서비스, 혁신, 고도, 분야, 조성, 기업, 육성, 개발, 서비스, 기반
			전남	지역자율형 사회서비스 투자사업 확대	사회서비스, 투자, 양질, 지원
			대구	지역사회서비스 상시 모니터링 운영	사회서비스, 투자, 조성, 지원
			부산	사회서비스 프로그램 개발과 활성화 컨설팅	사회서비스, 개발, 지원

사회보장기본계획			지역사회보장계획		
전략	중점	추진	시도	시도 정책 사업	주요 내용
			대전	사회서비스 종사자 맞춤형 전문 역량강화교육	사회서비스, 양질, 분야, 마련, 서비스, 지원
		이용자 선택권을 강화하는 규제 합리화	경북	공공 및 민간 사회복지분야 종사자 역량 강화 교육	분야, 기술, 사회서비스, 서비스
			전북	사회적 경제조직 활용 사회서비스 일자리 확대	사회서비스, 기관, 개소, 기준, 공급, 지역, 수요, 제공, 확대
	이용자 중심 사회서비스 전달체계 구축	사회서비스 지역 격차·불균형 완화	경기	경기도형 사회보장특별지원 구역 운영	사회보장, 격차, 취약, 구역, 밀집, 지역, 특별, 사회서비스, 시군
			부산	사회서비스 프로그램 개발과 활성화 건설팅	사회서비스, 수요
			전남	지역자율형 사회서비스 투자사업 확대	사회서비스, 지역, 수요
		통합적 사회서비스 제공을 위한 연계·협력 활성화	충북	장애인활동지원 추가지원	활동지원, 장애인, 당사자, 사업, 서비스, 지원, 계획, 사회서비스, 제공

〈부록 표 44〉 사회보장기본계획과 지역사회보장계획 간 연관성: 생계 관련

사회보장기본계획			지역사회보장계획		
전략	중점	추진	시도	시도 정책 사업	주요 내용
약자로부터 두터운 복지	변화하는 사회적위험 대응 강화	복지 사각지대 발굴 및 신속 지원 강화	울산	울산형 긴급복지지원제도 운영	긴급복지, 생계, 지원
	위기 직면한 사회적 약자 보호	장애인 소득, 돌봄 보장 강화	세종	장애인 가구 추가지출 보전	가구, 저소득, 장애인, 지급, 수당, 생계, 안정, 지원
		취약계층 생활안정 지원	세종	세종형 기초생활보장 급여	기초생활보장, 생계급여, 재산, 생활, 안정, 기준, 제도, 지원

〈부록 표 45〉 사회보장기본계획과 지역사회보장계획 간 연관성: 돌봄 관련

사회보장기본계획			지역사회보장계획		
전략	중점	추진	시도	시도 정책 사업	주요 내용
약자로부터 두터운 복지	변화하는 사회적위험 대응 강화	복지 사각지대 발굴 및 신속 지원 강화	충남	중증장애인 긴급돌봄서비스	긴급, 신속, 긴급돌봄서비스, 서비스, 복지, 지원
전 생애 사회서비스 고도화	수요 맞춤형 사회서비스 실현	맞춤형 돌봄서비스 확충	부산	부산사회서비스원 설치 및 활성화	질병, 긴급, 긴급돌봄서비스, 서비스, 사각지대, 필요, 지원
			울산	24시간 아이돌봄 어린이집 지원	보육, 시간, 영유아, 아이돌봄, 어린이집, 제공, 서비스, 지원

〈부록 표 46〉 사회보장기본계획과 지역사회보장계획 간 연관성: 다문화 정책 관련

사회보장기본계획			지역사회보장계획		
전략	중점	추진	시도	시도 정책 사업	주요 내용
약자로부터 두터운 복지	위기 직면한 사회적 약자 보호	취약계층 생활안정 지원	대구	다문화가정 이동 학습 지원	다문화, 학습, 가정, 이동, 기초, 성장, 맞춤형
			전남	다문화 엄마학교 운영	다문화, 학습, 가정, 이동
			경북	결혼이민여성 이중 언어 강사 일자리 창출	언어, 이중, 다문화, 맞춤형
			강원	다문화가정 체험 프로그램 운영	다문화, 가정

Abstract

Analysis of the Relationship between Community Change and Community Welfare Policy

Project Head: Kim, Kahee

Over the past few decades, local governments have transitioned from being mere administrative service providers to becoming key players in ensuring the overall well-being of their communities. Now, they no longer simply implement central government instructions but take the lead in addressing various economic, cultural, and physical well-being issues. These changes have greatly impacted the local government's position as the core of community leadership and governance.

Relations between central and local governments have shifted from traditional hierarchical models to more interdependent and cooperative ones. However, in Korea, the central government's strong tendency toward centralization limits the autonomy of local governments. As a result, structural problems arise that hinder the effective establishment of community welfare policies by limiting local governments' capacity to develop policies tailored to local characteristics.

This study originates from a recognition that, while establishing community welfare policies responsive to various social

---

Co-Researchers: Ham, Youngjin· Park, Seongjun· Kim, Jimin· Lee, Yeonggeul· Kim, Boyoung issues and the needs of local residents emerging from community changes is an important responsibility of local governments, many municipalities' welfare policies fail to adequately reflect community changes and the specific needs of residents. To address this gap, the study examines the relationship between community changes and community welfare policies, aiming to propose future directions for developing community welfare policies.

Key words: Community Welfare Plan, Community Welfare Policy, Community Change, Regional Relevance, Delivery System